U0616021

四国军棋必胜秘籍

但年华◎著

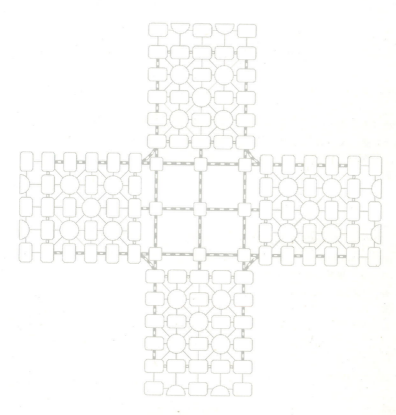

成都时代出版社

图书在版编目(CIP)数据

四国军棋必胜秘籍/但年华著.—成都:成都时代出版社,2014.10

ISBN 978-7-5464-1268-9

Ⅰ.①四… Ⅱ.①但… Ⅲ.①棋类运动—基本知识 Ⅳ.①G891.9

中国版本图书馆 CIP 数据核字(2014)第 200503 号

四国军棋必胜秘籍
SIGUO JUNQI BISHENG MIJI

但年华 著

出 品 人　石碧川
策划编辑　廖东航
责任编辑　曾绍东
责任校对　黄　晓
封面设计　墨创文化设计
版式设计　华彩文化
责任印制　干燕飞

出版发行　成都时代出版社
电　　话　(028)86619530(编辑部)
　　　　　(028)86615250(发行部)
网　　址　www.chengdusd.com
印　　刷　成都勤德印务有限公司
规　　格　165 mm×230 mm
印　　张　16.5
字　　数　290 千
版　　次　2014 年 10 月第 1 版
印　　次　2014 年 10 月第 1 次印刷
印　　数　1—5000
书　　号　ISBN 978-7-5464-1268-9
定　　价　28.00 元
著作权所有·违者必究。
本书若出现印装质量问题,请与工厂联系。电话:(028)61778123

前　言

四国军棋，又称"四国大战"。在各大网络平台上赛事风起云涌，硝烟弥漫，深受广大棋友青睐，享有"网络第一棋"之美誉。经过多年的发展、总结、积淀，四国军棋逐渐产生了自己的理论。为提高四国军旗的趣味性和普及率，就必须进一步提高四国军棋的理论水平，使它走上规范化、系统化、科学化的道路。

本书以"势"、"气"为理论基石，重新定义了军棋手筋的概念，并提出了军棋的八大手筋。在手筋的基础上，从实战的角度提出并详细阐述了招式、战术、战略、战法的各种概念及其应用。本书以网络版《弹子兵法》为蓝本，经过进一步修改、整理而成。

本书的特点：

（1）首次采用记谱的方式进行棋局讲解，科学规范。

（2）首次从实战角度对四国军棋的行棋进行分类，并提出"战法决定战略，战略决定战术，战术决定招式，招式决定手筋"的新观点。提出了许多专业术语，如手筋中的"渡"，招式中的"先攻先胜"、"抽屉吃"、"杀大舍令"，战术中的"狐假虎威"、"追虾捕鱼"、"芝麻开花"、"起死回生"、"东成西就"、"借尸还魂"等，战略中的"一敌二"、"兑子战"等。

（3）首次提出了"势论"、"气论"，并将其作为四国军棋的理论基石。

（4）进一步总结了"高一级吃子原理"、"撞死原理"、"挂角理论"、"子粒个数原理"、"平衡性原理"等。提炼出很多经典的行话，如"大棋小走"、"明兵挂角为争时，暗兵挂角为奇胜"、"炸（困）大狗、灭援狗"等。

本书的完成，首先要感谢成都时代出版社给予的鼓励和支持！感谢中华军棋网、四国军棋讲武堂和四国军棋研究院！同时要感谢绵秀公子、霜刀绕指柔、B52、飘雪山庄、且行、联众老菜鸟、无锡之盾、小诸葛叶身谭、澜星等给予的帮助！感谢弹子学棋的 guohuo、樱花、单纯、陈司令等朋友的热心！拙作付梓，为四国军棋的普及甘作孺子牛。欢迎批评指正。弹子 QQ1076283235。

现用一首诗来表达我的心情：

卅年军中独步，三万胜负沉浮。

秋风冢茔无数，弹子兵法一部。

弹子

2014 年 1 月 6 日

目　录

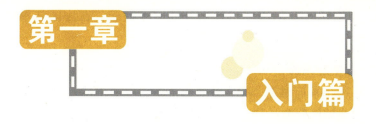

第一章
入门篇

四国军棋是陆战棋的升级版本，从1V1变成2V2，不只是数量的变化，而是本质的飞跃。有网友戏说："女朋友可以没有，四国军棋不能没有。"四国军棋到底为什么拥有这样的魅力？请听我细细道来。

第一节　四国军棋概况

1. 军棋的起源

四国军棋起源于陆战棋，关于陆战棋的起源，目前众说纷坛，莫衷一是。主要有以下三种说法：

1.1　南非起源说

根据《大不列颠百科全书》中的定义：军棋是国际象棋的变种，1900年前后首先流行于英国。对弈双方各自有一棋盘，都不得看对方的棋盘和棋子。另有第三个棋盘置于中间，由裁判使用，不许对方看见，裁判根据双方各自的意见代为走棋，双方根据裁判所提供的有限情报着棋。相关资料认为，军棋又被称为盲象棋，是由南非人 Henry chael Temple 于1899年发明的。他借鉴国际象棋的棋子，发明了这种反映战争的游戏。Kriegspiel 的英文解释就是 WAR GAME，是战争游戏，同时也是一种真正的具有公众观赏性的游戏，它使旁观者和下棋人共享其中的欢乐。可见，军棋是一种成功的变形象棋。与象棋最大的区别就是不允许看对方的棋子，更具有挑战性。军棋的诞生，立刻风靡世界。由此也产生了一些军棋专家（Bob Timmel，Ike Thayer 和 Rea B. Hayes）。另据百度百科介绍，军棋起源于冯·莱斯茨发明的严格式兵棋

（Rigid-kriegspiel，1807），此后经美国陆军军官陶顿（1883）、韦尔斯（1913）、查尔斯·罗伯茨（1952）等进一步完善，在法国陆军棋 stratego（1908）基础上改进而成。

1.2　日本起源说

日本在德川幕府时期，有一种类似于中国斗兽棋的"战棋"。明治维新后，战棋在借鉴国际象棋特点、增加西方军事组织元素的基础上，发展形成了后来的陆战棋。

1.3　中国起源说

相传军棋本名战棋。有人认为军棋是由春秋时期孙武发明的，当时只是雏形，由竹简画出作战地图，摆上石子演变战局。至战国时期秦国名将白起给予进一步完善，他经常利用战争间隙推演阵法，思考破敌良策，并将竹简制作得更加详细，包括行营和兵站，把石子换成规整四方的竹子，分成敌我双方进行研究。到楚汉战争期间，韩信把军旗由竹简推演升华到真人操练，每有闲暇必由士兵分左右排列，其本人指挥进行攻防演练。后传言，明清时期称为"军棋"。1950 年朝鲜战争爆发，由彭德怀率领志愿军入朝参战，战士们利用有限的休息时间，在前人的基础上对军旗进行了更大的完善，以厚厚的纸张作棋盘，以木头做棋子，用军棋进行模拟训练，以提高战争意识和战术水平。随着战争的结束，退伍老兵返乡，军旗流入民间成为一种民间游戏。

部分人比较赞同第一种说法，认为在 20 世纪初期传入东亚地区，经日本再传入中国。个人比较赞同第三种说法。首先，陆战棋纵横交错的线条的交点是行棋的位点，这与中国象棋和围棋如出一辙，而国际象棋（包括陆军棋 stragego）则往往采用格子作为位点。这种"中国元素"可以认为是起源于中国的证据之一。而围棋在我国起源较早，"尧造围棋"，说明我国很早就有围棋了。其次，陆战棋棋盘上有公路和铁路，这些都是近代的产物。而江苏常州已找到并展出了恽代英（1917 年）的"十六字军棋"实物及相关照片（据称为军棋比赛期间留影），与南非人的发明时间已非常接近。现在的陆战棋与中华文化相结合，已经融入了极多的"中国元素"，如棋子称谓其特征足已区别于其它棋类。因此，个人认为，陆战棋起源于中国。中国人民将自己的智慧赋予军棋的改造之中，不断发展，使陆战棋呈现出今天的模样，为军棋的发展做出了卓越的贡献。

2. 四国军棋的发展

若说陆战棋的起源尚存争议，但四国军棋则是不折不扣的"中国造"。直到 20 世纪 80 年代末期，才开始出现"四国军棋"，是广大的陆战棋爱好者们在陆战棋的基础上发明创造的，也是军棋文化腾飞的开始。1997 年底南京北极星军棋的开创人"老冒"把四国军棋带入了网络，命名"四国风云"，从此网络四国军棋风靡全国，并逐渐正式命名为"四国军棋"。

可见，四国军棋大约起源于中国 20 世纪 80 年代末期，是由陆战棋演变而来的用于模拟近代战争推演的游戏。它沿袭了陆战棋的兵种、棋盘和规则的大部分，将双人对战改造成四个对战，并在棋盘和规则上不断完善而成。

第二节 平台、玩家、棋盘和棋子

2.1 四国军棋对战平台

早期的北极星四国军棋平台已经随着岁月的流逝而消失。网络的发展使游戏平台迅速崛起，如今各种游戏大厅基本都有四国军棋平台，规模较大的有三家：qq 游戏中心（http://qqgame.qq.com/）、联众网络游戏世界（http://www.ourgame.com）、中国游戏中心（http://www.chinagames.net）。此外还有 JJ 比赛（http://www.jj.cn/index.html）、边锋游戏（http://www.gameabc.com/）、四国军棋专业对战平台（http://www.403938.com）等。

2.2 玩家的表示法

玩家常见表示方法有五种：

（1）颜色法：直接用棋子的颜色进行命名。如红方、绿方、蓝方和黑方。

（2）方位法：用坐位的方位来表示。东方、南方、西方和北方。

（3）甲乙丙丁法：根据行棋次序，分别命名为甲方、乙方、丙方和丁方。

（4）ABCD 法：根据行棋次序，分别命名为 A 方、B 方、C 方和 D 方。

（5）本上下对法：自己这一方称为本家或我方，先于我方行棋者称为上家，后于我方行棋者称为下家，面对的一方称为友军或对家。我与友军用"我们"表示，上家下家用"敌军"来表示。"对家"用"友军"来表示，以防歧义。

2.3　棋　盘

四国军棋的棋盘是由纵横交织的直线及少量弧线构成的，如图1-1所示。这些线条寓意交通道路：粗线为铁路，是"快行线"；细线是公路，为"慢行线"。道路的交点称为"位点"（或点位），是布局或行棋中棋子停驻的位置，共129个。其中圆圈位点称为"行营"，半圆位点称为"大本营"，其余统称为"兵站"。我们一般将整个棋盘分成五个区域，即四个小棋盘和九宫。小棋盘称为方阵，是指每方布局时使用的区域（包括行营），共30个位点，它由23个兵站、5个行营和2个大本营组成。"九宫"是棋盘中心九个位点的统称，它借用了象棋中"九宫"的命名，成为约定俗成的四国军棋术语。各方方阵的五根竖线，从左向右依次命名为"左锋线"、"左旗线"、"中线"、"右旗线"、"右锋线"。六根横线，从前向后依次命名为"前锋线"、"肘线"、"腰线"、"膝线"、"角线"、"底线"。

2.3.1　位点中文命名

位点中文命名主要仿照人体部位的方法命名。

（1）各方方阵位点名称

每个玩家布局所处的方阵，其命名方法见图1-1，名称释义如下：

左锋：又称左前锋，是易于与敌人交战的前方位点。"前"字可省，简称为左锋。

左眉：因此地常放工兵，故有人称左兵位。也有人称左肩位。

中锋：有人称头（位）或中顶位。

右眉：也称右兵位、右肩位。

右锋：又称右前锋。

左肘：有的称左锐位，也称左二线。

左前营：左前方的行营。

喉位：也称咽位。

右前营：也称右上营。

右肘：也称右锐位，右二线。

左腰：也称左三线。

左肋：反对使用"左腰"。

中营：处于方阵中心的行营。

右肋：反对使用"右腰"。

右腰：也称右三线。

左膝：也称左钝位，也称左四线。

左后营：左下营。

腹位：有的也称为脐位，不推荐。

右后营：也称右下营。

右膝：也称右钝位，也称右四线。

左角：也称左立角，左轨道角，与"左脚"谐音。

左台：左旗台。在大本营前方，寓意军旗前的台阶，故谓旗台。

台中：位于两旗台之中，故名。也有人称为脐部，易与本命名中的脐部混淆，不推荐。

右台：右旗台。

右角：右立角，右轨道角。左角和右角统称为立角。

左底：有时也称左旗下，也称左棋盘角。

左旗：左大本营。可放军旗，故称。

中底：有的也称为根部。

右旗：右大本营。

右底：右旗下，右棋盘角。

对于复盘（或军旗已明时），可根据军旗所在位置，将有军旗的一侧称为"旗x"。如军旗在左侧，则左锋可称为旗锋，左肘称为旗肘，依此类推。另一侧则称为"虚*"，如右锋可称为虚锋，右底称为虚底等。某些情况下，亦可以将靠近上家（先行棋的那一家）那一侧命名为上×，如上锋、上肘，同理下家那一侧命名为下x，如下锋、下肘等。

本书将以上命名作为标准命名方法。对于易混淆的命名，坚决不使用。其它同位异名的命名，不推荐。

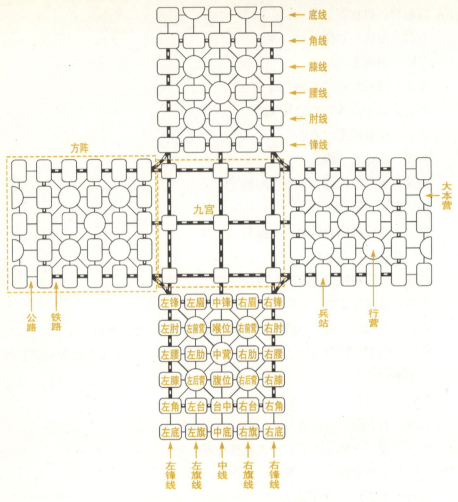

图 1-1 棋盘区域与位点中文名称

（2）九宫中文命名

九宫采命名如图 1-2，其命名原则为：

①甲乙丙丁：各方按行棋先后次序命名为：甲方、乙方、丙方、丁方。

②宫心中宫：棋盘正中命名为"宫心"。各方方阵前的中间位点，称为"中宫"。

③弃左存右：各方小棋盘前面右方的宫角，称为"右宫"。以右为大，舍去"左宫"的命名。

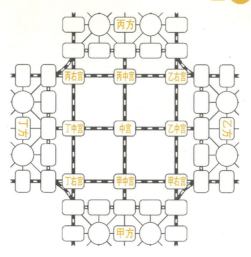

图 1-2　九官中文命名

2.4　棋　子

2.4.1　兵种与个数

四国军棋共有 100 枚棋子，分为 12 个兵种，每方 25 枚。它们分别是军旗、司令、军长各一枚；师长、旅长、团长、营长、炸弹各二枚；连长、排长、工兵、地雷各三枚（图 1-3）。为了区别各方子粒，使各方棋子在字体颜色或子粒材质颜色上各不相同。常分为红、绿、蓝、黑四种。

图 1-3　军棋子粒个数金字塔

2.4.2　子粒数字命名

（1）数字命名的产生

"司令"与"40"谐音，数字输入速度快于中文。故用"40"代替"司令"，开启子粒数字命名方法先河。

（2）命名的扩展

为了用数字表示其它棋子，采用降序法，进行其它子粒的命名。

司令	军长	师长	旅长	团长	营长	连长	排长	工兵	地雷	炸弹	军旗
40	39	38	37	36	35	34	33	32	31	30	29

图1-4　军棋子粒数字命名

①司令：采用谐音"40"命名。

②军长至工兵均严格采取降序法命名，从39至32。

③地雷：由于工兵大于地雷。故命名为"31"。

④炸弹：习惯称为"0"。主要是象形。结合降序法，命名为"30"。

⑤军旗：任何可移动子粒，均可以搬掉军旗。结合降序法，命名为"29"。

（3）记忆方法

司令＝40：谐音。

团长＝36：团团圆圆，顺顺利利，用吉祥数字"6"来表示。

排长＝33：两个3并"排"。

地雷＝31："1"像雷字的第一个拼音字母"l"

炸弹＝30：象形。圆圆的"蛋""弹"。

军旗＝29：9像旗字的第一个拼音字母"q"

其它子粒就近推知。例如：

问：师长＝？答：司令＞军长（39）＞师长（38）。故师长为38。这三个棋子要熟记。

问：旅长＝？答：旅长＞团长（36）故为37。

问：连长＝？答：连长＞排长（33）故为34。

（4）表示方法扩展

大于：用"＋"表示。如36＋，表示大于团长；

很大：用"＋＋"表示（两个加号连写）。如认为某个子比36大得多，表示为36＋＋；

小于：用"－"表示。如38－，表示小于师长；

不是：用"×"表示。如40×，表示不是40。

第三节　规则解读

四国军棋游戏规则与传统的陆战棋相似，各大平台规则除极少部分（行棋次序）外，基本相同。

3.1　布局规则

按以下规则将 25 个子粒放置在已方方阵非行营位置。

（1）地雷只能置于后两排

解读：地雷使后两排成为禁地，避免大子疯狂的进攻，可有效保护军旗；但这决不等于撞死过大棋的棋子就是地雷哦，立角布 40 或 39 是很常见的。

（2）军旗只能摆在大本营内

解读：两个大本营中有一个放着军旗，使开局时进攻方向不明确，能帮助你做"真假军旗"。

（3）炸弹不能摆在前锋线

解读：因为炸弹不能摆第一排，所以只要记性好，司令可以大胆撞吃曾布于第一线的孤单子粒；但行棋过程中把炸弹偷偷运到第一排十分常见，那些记性差的人，绝对会给你惊喜的！

（4）行营不能布棋

解读：所以初学者往往会在第一步"炸弹进营"。高手进营的常是假炸。

3.2　走子规则

（1）行棋次序：按逆时针行棋。

解读：由于历史的原因，目前，主要有两种行棋次序：

①顺时针行棋。如联众四国军棋平台。

②逆时针行棋。如腾讯 QQ 四国军棋平台。

在日常相关的活动中，如打扑克牌、打麻将，均采用逆时针次序。主要理由：大部分人都喜欢用右手，在打牌的时候，左手执牌，右手出牌。出牌时，右手靠近右侧的玩家，容易引起右方玩家的注意。而右手远离左方玩家，左方玩家不易注意到我方出牌。同理，每人都易引起右方玩家注意，从而形成逆时针次序。这就是逆时针次序的由来。它不仅是习惯，也是一种科学的次序。现在棋牌等已搬到网络上，尽管已不存在右手易引起右方注意的特点。但为了保持习惯，仍采用逆时针次序，并规定逆时针行棋为标准行棋次序。

（2）行棋：铁路上没有障碍时，工兵可在铁路线上任意行走，其它棋子在铁路线上只能直走或经过弧形线，不能转直角弯。

解读：体现了"兵贵神速"的精神，残局阶段难以撞死。别把工兵不当官，没兵没炸，你留个司令军长师长，我封闭雷型，棋局就和了。

（3）进入任何司令部的棋子不能再移动。

解读：搬旗是要付出代价的，尽量用小子，大子别搬错军旗了。逼敌人用大棋搬旗是高手的妙招。

（4）军旗不能移动

解读：你不保护它，就只有死。

3.3 吃子规则

（1）司令 > 军长 > 师长 > 旅长 > 团长 > 营长 > 连长 > 排长 > 工兵

解读：这就是军队中森严的等级制度，"官高一级压死人"，小子死了，大子毫发无损，"杀敌一千，自损八百"的事情不存在。这个序列还应该加上"工兵 > 军旗"。工兵撞军旗后，军旗没了，工兵还在。

（2）地雷小于工兵，大于所有其它棋子。

解读：别忘了，炸弹也可以干掉地雷的！没有炸弹，没有司令，怎么干掉敌人的司令呢？想办法让它撞雷呀。

（3）炸弹与任何棋子相遇时，双方都消失。

解读：炸弹如一个美女，总想嫁给司令和军长，可惜，红颜薄命，常嫁给了工兵。因为"兵不厌炸"啊！其实，有时候嫁给军旗也是一个不错的选择哦（炸弹也是可以搬军旗的）！

（4）不能吃自己的棋或友军的棋子

解读：规则里从来不说，似乎是废话，但是真的很重要。军棋高手也没有"隔山打牛"的本事。别把自己的棋子挤成一团，没办法调度。与菜鸟一起并肩战斗的时候，你可以用子挡在他子的前面，不让他出来送死；当然，很多时候，友军被你挡在家里，气得咬牙切齿，甚至投降，所以要注意分寸，别老往友军家里跑。

（5）亮军旗

解读：司令死后，该方军旗会明示。这好比重要人物死了要降旗一样。你一旦亮旗，敌人就知道你司令阵亡了，同时进攻方向也明确了，做不成"真假军旗"了。

（6）子粒消失

解读：当一家死后，所有子粒会全部消失。原来有该家地雷阻隔的其它玩家的子粒，此时会突然失去屏障。利用这个特点，你偶尔可以谋取暴利，绝对的高级技巧哦。

（7）相对的两家联盟与另外两家对抗，互相配合战斗。

解读：别把你友军惹毛了，否则，他就成为叛徒和间谍。有时候，你甚至发现在"三打一"，原来你中了别人的陷阱了。找个好搭档吧！

（8）闪棋、判断滞后、工兵乱飞

解读：规则里没说，网络四国军棋有时候很坑爹。有的平台点选棋子时，其它的人可以看到棋子的闪动，所以没事别把鼠标点到后两排了。点到地雷不闪，不是地雷会闪，暴露雷型的！有的平台把子吃光了，系统不会马上进行胜利判定，而是等到该这家行棋的时候，才会爆（死亡）。如果不小心，你会把地雷当活子去啃的。工兵想走直线，装成不是兵，可系统不进行最佳路径选择，你的工兵竟然飞（走直角）起来了！

3.4 胜负判决

（1）军旗被扛判负

解读：军旗就是命根，虽不能主动去杀敌，却不能不保护。

（2）最后幸存的一方为胜方，

解读：这条规则绝对在欺骗你！实际上，即使你和敌人同归于尽了，也并不是和棋。谁先攻的，谁就是胜利者！

（3）无棋可走判负

解读：其实有好几种情况：

①吃光：可移动子粒都被吃光了。吃光是那些嗜血者对胜利的追求，直接投降甚至强退是逃避变态者的良药。可杀不可辱啊！

②自埋：有子，可是放到地雷下面或大本营里，走不了。

③被友军憋死：其实这是网络军棋的一个BUG。例如，残局阶段，你受到敌人攻击，友军增援，结果友军棋子走到你的旗角，你旗底正好放了一个旅长，于是37被你友军挡着了。恰巧敌人进攻你，把你倒数第二个棋吃掉了，你就只剩这个旅长了！可是，马上又轮到你走棋，你的37动不了啊，结果系统一检查，发现你"无子可走"，直接判你负！

（4）超时5次判负

解读：系统不看你下了多少步，关键看你没下几步。下回记住了，下棋的时候，只能小便。如果你发现友军突然超时了，那你可记得帮他，轮到你走棋时，快到30秒时再行棋，这样，可能支持约5分钟，你友军小解就可以按时赶回来了！

（5）一局游戏中连续70步没有吃子则自动算和棋。

解读：70步需要除以4，即十多个回合。弱方：打不过？没关系啊，熬吧，磨吧，凑够70步！强方：在65步时有系统提示"请注意，相持的时间已经接近系统限制"。用个排长撞死一下，又可以换来70步，绝对是小技巧哦！

第四节　下法种类

随着多年的发展，四国军棋目前有5种下法：

4.1　四　暗

它是目前比较主流的玩法。首先各家字面朝下（或朝内）布局。开局后，

互相攻击。除已方子粒可见外，另外三家子粒都不可见。普通四暗可以看到玩家信息（游戏分数、胜率、逃跑率等），可以选择搭档，游戏房间可以发言。而随机四暗由服务器随机配备玩家，除了自己，其他三家的信息（玩家信息和子粒信息）都不可知，游戏房间不可以发言（但可以发送表情）。目前棋力测评区采用的就是随机四暗。

四暗的核心是"暗"，即不确定性。特别是随机四暗使这种不确定性达到高峰。既不知道敌军的情况，也不知道友军的情况，对另外 75 颗子粒也几乎一无所知。玩家需要通过棋子的位置、行走方式、吃子情况等来推断敌军和友军棋子大小。由于棋子多且暗，经常难以凭借有限信息准确推断棋子的大小。整个棋局，随着游戏的进行，棋子不断从暗到明，感觉是在黑暗中探索，等待黎明。直到下完看复盘，才发出"哦，原来是这样"的感慨。

4.2 双 明

普通四暗可以选择搭档。但同时也容易使两人事先进行合谋，透露彼此的布局、密谋攻击方法，使敌人"输在起跑线上"。早在北极星时代，就出现并形成了"联手人"、"联手阵"、"联手战法"三位一体的联手棋。四暗随机虽然可以有效避免合谋，但是却不能与熟悉的战友一起并肩作战，战斗中悄然无声，显得格外沉闷。而公平简单的四暗竞技赛制一时难以确定。

聪明的棋友们发明了一种新的下法——双明。先各自布局，开局后，友军相互可以看见棋子大小，敌军则不可见。双明也可以说半明半暗：即对友军是明，对敌军是暗。

双明中，"暗"的成分降低，使友军相互间的子粒信息不对称性消失。友军双方可以通过自己或友军的得失，推断敌情。双明能在更高层次上的进行配合，提高了配合的要求，双剑合璧，才能产生最大杀伤力。双明常能够在更多步数之内达到几乎完美的配合。双明要求互补性强，要求既能雪中送炭，也能锦上添花。双明使战斗过程更加理性化，追求更高的逻辑、演算能力。双明显得更加公平（防作弊），运气成分降低，观赏性强，更适合竞技，也是目前大部分比赛采取的主要下法。

4.3 双 控

同一玩家同时用两个游戏帐号成为友军进行双明游戏，是双明作弊的主要手法，也就是双控的雏形。双控是两人下的四国军棋，每人控制两方棋子，按四人的顺序轮流下棋，其它规则与双明相同。由于两方的棋子由同一个人控制，双控使双明要求的"双剑合璧"终于梦想成真。对配合、计算、推断的要求更高。双控可以作为个人四国比赛的模式。双控少了与别人的"心有灵犀一点通"、共同战斗的乐趣。双控的研究有利于双明水平的提高，也是双明研究的主要手段，是四国军棋中配合研究的重点。

4.4 全 明

早在两国时代就有全明棋。双方先布局，开局后，立即将所有棋子全部亮开（字面朝上），然后开始游戏。它不需要裁判，是没有裁判时的一种玩法。全明棋应用于四国，就成为四国全明。全明棋只有布局时是暗的，它将"暗"的程度几乎降到了最低。全明棋是明刀明枪的战斗，不需要推断子粒大小，只能采取"阳"谋。它对配合、计算的要求上升到了一个前所未有的高度。由于"暗"的程度低，运气的成分大大降低，能够体现竞技水平，已成为一种比赛下法。但由于缺少暗的因素，也使其缺乏暗棋的神秘感；加之军棋子粒相对严格的等级制度，弹子认为全明难成四国军棋主流。

4.5 其 它

（1）乱战四国：四国之一种，子粒采有随机抽取的方法，不再均等。所以赢棋不仅靠水平，还要靠点运气。有时竟有两个军旗或一个军旗也没有，显得颇为有趣。

（2）三英战吕布：又称三打一。完全融合了纸牌的三（家）打一（家）的特点。为了平衡，避免庄家压力过大，庄家多配14子（九宫、营中均可放棋），此外还增加了三个兵种。元帅（比40还大），导弹（导弹行动和工兵一样，比团长以下的棋大，和团长及以上的棋一起去，相当于不怕抢的炸），堡垒（堡垒不能动，只能和炸弹一起去，比其它所有的棋都大）。又为了抑制庄家的实力，这三个兵种随机赠予庄家。是边锋四国的重要玩法。

（3）教练四国：是近期四国军棋专业平台开发的一种新的玩法，它允许将部分或全部棋子直接明示（让所有人看见），或者将某个棋子剔除（让子），或者悔棋。可以用于四国军棋实战教学和军棋推演研究。

第五节　记谱方法

5.1　位点的表示

矩阵命名法是比较传统的命名方法，如图 1－5 所示。

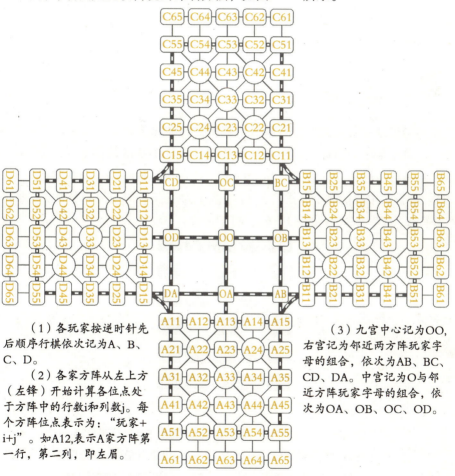

（1）各玩家按逆时针先后顺序行棋依次记为A、B、C、D。

（2）各家方阵从左上方（左锋）开始计算各位点处于方阵中的行数i和列数j。每个方阵位点表示为："玩家+i+j"。如A12,表示A家方阵第一行，第二列，即左眉。

（3）九宫中心记为OO，右宫记为邻近两方阵玩家字母的组合，依次为AB、BC、CD、DA。中宫记为O与邻近方阵玩家字母的组合，依次为OA、OB、OC、OD。

图 1－5　棋盘位点矩阵命名法

其基本内容包括：

（1）四家命名：根据行棋先后顺利分别采用 A、B、C 和 D 来命名各方。

即 A 先于 B 先于 C 先于 D。它们既表示玩家，又表示各玩家布局时的方阵。

（2）各方方阵位点按顺序以矩阵的方式进行命名。先记行，再记列。A 方方阵的第 i 行第 j 列，记为 Aij。如 A 方左眉位，位于第一行第二列，记为 A12。

（3）九宫采用两个字母表示。宫心记为 OO，中宫记为"O＋×"，其中×表示靠近的方阵；右宫记为邻近两方字母的组合，右宫属于哪方，哪方字母在前。如甲中宫记为 OA，甲右宫记为 AB，丁右宫记为 DA。

（4）在表达形式上，先写方阵，再写行，再写列。如甲左旗，表示为 A62。

矩阵命令名法虽未广泛使用，但有一定群众基础，暂时推荐为标准方法。

5.2　布局记录

布局记录主要记载各方布局时子粒所处的初始位置。各方采取 ABCD 法命名，棋子采用数字命名，同时记录各方棋子位于某区某位置。如 D40D25，表示最后行棋的一方（D 方）司令位于该方方阵的右肘位（如图中司令所处位置）。行营中不能布子，用"NULL"表示为空（有时也可以省略）。因此，"弹子第一式"布局（如图 1-6），可记录为：

图 1-6　弹子第一式

D34D11，D33D12，D37D13，D32D14，D34D15，
D38D21，NULLD22，D30D23，NULLD24，D40D25，
D36D31，D35D32，NULLD33，D39D34，D33D35，
D34D41，NULLD42，D37D43，NULLD44，D32D45，
D31D51，D35D52，D38D53，D30D54，D31D55，
D31D61，D29D62，D32D63，D33D64，D36D65。

5.3 行棋记谱

（1）棋子：记录棋子属于哪个玩家和棋子大小。其中玩家用 ABCD 表示，棋子用数字命名法表示。如 A38 表示红方师长。

（2）结果符：用"—"表示"行走"（未相碰）；用">"表示"吃掉"；用"<"表示"撞死"；用"="表示"炸掉"或"打兑"。

（3）行棋记录：需要记录棋子的初始位点和结束位点，并在中间用"结果符"连接。采用"某方＋某棋＋某方＋位点＋结果符＋某方＋某棋＋某方＋位点"的形式来描述行棋。

①行走的表示：如 A38A25—A38B11，表示 A 方的师长从 A 方阵的右肘位行走到 B 方阵的左锋位（此位点无棋子）。其中第二个 A38 可以省略，写成 A38A25—B11。

②吃子或撞死的表示：如 A38A25＞B37B41，表示位于甲方右肘位的甲方师长吃掉位于乙方左膝位的乙方旅长。同理 A38A11＜D39D35，表示位于甲方左峰的甲方师长攻击位于丁方右腰位的丁方军长，结果撞死。

③炸兑：两子相碰后均消失（炸掉或兑掉）。如 A39A11＝B39D55，表示甲方左锋位的甲方军长攻击位于丁方右角的乙方军长，结果打兑。又如"A39A25＞B38B41，B30B42＝A39B41"，表示甲方右肘位的甲方军长吃掉位于乙方左膝位的乙方师长，然后乙方用左后营的炸弹炸掉吃到乙方膝位的甲方军长。

（4）超时或跳过：用"某方"＋"PASS－×"表示。其中×表示超时次数。若甲方第一次超时，则用 APASS－1 表示；超时第二次，用 APASS－2 表示，依此类推。

（5）判负：用 END 表示。如 A－END 表示 A 方告负。

（6）明军旗：40 牺牲时亮军旗，用括号加注军旗位置。如 A40A25＝B40B31（A29A62/B29B64），表示甲方与乙方打兑司令，甲方亮位于左旗位的军旗，乙方亮位于右旗位的军旗。如 A30A25＝B40B31（B29B64），则表示甲方炸掉乙方司令，乙方亮军旗。

（7）求和：求和用"PEACE"表示，拒绝用"NPEACE"表示，同意用"YPEACE"。如 A－PEACE 表示 A 求和。B 方拒绝和棋则用 B－NPEACE。C 方同意和棋则用 C－YPEACE 表示。

（8）投降：投降用"GIVEUP"表示。如甲方投降，可表示为 A – GIVE-UP。

（9）局终：全局终了，用"GAMEOVER"表示。

（10）胜利方：全局终了，最后记录胜方，用"战胜方" + "WIN" + "战败方"表示。如甲和丙战胜乙和丁，则记为 AC – WIN – BD。和棋则用"DRAW"，如 AC – DRAW – BD。

（11）简谱：现场比赛或快速记录时，可以用简谱。如讲解员对观众可以唱谱。为了保守各方棋子大小秘密，唱谱时不说明前半部分（某方为某棋），只说位点移动情况和大小比较后的结果。如 A25 > B41，表示位于 A 区右肘位的棋子吃掉位于 B 区左膝位棋子。观众一般可以看见棋子颜色，所以不需要说明是某方；若看不见，可省子粒大小而不省某方。如 AA25 > DB41，表示 A 方位于 A 区右肘位的棋子吃掉 D 方位于 B 区左膝位的棋子。

（12）全谱：对局结束后，对整个对局的记谱，属于全明记谱。记谱内容包括说明、玩家名称、四方布局、第×步、行棋记录、行棋耗时、胜负结果、得分失分情况等。

（13）为方便残局讲解，若行走一步无关紧要的棋，可用××表示。如 B ××，表示 B 方走了一步无关紧要的棋。如无歧义，也可省略。

本书采用以上方法进行记谱，请读者熟练掌握。

小贴士

打兑：有时也称"兑掉"，是指相同的子粒相撞后，两颗子粒均移去。如工兵和工兵相撞后，两者均移去；又如炸弹与炸弹相撞后，两者均移去；再如司令与司令相撞后，两者均移去。

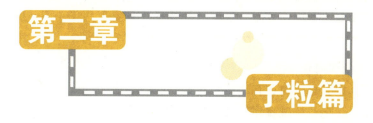

第二章

子粒篇

军棋共有 12 个兵种，共 100 个棋子。森严的等级制度和相生相克关系，使各兵种发挥着不同的作用，而相同棋子间有共同的特征。分类和研究这些兵种的基本特点，是合理运用它们的基础。

第一节　工　兵

工兵是一个非常特殊的子粒，可以说是四国军棋中的"特种兵"。它很小，小排长也能干掉它；它很大，司令也啃不动的地雷，却是它的美餐。真是一物降一物啊。其实工兵还是小有实力的，它可以灭掉雷、旗、兵、炸 4 个兵种，对于某一敌家，可灭掉 9 枚子粒！如果按两个敌人来算，就是 18 枚子粒，比想像中强大！更何况，工兵还有铁轨上"飞行"的特异功能！

> **· 工兵档案**
>
> **个数：** 3 枚。
>
> **吃子：** 地雷 3 枚、军旗 1 枚。
>
> **炸兑：** 工兵 3 枚、炸弹 2 枚。
>
> **特长：** 吃地雷、飞行

1. 挖地雷

试问： 无兵无炸，怎么破三角雷？怎么破封闭雷？答：无解。纵使你有千军万马，也只能望"雷"兴叹！如果强行搏旗，只能是"长使英雄泪满襟"！

又问： 无兵无炸，已破一雷，假三角上两个是雷，一个为大棋司令，从哪儿下口？

答： 左右为难。

消灭地雷，只有两种方法，一种是用炸弹炸掉，另一种用工兵挖掉。炸雷会耗损炸弹，代价较大，非必须不可为；而挖地雷是工兵的天职，快捷有

效，且可能全身而退。工兵是地雷的克星，而地雷常用来保护军旗，因此，工兵就间接成了军旗的克星。上面两种情况，只要工兵飞一下，就可以胜券在握。由此可见工兵的重要性非同一般。故有："宁舍司令，不亡工兵。"

2. 安全和掩蔽

工兵真正能吃掉的只有地雷和军旗，而它们往往深藏不露，所以工兵其实相当脆弱，它"一碰就碎"。保护工兵的安全性和掩蔽性，是运用工兵的基础。一般前半盘宜掩蔽于安全之地，后半盘则活动于铁轨之上。

2.1 藏工兵

将工兵放在不易遭受攻击的位置，如眉位、喉位、肋位、腹位、中底等位置，或在受到威胁的时候行营，都能有效保护工兵的安全。最常见的就是眉位工兵，在锋位（前锋和中锋）让开后，就可以起飞攻击，所以有人也经常将眉位称为兵位。又如"弹子第一式"布局中，将工兵雪藏于中底，以备残局的需要。这样做，工兵虽然是安全了，但进攻能力大大降低，一时埋没了它的才干；同时掩蔽性也不够好，容易让人算出是工兵。

2.2 最危险的地方最安全

将工兵放在一般人看来最不安全的地方，如中锋、前锋、腰位、立角、旗台等位置，甚至将工兵走进九宫中后再回来，或者直接追击认定的小棋或工兵，让敌人难以想到是工兵，从而掩藏工兵的真实身份，成为"暗兵"。如前锋布兵，开局后直接退回前营，敌人往往认为我方不是工兵；中锋兵开局即可以起飞，常令敌人意想不到，且中锋兵常在关键时候入主九宫装大，必要时突然挂角，特点是在闪电战中，往往一挂挖底，奇夺军旗；腰位兵、立角兵、旗台兵、旗底兵也是屡建奇功。如在对敌人一阵强攻之后，我方旗底兵再接再厉直接挂敌旗角，敌人以为我方还会继续强攻，调棋防守，不料我方工兵突然挖敌旗角地雷。这些工兵，化被动防守为主动进攻，利用反向思维的优势，出"奇"致胜。

工兵有三个，可以部分雪藏，部分奇袭，两不耽误。

3. 飞行特技

工兵最令人瞩目的是规则中赋予工兵铁道"飞行"的"特异功能"，它可以在没有障碍的铁轨上任意飞行。正所谓："兵贵神速"，工兵常常神龙见首不见尾，令人防不胜防。

4. 常用技巧

工兵拥有"飞行"和"挖雷"两项绝技。用兵之巧，存乎一心。

4.1　夺　旗

工兵夺旗，一本万利。

双飞：指友军双方各出一兵，在同一回合（或紧邻回合）内，飞至敌人旗旁，夺敌军旗的方法。双飞是工兵的经典应用，是缺角雷与三角雷的经典破解方法。如甲方一兵飞丁方旗台，丙方一兵飞丁方旗角或台中。该法也适用于旗台、旗底、中底三者中两者为空或为雷的破解。

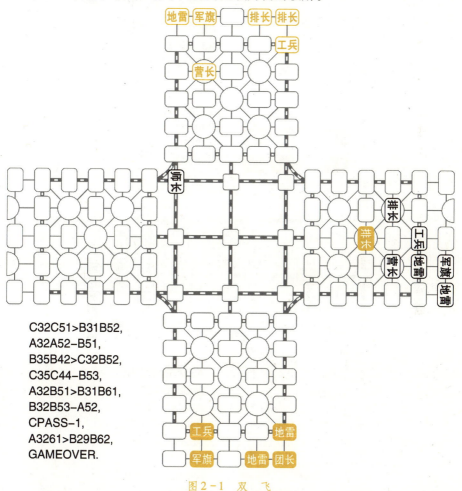

C32C51>B31B52,
A32A52–B51,
B35B42>C32B52,
C35C44–B53,
A32B51>B31B61,
B32B53–A52,
CPASS–1,
A3261>B29B62,
GAMEOVER.

图2–1　双　飞

连飞：单家或双方两个工兵，在紧邻回合内飞至敌人旗旁。适合于缺角雷或敌人炸弹或工兵守旗时。

在棋局将终了阶段，对方防守棋子不多时，利用敌人防守子粒有限的缺点，耗光敌方守军后飞挂旗台或旗角，使敌人防守不及。

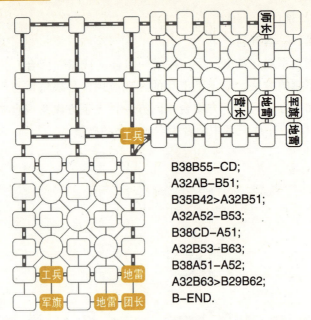

B38B55-CD；
A32AB-B51；
B35B42>A32B51；
A32A52-B53；
B38CD-A51；
A32B53-B63；
B38A51-A52；
A32B63>B29B62；
B-END.

图2-2　连飞破缺角雷

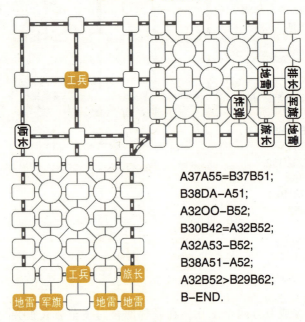

A37A55=B37B51；
B38DA-A51；
A32OO-B52；
B30B42=A32B52；
A32A53-B52；
B38A51-A52；
A32B52>B29B62；
B-END.

图2-3　连飞破炸守旗

　　杀大舍令：敌有一师一炸守。我方先用军长杀师长，敌炸我军长，我工兵飞挂旗台。详见招式篇之杀大舍令。

空炸上旗：敌仅有一子守旗，我方先上空炸，敌攻炸，双消，我兵飞之。

兵炸联攻：敌三角雷，旗底营中一子。我方上空炸，敌吃炸，双消，我方飞兵挂角。

为了防止工兵突袭，军旗两旁尽量有子。若有雷，需要双子靠受攻方向并排防守。一般情况下，旗底尽量不要空位。前期注意敌方工兵动向，主动消灭敌工兵；若自己子力明显占优，靠雷型防守，注意兑兵；经常保持工兵在线，以防不测。

4.2 挖雷

攻：挖雷时，应择准时机，尽量避免挖雷后死亡。最好在酣战之时，如敌方棋子受友军追逼（如该敌40被我友军炸弹追赶），趁机飞雷。敌方40逃跑，我工兵逃回。工兵为至宝，一飞即中，没有充分把握，不要浪费。

防：不要轻易移动后两排子粒。若因战局需要防兵挖雷，可补子至后两排。最好是攻中带防，使敌无暇破雷。

4.3 拆挡

在其它子粒无法拆挡或不便拆挡时，飞兵进行拆挡，从而避免重大损失。

典型的"师长＋炸弹"攻击时，当友军司令反吃师长，立即飞兵拆挡，就可以保证友军司令的安全。此时，建议飞挡而不飞撞，防止敌方是×＋兵＋炸或×＋炸＋炸。如果敌人为炸弹，则不会炸兵，待敌炸弹让开后，我方成功飞回。

如图2-4所示，绿方想一举拔掉蓝色，结果师长遭到红色军长的伏击，为防止绿色杀军舍令，我方飞兵拆挡，使绿色望"军"兴叹。

4.4 破炸

当友军司令受到两个敌人的疑似炸弹十字提时，而我方其它棋子无法攻击可能的炸弹时，用工兵攻击下家可能的炸弹，以求破炸。若敌人不是炸弹，友军司令可以逃脱。

4.5 抢步

不怕牺牲，攻敌必救，危急时刻，将工兵飞到敌人的空旗台或飞挂敌人旗角，迫使敌人应对，吃掉我方工兵，从而将友军从危局中挽救出来。

例如：友军攻击一个较弱小的敌方，马上就要攻到弱敌旗角。但此时另一强敌也攻到友军旗角。均只需要两步即可搬旗。但强敌先走，计算一下，发现强敌搬旗会快友军一步。若出大子相救，弱敌会拆挡，势必难成。我方发现敌旗台为空，立即出工兵，眼见强敌将要搬我友军军旗，我飞兵到强敌空旗台。强敌无奈，为救自己，杀掉我方工兵。友军成功先搬弱敌。强敌损一员大将搬我友军，我方兵力更强。

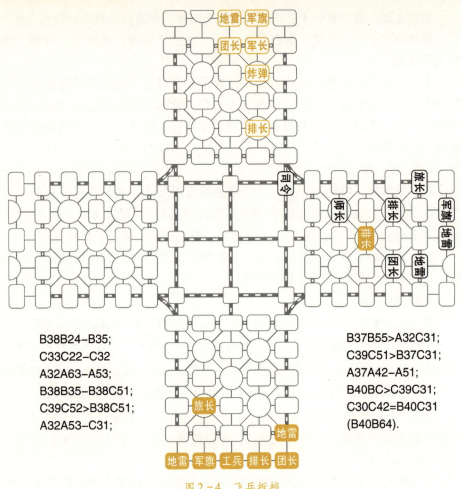

B38B24–B35;
C33C22–C32
A32A63–A53；
B38B35–B38C51；
C39C52>B38C51；
A32A53–C31；

B37B55>A32C31；
C39C51>B37C31；
A37A42–A51；
B40BC>C39C31；
C30C42=B40C31
（B40B64）．

图2-4　飞兵拆挡

4.6　装　炸

工兵佯装成炸弹，敌人工兵飞兑，几次如此。如果敌人怀疑至少飞掉我方一个炸弹，就可能大子蜂拥而至，强攻我方。我方用真炸两次炸掉，敌人方知工兵全是打兑。装炸时需要保证敌人小子不会吃到工兵。当我方采用雷型防守时，此技法可以耗费敌人工兵，若敌人较保守或不信飞到炸弹，便无明显利益。

4.7　飞　兑

预计敌人要双飞，当第一个敌人飞兵时，主动飞兵打兑。当敌人飞兵进行延缓或封关时，主动飞兑工兵。如敌人喉位炸，友军司令吃敌肘，另一敌飞兵封挡，我方飞兑工兵，敌喉位炸进行，友军司令逃脱。当敌人未明子粒下友军旗角时，为防止敌人工兵或炸弹偷袭，用工兵飞撞，以防暗兵或暗炸。

双明中，即使明知友军旗底排雷，也要飞撞，可干扰敌人推断。

4.8 搭桥运兵

残局中，我方有绝对令子，敌人用地雷防守，有明兵或暗兵在线，我方工兵不敢直接出来破雷。为了防止工兵被敌人飞兑，用子粒围成一个密闭区域，将敌人可能的工兵隔开，然后渡到敌家或上铁路飞开敌雷。如图2-5所示（参考霜刀绕指柔之搭桥运兵），红方将敌人工兵隔在外面，保护工兵顺利飞雷。如若军旗在另一侧，则可以采取类似的方法，先将工兵护送到敌方阵中，再在敌另一侧形成封闭区域，从而顺利飞旗台。如果敌方子粒很少，也可直接从旗底营挖旗台。

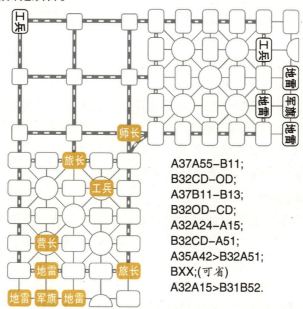

A37A55-B11;
B32CD-OD;
A37B11-B13;
B32OD-CD;
A32A24-A15;
B32CD-A51;
A35A42>B32A51;
BXX;(可省)
A32A15>B31B52.

图2-5 搭桥运兵

5. 小 结

"兵者，诡道也。"攻其不备，战机有时，方显工兵之英雄本色。工兵运用得好坏，是衡量棋手水平高低的重要标志之一。只有不断总结提高，你才能达到"用兵如神"的最高境界。

小贴士

回合： 甲乙丙丁各行棋一次，称为一个回合。

紧邻回合： 两个连续的回合。

绝对令子： 我方子粒比敌从子粒都大，且敌方无炸。可以对某一方为绝对令子。

相对令子： 敌方有炸或相同最大子粒，称为相对令子。

第二节 地 雷

四国军棋中的地雷，模拟的是实际战争中的地雷。实际战争中的地雷，一踩即炸。而四国之雷，可谓雷中之王，非工兵、炸弹不可破，大有"一夫当关，万夫莫开"之势。实质上地雷模拟着关隘或堡垒，必须用工兵开山铺路或炸弹炸开才能通行。它在开局前给予棋手一个设置地形的机会。司令平时威风八面，面对复杂多变的雷型，

> **•地雷档案**
>
> **个数**：3枚。
>
> **特长**：比司令大。
>
> **缺陷**：无行动能力。仅能布于后两排。
>
> **克星**：工兵、炸弹。

也不禁胆寒。三颗地雷，如三座堡垒，使后两排成为阴森莫测之地，甚至成为司令、军长之流的葬身之所。地雷是守棋之法宝，攻击之基础。地雷只能在布局时调整，一旦开局，地雷不能再移动。地雷排布得不好，碍手碍脚，攻不能攻，守不能守；而地雷布置得当，则进可攻，退可守，尚未开局，已有三分胜算。故雷型成为排兵布阵之首要。

1. 地雷布局规则

游戏规则规定，地雷只能布于后两排。即三颗地雷，全部需要布置在角线和底线十个位点上。这十个位点中，有一个大本营需要布置军旗，故三个地雷占用九个位点。按排到组合不难算出，有 84 种。如果区分军旗摆在左方或右方，则有 168 种。由于雷型较多，一一研究也不现实，根据实战经验以及作用大小，我们只研究一些比较典型的布雷位点和雷型。

2. 单 雷

2.1 旗角雷

在布局阶段，将地雷放置在旗角位点，该雷称为旗角雷。如图 2－6 所示。

图 2－6 旗角雷

旗角雷可以在一定程度上防止敌人的强攻，但较容易被工兵飞开。在布局里，要考虑被飞开后的应对步法。旗角雷会将旗底棋子埋死，在旗角雷未

破前，旗底棋子不能行动。但由于在旗侧，在受到进攻时，一般情况下比较容易被挖开。旗底放置各种子粒都有可能，常见布师、旅或地雷。有时候会布炸弹，当敌人挖雷后，旗底吃兵，敌大若吃上，用炸弹炸之（如图2-7所示）。偶尔也摆兵、连、排等小子。

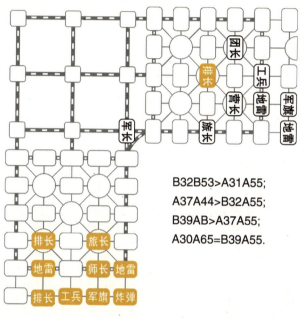

B32B53>A31A55;
A37A44>B32A55;
B39AB>A37A55;
A30A65=B39A55.

图2-7　旗底炸

2.2　旗底雷

若将地雷放置在旗底位点，则称为旗底雷。如图2-8所示。

图2-8　旗底雷

旗底雷可以防止敌人非兵子粒直接攻击旗底。暗子挂旗角，是一种心理战。当立角为空时，一旦有敌方暗子挂角，往往需要用棋子撞吃。如果用旗底营的子撞吃，可能会损失底营；如果用旗台的子撞吃，若撞死，可能会被双抢。一定不要因为某个暗棋看似气势汹汹而认为它一定不是工兵；也不要看它走得隐蔽而认为它是工兵。要有良好的心理素质和推断能力。为了避免推断可能产生的错误，可以通过旗角放子的方法，过滤敌人可能的工兵，从而防止敌人暗兵挂角。

2.3 旗台雷

若将地雷放置在旗台位点，则称为旗台雷。如图2-9所示。

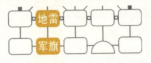

图2-9 旗台雷

旗台雷是比较有争议的一种雷。它切断了左右侧子粒的联系，调运子粒不畅。如图2-10所示，旗台雷在残局阶段，单令不敌单兵。正是由于旗台雷的这种缺陷，因此，旗台不常摆雷，也造成高手喜欢用令子平吃旗台。而这从另一方面又使旗台雷成为谋取利益的手段。同时，因地雷位于旗台，常会被工兵挖开，从而左右联通，防守有保障。也正因容易被工兵飞到，形成需应步，在危局中易遭受损失。此外，旗台雷也常配合其它位点地雷一起使用，增加了旗台雷的使用机率。当遇到敌方有旗台雷时，不要飞开，让旗台雷成为敌人的沉重防守负担，适当时制造需应步，或左右两侧开展进攻，让敌人疲于防守，顾东顾不了西。

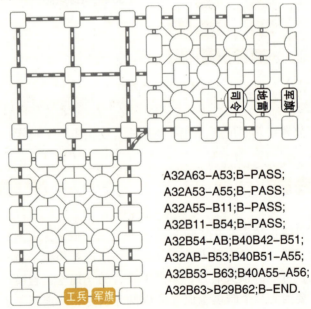

A32A63–A53;B–PASS;
A32A53–A55;B–PASS;
A32A55–B11;B–PASS;
A32B11–B54;B–PASS;
A32B54–AB;B40B42–B51;
A32AB–B53;B40B51–A55;
A32B53–B63;B40A55–A56;
A32B63>B29B62;B–END.

图2-10 单令不敌单兵

2.4 虚台雷

位于虚台的地雷称为虚台雷，如图2-11所示。

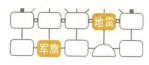

图 2-11 虚台雷

虚台雷可以有效阻止敌人从副线进攻，由于虚台行动不便，敌方攻入后，不易逃走。

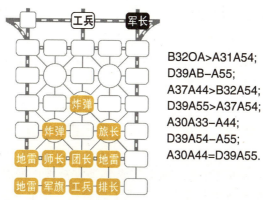

B32OA>A31A54;
D39AB−A55;
A37A44>B32A54;
D39A55>A37A54;
A30A33−A44;
D39A54−A55;
A30A44=D39A55.

图 2-12 虚台的防守

2.5 其它雷

包括台中雷、中底雷、虚底雷、虚旗雷、虚角雷。台中是防守增援的重要位点，所以台中放雷比较少，是残局中直接攻击的重点位点。而在此处放雷，可以收到意料之外的利益。中底位置掩蔽，到残局阶段才会攻击到此处，故中底单独放雷较少，一般与其它雷一起形成雷型。虚底一般不放雷，因为此雷作用不大。惜子如金的棋手，也会布虚旗雷，以增加可活动子粒。虚角雷易被飞到，会使敌人很快知道自己防御雷型少于 3 个。若再发现一雷，就有大子暴力搏旗的可能。故若布虚角雷，一般不再布旗角雷。

3. 双雷

3.1 叠雷

将两个地雷摆在相邻的两个位点，称为叠雷。常见的有纵向重叠，如"旗角雷＋旗底雷"；横向重叠，如"旗角雷＋旗台雷"。如图 2-13 所示。

图 2-13 两种叠雷

叠雷放在一起，可以方便防守。当敌人用工兵挖掉第一个地雷后，我方

小子吃掉敌方工兵，敌人大棋杀我小子。此时由于又是地雷，敌人若大棋直接再攻击，就会撞雷而死。因此，小子即可完成防守。旗角和旗底叠雷称为旗叠雷，旗角雷被挖后形成需应步，易使敌人有双先优势。台中和中底放雷两个雷，称为中叠雷，比较少见，因此，可以有效防止敌人副线强行进攻。破叠雷需要耗费较多工兵，当敌人工兵不足时，难以破解，是经济而有效的防守方式。一般当敌人吃第一个雷时，可以只用排长吃掉工兵，当敌人吃掉我方小棋后，需要采用实力防守。

3.2 缺角雷

旗台和旗底各有一雷，或旗台和中底各一雷，称为缺角雷。如图 2－14 所示。

图 2－14 缺角雷

缺角雷常常是由于直角雷、梯形雷或 V 型雷被破一雷后形成的。有时候是为了迷惑敌人而布置的。缺角雷继承了旗台雷、中底雷和旗底雷的性质，大棋无法攻上军旗，只用小子防兵防炸即可，但容易被工兵和炸弹奇袭。兵炸连攻缺角雷，是经典破解缺角雷的方法，如图 2－15。此外容易被工兵双飞。

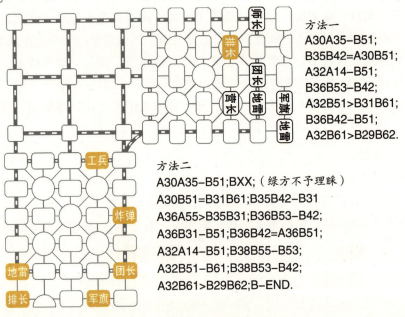

方法一
A30A35－B51；
B35B42＝A30B51；
A32A14－B51；
B36B53－B42；
A32B51＞B31B61；
B36B42－B51；
A32B61＞B29B62.

方法二
A30A35－B51；BXX；（绿方不予理睬）
A30B51＝B31B61；B35B42－B31
A36A55＞B35B31；B36B53－B42；
A36B31－B51；B36B42＝A36B51；
A32A14－B51；B38B55－B53；
A32B51－B61；B38B53－B42；
A32B61＞B29B62；B－END.

图 2－15 兵炸联攻

4. 常见雷型分析

4.1 三角雷

将三颗地雷布置在军旗周围，呈品字形排列，即旗台、台中和旗底各布一雷，其形状如三角型，所以称为三角雷。若三角雷中的大本营未放军旗，则称为虚三角雷。

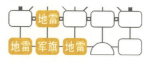

图 2-16 真三角雷

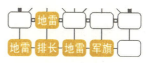

图 2-17 虚三角雷

三角雷属于封闭雷型，短小精悍，在敌方无兵无炸的情况下，敌方纵有40、39，仍能"金身不破"。除非能够吃光，否则就会和棋。三角雷具有缺角雷的特征，它的防守，只需要小棋（如排长连长），挡在旗线，或者在旗底营中，不让敌人工兵、炸弹有机可乘，在一定回合内可保军旗安全。防守子力虽弱，却固若金汤，常为棋家采纳。如若旗台雷被破，则底线右侧子力可投入防守。由于三角雷防守能力强，在全明四国中，工兵和炸弹容易兑掉，几乎青一色采用三角雷。

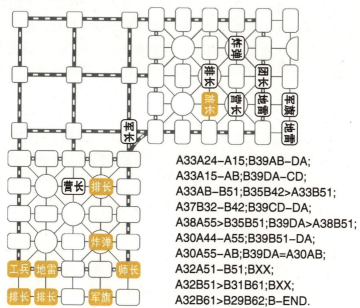

A33A24-A15;B39AB-DA;
A33A15-AB;B39DA-CD;
A33AB-B51;B35B42>A33B51;
A37B32-B42;B39CD-DA;
A38A55>B35B51;B39DA>A38B51;
A30A44-A55;B39B51-DA;
A30A55-AB;B39DA=A30AB;
A32A51-B51;BXX;
A32B51>B31B61;BXX;
A32B61>B29B62;B-END.

图 2-18 三角雷破解方法

三角雷左右均为缺角雷，最怕工兵双飞、兵炸联攻和工兵挂角。破解三角雷，不能双飞时，切忌挖旗台雷，旗台雷破坏后，敌方5线全线可守，难有胜算。应让敌方旗台雷挡住其自救之道，然后轻取之。一般宜先挤占旗肋位或占中营，然后多次采用暗棋挂敌旗角，直至敌人隐忍不住（心理战），用底营攻击。立即先抢占旗底营，用其它子粒吃掉敌子，而后飞兵或炸弹挂旗角。前面的兵炸联攻也是常用方法。（排长装炸追赶绿方军长，然后突然挂角，绿担心为暗兵，营长撞吃。）

4.2　直角雷

旗角、旗台和旗底各放一雷，三个地雷呈直角，故称为直角雷。也称为包角雷。如图2-19所示。

图2-19　直角雷

直角雷是两种叠雷的组合，三个连环雷，可谓机关重重。它就是为了防止敌人强力突破而设置。对于那些亡命之徒，可谓铜墙铁壁。敌人挖一雷，我方小棋吃出，敌大棋吃下，敌人若急不可奈（如另一敌受到我方副线强力进攻），会冒险继续下吃旗底而撞死，于是愤怒不已，第二个大子再来，平吃旗台，再次撞死。直角雷属于防守雷型，在一定回合内无需大子防守。由于守旗兵力极少，可以调集更多兵力，从副线侧发动疯狂进攻，使敌人无暇还击。它是一种典型的以攻代守的阵型，若主攻方向正确，极具杀伤力，常见于闪电战。敌人飞旗角雷后，一般宜用排长去吃兵，若吃兵子粒过大，可能会打兑，形成无底营防守的缺角雷，可能被敌人飞兵挂角而亡。

攻破直角雷，其实十分简单。它具有缺角雷的致命缺陷，挖掉第一地雷后，可采用破缺角雷的方法破解。主要是由于敌方一直处于进攻状态，往往无暇去攻击。友军若想"围魏救赵"攻击，到达旗角需要5步，敌人可一段时间内专心进攻不予理睬。受攻方应沉着应战，采用拖延的方法，防守住敌人的疯狂进攻。一旦友军飞掉旗角，则敌人就会有被双飞的危险，会被迫转入防守。此时，敌人大棋消耗较大，我们兵力占优，把敌人拖入持久战的泥淖，敌人必败。

此外，旗台雷、台中雷和中底雷的组合，虚台雷、台中雷和中底雷也算是直角雷，如图2-20所示。敌人若想从副线直接攻击，将会损失惨重。

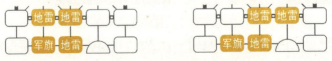

图2-20　其它直角雷

4.3 梯形雷

三颗地雷分别放置在旗角、旗台和中底，形似梯形，故称为梯形雷。如图2-21所示。

图2-21 梯形雷

与直角雷相比，梯形雷可以防止双飞和工兵挂角。当敌人误将梯形雷当作直角雷时，B敌飞到旗台后，D敌会挂旗角，形成"双飞"。我方可吃掉B敌工兵，D方工兵挖下，结果失败。此时，我方旗台雷已经被破，5线右侧子粒加入防守，敌人计划落空。如果敌人不巧攻到台中，会误认为是直角雷而大子攻击中底，造成重大损失。正是由于梯形雷与直角雷如此相似，所以敌人攻击时往往迟疑难决。梯形雷旗底应放置合适的子粒，一般不宜过小，以免敌人狗急跳墙。四暗之中，敌人攻击旗角后，友军封关，敌人担心被活吃或被炸，铤而走险，直接攻击旗底，若旗底子粒过小，将会弄巧成拙。一般可放置师长，若敌人为令军（除非是军长遇到明令的追击），一般宁愿被炸而不愿撞雷（被炸起码还会耗费一颗炸弹）。若为师，则会打兑。敌人若小，撞死之后，会误认为是地雷，从而很好地起到伪装地雷的作用。

4.4 "V"形雷

旗台、虚台和台中三个地雷，形如英文字母"V"，故称为"V"形雷。也称为"倒三角"雷。

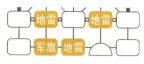

图2-22 "V"形雷

V形雷可以防止双飞，它集中了虚台雷和三角雷中底雷的优点。从副线进攻，地雷间隔，阻力较大，易于防守。当攻至台中后，如果一时冲动，直接进攻中底，容易撞死。但具有缺角雷、旗台雷的一些缺点，底线可动子粒较少，不便机动。残局阶段工兵威胁较大。

4.5 屏风雷

旗角雷+旗台雷+台中雷，三颗雷好像挡在军旗前面的一堵屏风，故称为"屏风雷"。又因三个雷一字排开，也叫"一字雷"。它是两个横叠雷的组合，如图2-23所示。

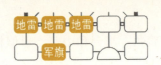

图 2-23　屏风雷

　　由于两次叠雷，常常出人意料之外，可防暴力进攻，亦可防止双飞。由于屏风雷与梯形雷、直角雷很相似，在防守时，可以故意误导敌人，使敌人不敢经易进攻旗底，也可诱敌进攻台中雷。屏风雷埋死旗底和中底两个子粒，对局中难以保证两边都能挖开，不利于棋艺相当棋手的对决。此外，残局时，若旗底营被敌人工兵占据，就有性命之忧。防守时，一般切忌旗底吃兵，否则很容易被吃然后双飞。若旗角雷未被兵飞，可用小子防守，飞雷后，小棋旗底吃出，装成直角雷，使敌不敢杀旗底。由于此雷型不常见，在弱势情况下，敌人已破旗角雷，也可以放空底营，故意让敌人大棋占旗底营，工兵在外守雷，当一敌飞旗台雷后，有经验的棋手会用大棋攻击台中雷，而自己则工兵飞兑。此法也可以用于单独旗台雷的防守，是对付高手防守旗台雷的特殊方法。

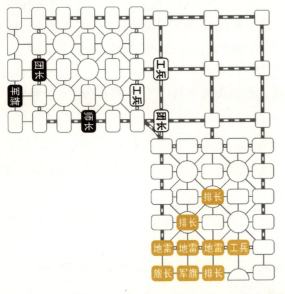

B32D14>A31A51;D38B35-A41;
A33A42>B32A51;B36DA-A31;
D38A41-A42;A33A33-A22;
B36A31>A33A51;DXX
A33A22-A33;B36A51-DA;
DXX;A33A33-A22;
B32OD>A31A52;D38A42<A31A53;
A32A54=B32A52.

图 2-24　工兵守旗台雷

5. 封闭雷型

　　地雷、行营子粒和虚旗，将军旗围起来，形成一个封闭的区域，这类雷型统称为封闭雷型。由棋盘图形可知，它至少包括两个雷。由定义可知，在

没有工兵和炸弹的情况下，封闭雷型无法暴力破解，是弱势下谋求和棋的主要方法。

封闭雷型主要分为两种，一种是无活动空间的封闭雷型，另一种是有活动空间的封闭雷型。

5.1 无活动空间的封闭雷型

这种雷型与军旗相隔较近，地雷和地雷之间间隔不超过两个位点，常见的有三角雷、梯形雷、屏风雷。此外还有"旗角雷＋台中雷"（旗门雷，因似军旗的两根门柱而得名）、"旗台雷＋旗角雷＋台中雷"（旗内梯形雷）等。

（a）　　　　　　　　　　（b）

图2-25　旗内梯形雷（a）与旗门雷（b）

前几种雷型，自然形成封闭区域。旗门雷则需要配合旗底营才能形成封闭区域。以上雷型无兵无炸下无法破坏，若强行突破，将遭受重大损失。它保证了军旗的安全。这些雷型安排紧密，没有较多的空间供棋子移动，要想和棋，还要求有可移动子粒，且不被困死。

5.2 有活动空间的封闭雷型

由于进入大本营的棋子不能再移动，因此虚旗是一道天然的屏障，子粒无法经由虚旗而进中底。行营里的子粒不能被攻击，故两个后营和中营，在我方子粒占据时，可以阻止敌人的攻入。再加上地雷，很容易形成封闭区域。该种雷型地雷之间至少有两个连续位点非雷，且台中不为雷。常见的如图2-26所示：旗角雷＋虚角雷（a）、旗角雷＋虚台雷（b）、旗底雷＋旗台雷＋虚角雷（c）、旗底雷＋旗台雷＋虚台雷（d）。

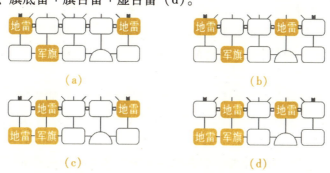

（a）　　　　　　　　　　（b）

（c）　　　　　　　　　　（d）

图2-26　有活动空间的封闭雷型

这些雷型由于地雷之间有两个或两个以上连续非雷位点，在残局阶段，可以留一个棋子在这两个位点上游走。它继承了无活动空间封闭雷型的优点，克服了其缺点。当被围困时，仍然可以行动，而避免了被困死的命运，是劣势下谋求和棋的重要方法。它要求两个后营和中营都有子粒才能形成封闭区域，加上游走子粒，共需要至少4个子粒（特殊情况下可少于4个），才能谋和。

6. 布雷基本要领

6.1 熟悉基本雷型

对于常见的雷型，其优缺点和攻防要点需要理解和掌握。雷型要与其它子粒的布局形成一个整体。直角雷主线一般较弱，而副线往往会布置大量强子，进行闪电式的攻击，从而使敌人无暇攻击我方旗侧。否则旗线立角被挖，将会导致被动。缺角雷立角一般不宜放置过小子粒，否则敌人用小子拭撞，就可能试开。且旗底营一般不直接放炸，因为炸弹主动投掷为后手，敌人马上可以飞兵挂角。旗台雷在适当的时候可以露出，以便敌人帮助飞开，我方正好加强角线防守。V形雷可以适当诱使敌人从副线进攻等等。

6.2 勿轻易暴露雷型

三个雷不能同时都位于易被飞到的位置。若三个地雷都被挖掉，敌人就没有忌讳，可以放心大胆地攻击了。实际上，在暴露两个地雷以后，敌人搏旗的成功率就大大提高了。所以尽量不要暴露雷型，至少要保证有一个地雷不能被轻易识别出来，从而使敌人心有余悸。

6.3 防止双飞

由于可能面临两个敌人的组合攻击，因此，布雷时需要考虑敌人可能的两面夹击（如"双飞"、"双挂"等），直接选择可以防止"双飞"的雷型，当旗底或中底有空时，适当补以子粒，不使敌人有机可乘。

6.4 旗底营

非万不得已，一般不要丢失旗底营，否则会导致被动。若已被占，宜在旗前营区域布置两道屏障，使敌人无法轻易挂角或飞旗台。

6.5 歧 义

部分雷型十分相近，可以充分利用这种相似性，在防守时，误导敌人，使敌人不敢轻举妄动。如直角雷、梯形雷是两种十分接近的雷型，当梯形雷的立角雷被飞后，可以采取类似于直角雷的防守方式，使敌人不敢轻易攻击旗底。此外，还可以将较大子粒布置在可能的典型雷型的雷位，代替地雷，使敌人错误推断我方雷型，导致重大失误，如图2-27所示。

图2-27 误导雷型

采用师长装成三角雷，可防止敌人"双飞"；采用旅长装成"V"形雷，可防守底线。第三个地雷藏于虚旗上，防止敌人过早推断出非三角雷。该布局可以有效防止敌人小棋试探地雷，一旦小旗试探撞死后，可能错误推断雷型而搏旗，将造成重大损失。

6.6 战略纵深

旗台雷的最大弱点就是阻碍了底线子粒的调度，在残局阶段，若旗台雷还存活，其缺点非常明显。由于5线离军旗很近，如果防守不当，极可能"一失足成千古恨"。为了加强5线防守，常需要能够抵挡敌人连续的三次进攻。而此时子粒的消耗都非常大，子粒补充十分重要。如果旗台、台中有雷，将严重阻碍兵力增援。而5线不布雷或少布雷，可以布置更多防守子粒，在适当的时候，也方便子粒从台中、虚台进行增援，从而具有更多的战略纵深。特别在残局阶段发生兑子战的时候，被攻击方子粒的调运决定着胜败，角线的战略纵深显得尤为重要。

7．小结

地雷是防守的利器，虽然可以适当阻挡敌人强攻的步伐，但有时也会成为羁绊和负担。恰当的伪装和欺骗，地雷也能成为杀敌功臣，成就那些自以为是的敌人的噩梦。熟悉雷型既是防守的需要，也是进攻必备的知识。没有攻不破的完美雷型，适当的进攻永远是防守的最好方式。

> **小贴士**
>
> **埋死**：将棋子摆在雷的后面，当雷未被破掉时，摆在雷后的棋子不能行动，称为埋死。
>
> **雷型**：三颗地雷在棋盘上排布的位置形成的图形，它常常也包括地雷与军旗的相对位置。
>
> **封闭雷型**：能够形成一个封闭区域的雷型，常也将左后营、中营、右后营和虚旗算在内。
>
> **困死**：在敌方子粒周围，用我方子粒围住，使敌人子粒不能行动，或者一旦行动就会被吃掉。
>
> **旗底营**：旗台下的后营。

第三节　炸　弹

四国军棋中的炸弹，模拟实际战争中的导弹。炸弹与导弹有很多相似之处，如杀伤力强，可以攻击任何兵种；属于一次性武器，不能二次使用；炸弹数量有限（两枚）；能够与其它普通子粒一样移动和攻击。炸弹与任何子粒相遇，两者同时消失，称为"炸掉"。特别适合于用来攻击司令等大棋。炸弹的这种特性使其具有强大的威慑力量。炸弹也用来攻击不明子粒，避免因错误推断对方子粒而造成的损失，特别适合于旗侧雷区

炸弹档案

个数： 2枚。

特点： 与任何子粒相遇，两者均消去。

优点： 可以炸弹司令、地雷等。

缺点： 一次性使用，易被小子撞掉或工兵飞掉，不能布于第一排。

的攻击，可以直接为后续部队打开道路。在缺乏工兵时，也可以用炸弹炸开地雷。在特殊情况下，也可以用炸弹直接攻击敌人军旗，敌人军旗会消失，从而获得胜利。

1. 布局要求

游戏规则要求炸弹不能摆第一排。因此当你记性足够好，可以用令子攻击布置于第一排的单独子粒。而对于记性不好的玩家，在走子较快时，则可以偷偷将炸弹移到第一排，在出奇不意的情况下炸掉敌人的大棋。

2. 常见用法

2.1　防守型"中子＋炸"

由于炸弹威力巨大，且一次性使用。为了防止被敌人小棋撞掉，常常位于中子的后面或者行营中。"中子＋炸"是比较标准的防守方式，炸弹可以位于营中或中子后面。如图2－28所示，当D方右宫司令吃掉我方左锋师长后，我方用后面的炸弹（肘位炸）炸掉敌人司令。如图2－29所示，敌方军长杀我方旅长后，我方投炸炸弹敌方军长。随后瓦解了敌人后继37的进攻，奠定胜局。旗底营炸弹防守时，敌人用强子杀掉我中子后，我方投炸后，事先需要防止敌人可能产生的双抢。

此外，一敌令子杀，另一敌怕我后面是炸，抢攻后打兑，我方正好空炸敌令子，如图2－30（a）所示。当两家敌人向我方进攻时，可以诱使上家先

攻打兑，利用露空炸和获得先手的机会，炸掉敌人的大棋，如图 2－30（b）
所示。该法适合于下家令子控势，上家与我方打消耗战时。

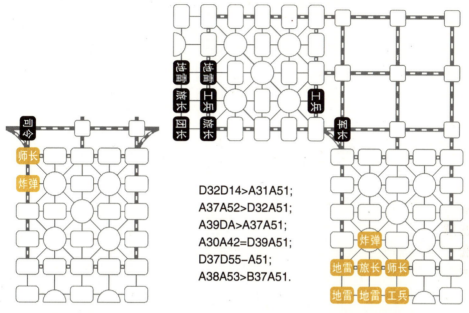

D32D14>A31A51;
A37A52>D32A51;
A39DA>A37A51;
A30A42=D39A51;
D37D55–A51;
A38A53>B37A51.

图 2－28 防守型"中子＋炸"　　　　图 2－29 防守型"中子＋底营炸"

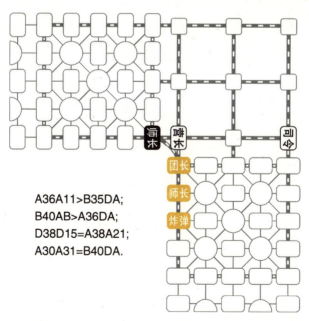

A36A11>B35DA;
B40AB>A36DA;
D38D15=A38A21;
A30A31=B40DA.

图 2－30 中子打兑后空炸令子（a）

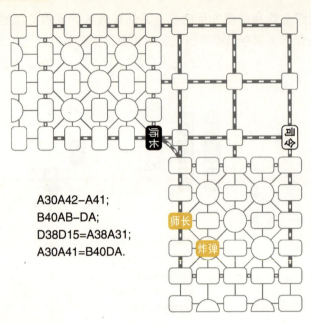

A30A42–A41;
B40AB–DA;
D38D15=A38A31;
A30A41=B40DA.

图 2-30　中子打兑后空炸令子（b）

2.2　进攻型"中子+炸"

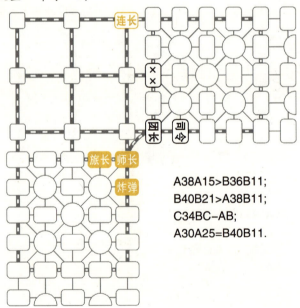

A38A15>B36B11;
B40B21>A38B11;
C34BC–AB;
A30A25=B40B11.

图 2-31　"中子+炸"被反吃

我方中子进攻后面配炸进攻，敌若反吃中子，友军拆挡，我方可用炸弹炸掉，如图 2 - 31 所示。但若打兑，后面的炸弹可能会被抢掉；又或敌人有兵可能会飞抢炸弹（若绿✕为工兵）。若中子进攻撞死，则敌人飞兵抢炸，我方将损失一中子一炸，如图 2 - 32 所示。故宜用于进攻下家较弱的一侧。

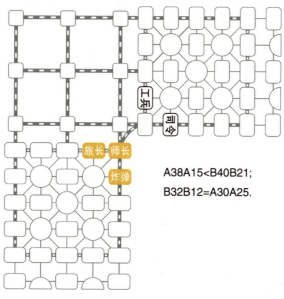

A38A15<B40B21;

B32B12=A30A25.

图 2 - 32　"中子＋炸"中子撞死

2.3　中子＋中子＋炸

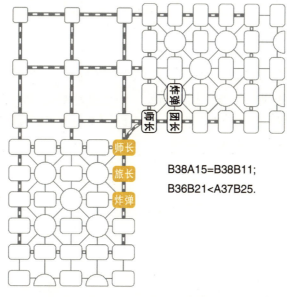

B38A15=B38B11;

B36B21<A37B25.

图 2 - 33　中子打兑后炸弹安全（a）

为了避免图 2－32 中的损中折炸，可采用"中子＋中子＋炸"的形式。仍宜攻击较弱一侧。可保证打兑后炸弹安全，可防止敌人飞抢。

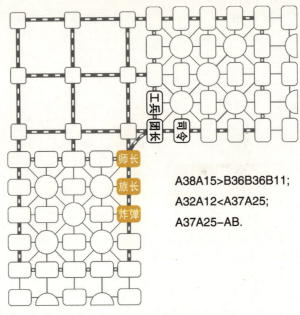

A38A15>B36B36B11;

A32A12<A37A25;

A37A25－AB.

图 2－33   中子攻击后炸弹安全（b）

一般认为，中子早期找出司令是有利的，故中子后面有时常不配炸。故高手常直接反吃。

2.4   中子＋兵＋炸

肘位中子＋腰位兵＋膝位炸，是常见形式，常布于左侧，既可进攻，亦可防守。它利用肘位逃走方向少（气向小）的特点，中子被吃后，工兵进前营，使敌人无法逃走，如图 2－34 所示。当上家左侧弱小时，可以进攻，吃掉上家后，另一敌飞抢，工兵打兑，敌人以为飞到炸弹，强子吃我中子，我炸弹炸掉，如图 3－35 所示。

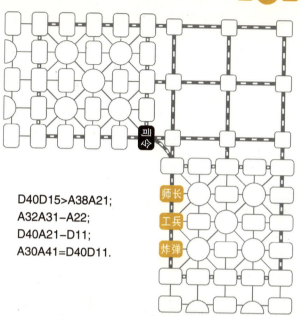

D40D15>A38A21;
A32A31−A22;
D40A21−D11;
A30A41=D40D11.

图2−34　师兵炸被攻击

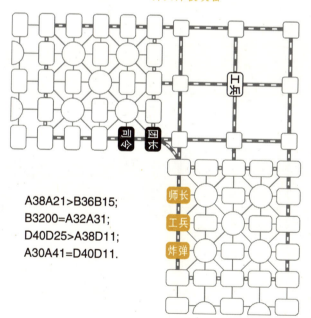

A38A21>B36B15;
B3200=A32A31;
D40D25>A38D11;
A30A41=D40D11.

图2−35　师兵炸主动出击

2.5　中子＋炸＋炸

两个炸弹纵向重叠，称为叠炸。叠炸加强了对前面子粒的保护，当敌人飞掉或抢掉第一炸弹后，第二个炸弹仍然能够发挥作用，是一种双保险的形式，常用于进攻，如图 2-36 所示。防守时，能有效抵御双飞（特别是双令的抢攻），往往起到意想不到的效果，重创敌军，如图 2-37。

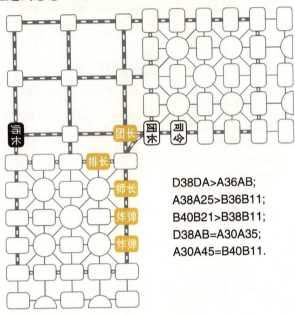

D38DA>A36AB;
A38A25>B36B11;
B40B21>B38B11;
D38AB=A30A35;
A30A45=B40B11.

图 2-36　抢炸后再炸

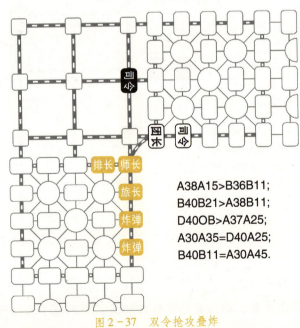

A38A15>B36B11;
B40B21>A38B11;
D40OB>A37A25;
A30A35=D40A25;
B40B11=A30A45.

图 2-37　双令抢攻叠炸

2.6 炸双

在敌人两个强子形成密闭空间成无法抢炸时，出炸弹同时威胁两个强子，从而形成必炸一个强子的局面。如图2-38。

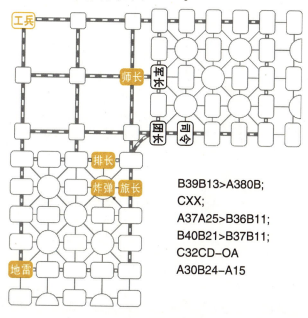

B39B13>A380B;
CXX;
A37A25>B36B11;
B40B21>B37B11;
C32CD-OA
A30B24-A15

图2-38 空炸炸双

炸双时，最好是封闭形式（敌工兵无法飞到）。若非封闭形式，则需要观察两个敌人有无工兵在线。若认为敌人有兵在线，可出靠后面的排长装炸"炸双"，诱使敌人工兵飞抢撞死，再出前面的真炸炸双。如若感觉敌人工兵在线较多，炸弹稀少时更应珍惜，不可为贪一时之功直接出真炸。正所谓，"留得炸弹在，哪有炸不到?"为了最后的胜利，隐忍一时。

2.7 空炸

直接用空炸炸掉敌人可疑子粒。详见战术篇中的空炸。

2.8 兵后炸

利用工兵和炸弹，同时制造双急。详见招式篇中的一箭双雕。

2.9 角炸

是一种比较狡滑的布局。角炸边上不要放师长之类的中级子粒，不要让敌人怀疑到你可能有角炸，否则敌人会用工兵飞抢或小子撞角试炸。要充分利用其隐秘性，出其不意，炸敌大棋。如图2-39所示。

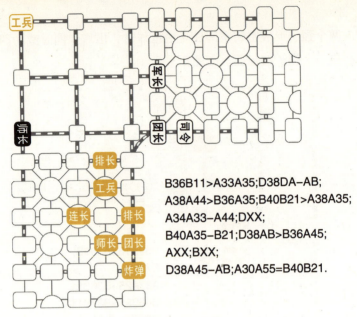

B36B11>A33A35;D38DA-AB;
A38A44>B36A35;B40B21>A38A35;
A34A33-A44;DXX;
B40A35-B21;D38AB>B36A45;
AXX;BXX;
D38A45-AB;A30A55=B40B21.

图2-39　角炸

2.10　台中炸与虚台炸

旗底营用炸弹比较常见，但有时会丢失底营，如图2-40所示。旗底营采用伪炸，迷惑敌人，而将炸弹放台中（或者虚台），可以防止丢失旗底营。

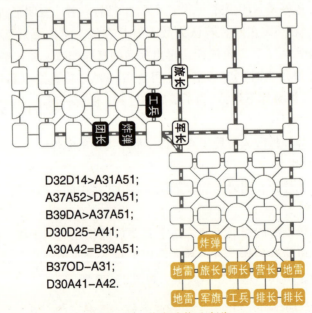

D32D14>A31A51;
A37A52>D32A51;
B39DA>A37A51;
D30D25-A41;
A30A42=B39A51;
B37OD-A31;
D30D41-A42.

图2-40　旗底营炸丢底营

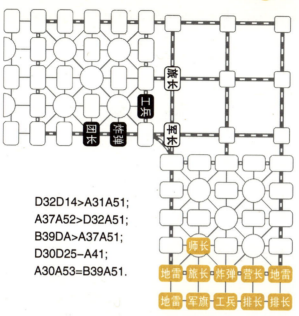

D32D14>A31A51;
A37A52>D32A51;
B39DA>A37A51;
D30D25–A41;
A30A53=B39A51.

图2-41 台中炸不丢底营

2.11 缓炸

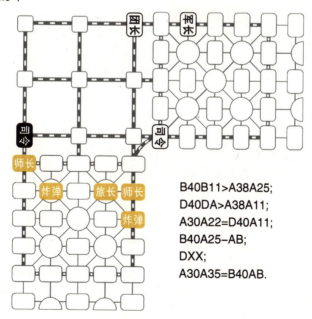

B40B11>A38A25;
D40DA>A38A11;
A30A22=D40A11;
B40A25–AB;
DXX;
A30A35=B40AB.

图2-42 双先时缓炸

缓炸，是指能炸，但由于步差的原因或无法确定敌人确切大小时，暂时不炸，等到时机成熟时再炸的方法。图2-42所示，两个敌人同时进攻我方，我方先用营里炸弹炸一敌，缓一步后，再用铁轨上的炸弹炸掉另一敌。图2-43所示，敌吃我方团长后，假炸进营，发现敌方怕炸而逃跑，且入九宫控势，于是决定使用炸弹炸掉。

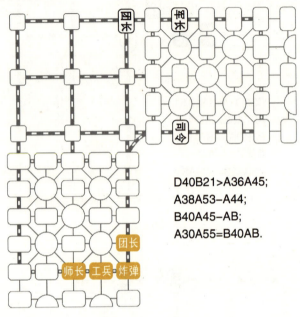

D40B21>A36A45;
A38A53-A44;
B40A45-AB;
A30A55=B40AB.

图2-43　逃走后缓炸

3. 炸弹的重要性

炸弹与任何子粒相碰后，它就等于哪个子。如果与敌人的大子相碰（比如司令），与被炸方相比，你多了一个大子（多出一个司令）。开局时，各家子粒相同，但每盘棋，各家炸弹炸掉的子粒不一样，就造成了子粒个数与大小的不平衡。因此，炸弹是改变子粒平衡的重要力量。

如果双炸未炸到大棋就全部损毁后，很难抵挡敌人的强力进攻。特别在双明时，防线会很快瓦解。一般采取"一炸进攻，一炸防守"攻守兼顾的模式。进攻的炸弹可以摆在铁轨上，如肘位、膝位等，配合前面子粒进攻。也可以放在腰位、虚角等具有迷惑性的位点，伺机进攻。还可以将炸弹运送到敌人不经意的位置，突然袭击。防守的炸弹一般处于营中或隐秘处，使敌人不能轻易破坏，构筑成坚强的防守保垒。

快攻时，炸弹挂角也很常见，它会直接炸开旗底，免去对旗底是雷还是非雷的推断，从而为后续部队迅速打开通道，迫使敌人实力防守，走明关键子粒。而后针对敌方防守，予以精确打击，最后利用双抢等手段，迅速制胜。

残局阶段，面对敌人的封闭雷型，虽有绝对子粒优势，但没有工兵，可将炸弹运至敌家中，直接用炸弹炸掉敌方地雷，避免因无兵破雷而产生和棋。在运送炸弹过程中，可以参照"搭桥运兵"的方式，进行"搭桥运炸"，避免敌人工兵的破坏。

4. 小结

炸弹是改变子粒平衡的重要力量。通过复盘分析，你会发现，炸弹运用的好坏，是胜败的关键因素之一。炸弹不仅是防守的法宝，可以构筑坚固的防御工事；同时也是进攻的利器，是中级子粒发挥重大作用的保障。熟悉围绕炸弹衍生出的各种技法，是提高军棋水平的必经之路。

小贴士

强子：常指司令、军长。

中子：常指师长、旅长、团长。

弱子：常指营长、连长、排长。

双抢：两家敌人均先于我方进行攻击，我方只能应对一家，而军旗被夺的现象。如双飞是比较典型的双抢。

空炸：处于铁轨上且没有子粒遮挡的炸弹。

叠炸：处于铁轨上且两个炸弹紧邻或之间没有子粒间隔，称为叠炸。

缓炸：虽然马上能炸到敌子，但由于步差或其它原因，暂时不炸，待到时机成熟时再炸的方法。

步差：B方和D方两个敌人各走一步，然后A方走一步。形成敌人先走了两步，而我方只走一步，感觉少走了一步，叫步差。

第四节　司令

司令模拟实战中的一个战斗单位，居于可移动攻击子粒的顶层。

·司令档案

个数: 1枚。

特点: 可消灭所有可移动子粒。

特权: 死后亮军旗。

克星: 地雷、炸弹。

1. 司令的三大特点:

1.1　超强攻击能力

司令拥有超群的攻击能力，可以消灭所有可移动子粒。这里的消灭指的是使敌人子粒消失的能力，即消子能力。包括吃掉、打兑和被炸。在一般情况下（除打兑和撞炸），该能力极易使司令在攻击后，获得先手，从而在后续的行棋中获利（如双抢）。

1.2　死后亮军旗

游戏规则还赋予司令一个特权：死后亮军旗（军旗翻开）。一旦司令死亡，不仅告诉敌人自己损失了最强攻击单位，而且还为敌人指明了进攻的方向。此规则使司令成为具有战略意义的子粒。

1.3　司令小于地雷

游戏规则规定，司令撞地雷后，司令死亡。即司令小于地雷。两个炸弹扼制了司令非雷区的攻击能力，三个地雷则防止它对军旗的亡命攻击，从而使游戏达到一种平衡。恰当运用地雷，是消灭司令的方法之一。

2. 司令的基本用法

2.1　锋位司令

常见左右锋摆司令。假设敌方吃到你家37，你是炸还是不炸呢？炸，可能是38，炸掉后，若跟着的是40，后面缺炸，吃到39怎么办？不炸，让他撞39，如果是40怎么办？故开局用40，一般可吃到38，然后被炸。虽然略显亏损，但仍可在后期弥补。有时候，司令吃到的尽是小子，敌人会用40撞吃，结果兑掉，攻击方还略有小赚。如果敌方见司令如此猖狂，误认为是38，又不想暴露司令，会直接用39撞吃，或者另一敌方用大棋撞吃，结果撞死。更常见的是，在吃一敌中大后，另一敌主动用令子攻击而打兑，使敌人出现亏损，如图2-44所示。这就是锋位40开局即杀，冲入敌阵，一吃到底的根据。特别是，当我已有一师已成功伴装为40时，更可狂砍。40吃掉第一子后，可视具体情况，转而杀敌首行，或退回，或继续前进。若敌人为"中大

"+×+炸"，我方司令进攻，敌×让，暴露出炸弹，我方立即转而攻击另一敌，吃两大而亡（见战术篇之《东成西就》）。最忌我对家反倒挡死，少吃一子，活活挨炸，如图2-45所示。

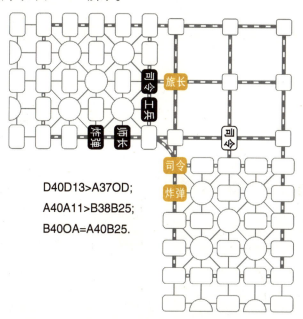

D40D13>A37OD;

A40A11>B38B25;

B40OA=A40B25.

图2-44　锋令攻击后被打兑

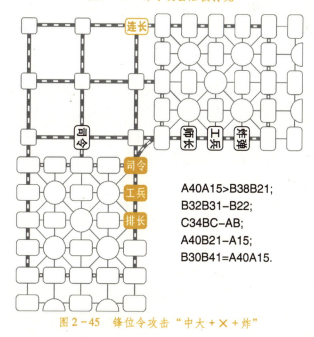

A40A15>B38B21;

B32B31-B22;

C34BC-AB;

A40B21-A15;

B30B41=A40A15.

图2-45　锋位令攻击"中大+×+炸"

锋位司令，让敌人碰死，为新手常用。也是对付闪电战军长强攻破炸法的克星。锋位司令，有时会招致空炸。详见战术篇之空炸。

2.3 令+兵

将司令装成师旅级子粒，后面紧跟工兵，去攻击敌人明显的小棋，诱敌飞兵兑掉，误以为抢到炸撞，然后军长反吃，如图2-46所示。

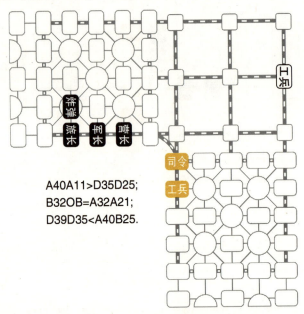

A40A11>D35D25;
B32OB=A32A21;
D39D35<A40B25.

图2-46 "令+兵"诱敌飞兑后反吃

2.2 角司令

当一个非司令非炸弹非工兵子粒撞击立角时，撞到地雷和撞到司令的效果是一样的。司令一般不会去吃未明的立角；大家也不会无缘无故用炸弹去炸未明立角；工兵飞死也无法明确司令的身份。因此，立角司令具有很强的掩蔽性。如果一个旅团级干部撞死在立角司令上，即使后面有炸，你也不必急着逃走，因为敌人常会以为是地雷。直到补飞一个工兵，敌人才可能怀疑你是司令。此时，角司令未动，已灭敌二个棋子。即使暴露，也已获利不少。立角司令就像一只猛虎，密切注视着棋面上行走的棋子，直到看到大的猎物且安全时，才突然给予致命一击。

2.3 司令装炸

在可以炸双时，勇敢把暗司令装成炸弹。敌人见两个棋子必有一个被炸，只好跑大留小，司令逃走，我方成功捕获军长，如图2-47所示。同理，当敌人有师长和司令时，也可以出暗军长为假炸，敌人会用师长撞死。这是大子装炸的优点。故先期大子装炸行营，常可在后期谋利。大子（非令）装炸追令时，要防止敌人飞撞。

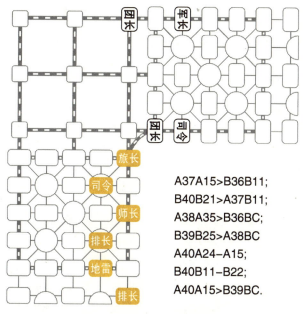

A37A15>B36B11;
B40B21>A37B11;
A38A35>B36BC;
B39B25>A38BC
A40A24−A15;
B40B11−B22;
A40A15>B39BC.

图2−47　司令装炸"炸双"

2.4　装小

先期走小位，司令装小棋专攻敌人防守较弱之处，比如追赶敌人的工兵，不厌其烦地追逐，哪怕追到敌人家中，直到敌人忍无可忍，用中子来撞吃，撞死，始知为令。或者直接找机会去吃敌人的眉位，当敌人中子来追赶时，"逃"到锋位，敌人撞死，我方司令正好逃跑。也可以用暗司令压住敌人锋位，使敌人难以出子，直到烦躁而攻击，撞死后，我方逃走。

2.5　司令＋炸

是常见制造双急的方法，见招式篇之《一见双雕》。

2.6　变相兑司令

友军中子攻入其上家敌阵中，突然撞死。我方立即司令攻击敌人另一侧，敌人炸我方司令，友军炸敌人司令。如图2−48所示，从而使子力趋于平衡。否则敌大若逃跑，则我们损失惨重。如若敌人不炸我司令，而是先逃走司令，我方也逃走。如果确定吃到师级干部，而敌人未理我司令，估计敌人后面是炸，想缓炸我，我方宜马上转而攻击另一敌，吃两子而亡。

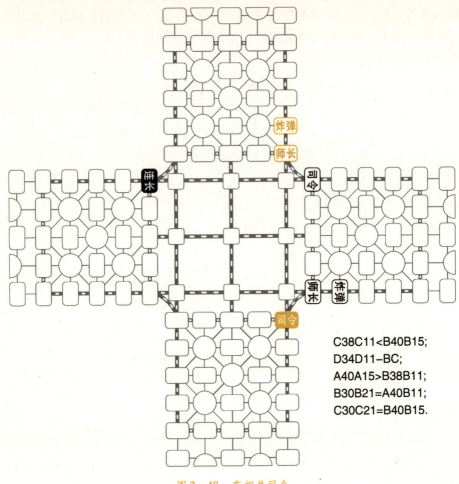

图2-48　变相兑司令

2.7　暗司令

敌方司令已亡，而我方司令一直不出。出假司令（如军长或师长）若干，在外狂砍，敌难辨真假，耗炸弹若干，待敌方炸少或无炸时，司令出击吃光。充分利用敌人对司令的恐惧，采用心理战术，瓦解敌人的战斗意志。见战法篇之"司令大本营"。该出手时就出手，避免自己反被吃成"光杆司令"。

2.8　兑司令

危急时兑司令。友军受到强大火力攻击，炸弹用尽，但仍未炸到敌方司令，于是决定打兑司令，使友军可以用大子防守。

明司令兑暗司令。我方司令已吃过中子，敌人已经知道我是司令，于是寻找敌人未明或只吃过小子的司令打兑，使我方吃过的中子成为"利润"。

2.9　吃军长

敌方无令，而军长吃掉友军师长，我方出军长追赶敌方军长，敌方先用团旅拆挡，被我军长吃后，认为我方的确是司令在追赶，军长逃至另一侧。我方暗司令在另一侧等候，待敌军长撞死，或直接吃掉敌方军长。

吃39而被炸，有利还是有害？一般情况下，暗40吃暗39，或明40吃明39，均有利。暗40吃明39，则可能不利。

2.10　吃40之后

司令后面一般不摆炸弹，攻击司令后面不会被炸。可用小子装炸作为掩护，司令攻击敌人司令后面的子粒。敌人怀疑我方后面有炸弹，不敢轻易回吃。另一敌飞我司令后面小子，工兵撞死后，我小子进营，敌人更加疑虑，又用工兵飞或者不理，我继续吃后面，直到敌人司令回吃打兑。如果敌人司令已经吃过中级子粒，则慎用。该法有时会吃到敌人的空炸。可用于敌人欲闪电战攻击友军时，此时一般敌人前三线都是大子，且没有炸弹，从而瓦解敌人闪电战。当然，也可以司令挡住，而不攻击。

3.　小结

司令的特点使它具有战略意义，是军棋中最需要注重的子粒。司令几乎战无不胜，具有强大的威慑力。开局用司令常是闪电战的征兆，中局线路宽敞利于司令回旋，残局司令用于最后攻坚。司令的存在也是"真假军旗"战术使用的前提。过早损失司令常常容易导致被动。司令的使用，应秉持"稳、准、狠"的原则上，好钢用在刀刃上，不动则已，一动惊人。暗司令是个阴谋家，外柔而内刚，常用于谋取子粒优势；明司令则是战略家，外刚而内柔，总是等待机会发动致命一击。

第五节　军旗

军旗是军棋中最特别的子粒。它本身不能移动，且只能布置于两大本营之一。军旗是否存在，是系统判定胜负的重要依据之一。当敌方任何可移动子粒攻击军旗时，被攻击方所有子粒均被移去，同时系统判定被攻击方失败。可见军旗在军旗游戏中的重要性。

军旗档案

个数：1枚。

特点：死亡则判定为输棋。

缺陷：不能移动，只能摆在大本营中。

克星：小于所有可移动子粒。

1. 军旗的防守能力

任何可移动子粒都可以击败军旗，因此军旗是相对防守能力最弱的子粒。工兵搬旗后军旗消失，但工兵还在，可见军旗比工兵还小；炸弹撞军旗，军旗和炸弹均消失。

2. 军旗是一个子粒

军旗不仅仅是一个标志。我们假设规定军旗为空，指定某一个大本营即为军旗，则当敌方可移动子粒移动到该处时，我方失败。如果军旗仅仅是一个标志（一个空的大本营），我方子粒是可以进入友军的军旗的。但实际上，我方子粒是不能进入的（具有占位的特点）。可见军旗不仅仅是一个标志（不同于标志），而是一个确实存在的子粒。

3. 军旗的相对大小

军旗本身的大小我们已经知道。但是，由于游戏规则规定进入大本营的子粒不能再移动，因此，军旗的相对大小相当于攻击的子粒，这一点与炸弹有点类似。进入大本营后的子粒依然存在；只是不能移动。因为你可以吃掉（攻击）攻入你友军大本营的敌方子粒，虽然这极为罕见。

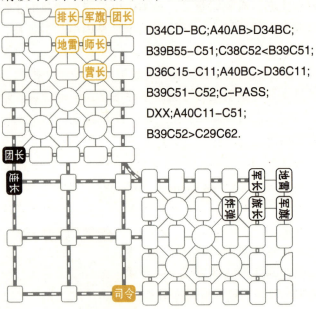

D34CD–BC;A40AB>D34BC;

B39B55–C51;C38C52<B39C51;

D36C15–C11;A40BC>D36C11;

B39C51–C52;C–PASS;

DXX;A40C11–C51;

B39C52>C29C62.

图2-49　逼敌搬军旗

聪明的棋友马上就明白军旗相对大小的意义了。如果军旗被夺已无可避免，就可以想办法逼迫敌人用更大的棋来夺军旗，从而使敌人夺旗的代价更大。如图 2-49 所示，我方运用司令，逼敌人军长夺旗。有经验的棋手，大子攻入后，往往并不马上搬旗，而是调小子来扛旗，以期夺减小代价。因此，失利方一方面应在敌人小子调来前，耗用自己尚有战斗力的子粒；另一方面，阻止敌人小棋到达军旗旁边或小子要夺旗时，大胆砍杀，血战到底。友军也应适当支援，即使支援失败，外出的子粒可以有很多游走空间，在劣势情况下，可有效减少被敌人困死的几率。

4. 军旗的位置

四国军棋规则规定，军旗只能布于大本营。大本营有两个，军旗不能移动。故军旗的位置就是布局时的位置。前人的研究表明，军旗宜放于靠近上家的一侧。例如以逆时针为标准方向，则宜布于左侧，这种布置可以防止敌人的强攻（闪电战）。而与友军军旗布在同侧，则有利于集中控势防守，安全系数提高。

5. 真假军旗

当发现敌人推断错误，将我虚旗位认为是军旗时，应假戏真做，将假旗当作真旗一样，全力防守，反抗越强烈，甚至不惜实施"苦肉计"，故意用子撞死在敌人要搬旗的子粒上，敌人会更加信以为真。当敌人不惜代价，终于"如愿以偿"时，才发现上当。这种情况可用于对付闪电战、反击战。在敌人快要夺假旗时，要做好真军旗的防守工作，注意防守重心的转移。

6. 军旗防守

强子、炸、地雷，都适合于军旗防守。特别要防备奇袭，比如挂角、双飞、黑虎掏心（从中底攻入）、空炸。尽量不让陌生的敌棋突然进入 5 线，以防不测。一旦陌生棋子挂角，只要能撞，无论我方棋子大小，尽量撞一下（包括飞兵）。否则，若底为雷，就可能被工兵挖底。若为强子（非令子），敌见你不怕工兵，可能会直接用全暗令子杀上。而当你撞一下之后，若旗底为地雷，可防工兵。若旗底不为地雷，敌人见你撞他，以为旗底是地雷，令子不敢杀上。平时底线尽量做实，不要放空，一般保证角线至少有两子防守。尽量不要丢失旗底营，特别是旗台雷时。若认为自己判断能力不足，御敌于角线之外，是比较安全的防守方法。当子粒优势时，应御敌于国门之外，旗侧控势，底角不露；占好行营，当敌人从另一侧迂回攻击时，可以有足够防御时间和空间。

7. 小结

军旗是保护的重点对象，尽量实力防守，防止搏旗和偷袭。若战事不利，也不应完全放弃，尽量利用军旗的性质消灭敌人大棋，死得其所。

第六节 其它子粒

从军长到排长，有着森严的等级制度，上端子粒逐渐冒出成为令子。一般战到团旅之间分出胜负，而水平旗鼓相当的对战中，往往会战到连排级。

首先需要保护好团长及以上子粒，不能无故损失，特别是避免中级子粒连续被同一敌子吃掉的现象，将会严重导致子粒亏损，对后期十分不利。也要珍惜小子，小子的拆挡等功能，在很多时候十分有用。

军长：候补令子，重点保护对象，对胜负有极大影响。军长是一个阴冷的杀手。在芝麻开花中充当假司令，用真司令捕杀敌人39。当敌人有司令时，反吃时要小心。对于无令方，无法确切哪个是军长、哪个是司令常使无令方痛苦不堪：师长吃不过，军长不敢出。39前期可以装炸进营，避免被暗40打吃。"小子＋军"装成"中大＋炸"，常可反吃诱捕敌方师长。暗39是搏旗的利器，常可一搏定输赢。39是否确切存在，常是对局成败的关键。

师长：是冲锋陷阵的利器，敢打敢拼。师长有两个，即使暂时损失一个，另一个师长也足以在一定回合之内防守。师长死亡的代价，能确切敌人的主力部署，往往获得对后期进攻防守有益的信息。师炸防守是初期防守的最佳搭挡。双师重叠进攻，有时会遇到敌人的反吃。师长也常用作军旗周围的"护花使者"，担任保卫家园的重任。师长装雷，布于底线，常可以误导敌人对雷型的推断。

旅长：在进攻时，是分辨敌人主力的试金石。旅长"玩得起"，比师长更"耐牺牲"。在盘棋中，常充假40，找出真40。"37＋40"也是常见手法，敢杀37者40杀之，使那些假40原形毕露，即使被炸，也能吃到军师。当己方无炸，又找不到敌方暗40而心中忐忑时，作为盖头，用其损失打兑40。它也是对敌人虚弱部位攻击时的首选子粒，具有较强的威慑作用。但要防止去攻击强侧，冤死在师长之手。在非旗侧装雷，也是37经常干的好事。37常是残局中决定胜负的力量。

团长：区分大小子粒的量具。36常常是一个诱饵，等待着别人的进攻。而对那些可疑的子粒，它常常气势汹汹去追赶（不见得真要攻击）。残局中"36＋30"是常见的组合。它是打明雷型的好工具，特别是对非旗侧。

营长： 拆挡的好帮手。连排兵这些假炸几乎总是被他滤掉，且可避免因打兑而造成敌人的先手。营长摆在立角，常会获得兵连排的亲睐，且敌人还以为是地雷。偶尔也放在虚旗侧误导敌人对雷型的推断。

连长： 连长大小也算个基层干部，可它的工作能力总是让领导们很失望。常常站在领导面前，如果不怕打兑，他就敢进攻，他的领导总渴望他去和炸弹同归于尽。它常常深入腹地去追赶可能的工兵和炸弹。经常喜欢到敌人眉位或虚台去混吃混喝。扰得敌人心烦意乱，有时候还碍手碍脚。唯一英勇的时候，就是工兵飞掉敌人虚角雷后，敌人排长杀出，他一下扑上去，把排长啃掉，足让他炫耀好几天。

排长： 常常被命令呆呆地站在某一个地方替别人把风，并搭上自己的性命。也常常保护地雷防止被敌人工兵飞到，哪怕自己牺牲，也要费敌人步数。去敌人的假旗位探探几乎是它必须去完成的宿命。虚旗位几乎必须他去值班。雷型防守时，守着地雷，好让大子出去杀敌立功，最怕两个敌人"工兵＋✕"形成的双抢。一旦失误，绝对是排长的过错，"吃它肉喝它血的心都有"。其实，排长在拆挡、装炸、挤占行营、防兵、排炸、占位等方面，作用巨大。能够用好排长的棋手，才是真正的高手。

第三章

布阵篇

四国军棋是未开战就可以布局谋篇的棋种，布局对于闪电战（如联手棋）来说十分关键。一个良好的布局，应能成功应对开局的各种局面，不致发生重大失误。

第一节　布阵基础

我国古代战争，很讲究排兵布阵，比如"一字长蛇阵"、"八卦阵"等。中国象棋、国际象棋，开局前，阵形都是固定的。而四国军棋则不同，开局前，棋手可以充分发挥自己的主观能动性，将自己的战术战略意图通过布阵来表达。这也是四国军棋与其它棋类的重要区别。按四国军棋游戏规则，在开局前将自己 25 个子粒放置到自己方阵中除行营外的 25 个位点，称为"布阵"，也就是布局。

1. 布阵规则要求

1.1　军旗必须放在大本营中

大本营有两个，可以将军旗放在任一个大本营中，根据子粒篇中我们的讨论认为，一般情况下，军旗放在左侧优于右侧（逆时针行棋）。

另一个大本营可以根据战略意图，放置不同子粒，如果惜子如金，可布置地雷。如果地雷想用于防守，则可以布置排长，以降低子粒损失（工兵比排长相对重要）。如果想迷惑敌人，使地雷发挥更大作用，可以布置营长，这样当敌人用排长或连长来扛假旗（明知是假旗，也来扛，主要是找地雷），撞死后会以为是地雷，对雷型和地雷位置发生误判，从而谋利。一般不放团长以上子粒，更不会放炸弹。

1.2 炸弹不能放在第一行

这个规定其实没有什么道理。如果想把某一兵种伪装成炸弹，就不要摆在第一排。摆在第一排子，不适合于装炸弹，否则将可能使自己推断错误。比如你团长布置于第一排，后来行营了，看到敌人外面的某个子好像大棋，于是营里的团长出来，装炸弹去追赶（你忘记团长曾布于第一排了），结果一出去就被吃了，你认为敌人如果是大棋，怎么可以敢撞我炸弹呢？于是推断错误，可能会用次令子打吃，结果撞死。

可见，炸弹不摆在第一排，可以更好的保持大子的隐蔽性。如司令和军长，在特殊情况下可以装炸使用，以谋取利益，如果你想这样做，就不要将它们摆在第一排。

1.3 地雷只能放在最后两行

地雷是防守的法宝，摆在最后两排的棋子最为隐蔽，即，它可以是任何子粒。除非搏旗，一般很少用强子去攻击未明的雷区。有时候，可以将一个大棋摆在后两排，当敌人中级子粒撞死后，以为是地雷，从而对雷型推断错误，为真地雷建功立业奠定基础。龟阵就是这种极端的情形。但是过多的大棋摆在后两排，则前线相对会虚弱，不利于防守和增援。如果一旦友军遭到两个敌人的夹击，很难给予有效的帮助。

2. 布阵的数量

通过排列组合的方法以及布阵规则，我们可以计算得到四国对局中布阵的变化。

（1）军旗需要放置大本营中，有 C_2^1 种。即 2。

（2）后两排余下九个位置，需要布置三个地雷，有 C_9^3，即 84。

（3）两个炸弹排在余下的非第一排的 16 个位点中，有 C_{16}^2，即 120。

（4）余下的一个司令在 19 个位点进行布置，有 $C_{19}^1 = 19$。

（5）余下的一个军长在 18 个位点进行布置，有 $C_{18}^1 = 18$。

（6）余下的两个师长在 17 个位点进行布置，有 $C_{17}^2 = 136$。

（7）余下的两个旅长在 15 个位点进行布置，有 $C_{15}^2 = 105$。

（8）余下的两个团长在 13 个位点进行布置，有 $C_{13}^2 = 78$。

（9）余下的两个营长在 11 个位点进行布置，有 $C_{11}^2 = 55$。

（10）余下的三个连长在 9 个位点进行布置，有 $C_9^3 = 84$。

（11）余下的三个排长在 6 个位点进行布置，有 $C_6^3 = 20$。

（12）余下的三个工兵在 3 个位点进行布置，有 $C_3^3 = 1$。

故某方布阵共有：

$2 \times 84 \times 120 \times 19 \times 18 \times 136 \times 105 \times 78 \times 55 \times 84 \times 20 \times 1$

如果把四家算在一起，其组合数量超出想像！加上步数、移动位置等因素，如果用计算机来模拟，其计算量和复杂程度十分可观。

3. 位点性质与常布子粒

布局就是要解决什么棋子放在什么位置的问题。它一方面要求对棋子的性质和用途很了解；另一方面，对棋盘位点的特点也需要掌握。棋子的性质和用途，在第二章子粒篇中已经介绍了，所以这里只介绍位点的性质。

左锋：相当于先锋。防守阵型中，最常见是师长，左肘布炸，开局后炸弹可进营，形成第一道坚固的防线。而在眉位，可以布置工兵，当敌人师长进攻打兑后，用工兵飞敌人后面，以求抢炸。锋位丢失或无子，敌人有可能会压住锋位，如果眉位有兵，又不方便逃走，就需要被迫进行选择，放弃工兵或者用棋子进攻，若敌人为令子压线，有时候会撞死中子，敌人得以逃跑。闪电战中，一家敌人常会压住锋位，以切断与友军的联系。锋位司令和军长也比较常见，如左（锋）令右（锋）军，希望敌人师长直接进攻撞死，然后逃跑。

左眉：左眉可以布兵，有时候也布旅长。作为替补，师长打兑后重新构筑防线。眉位司令也比较常见，敌人吃锋位后，由于肘位常布司令，所以会平吃眉位，从而撞死，也可用于封关。由于在眉位，即使暴露也十分安全。眉位司令机动性比较差，眉位一旦大于团长，就容易被识别，便不敢轻易到干线，不利于发挥司令的作用。

中锋：由于师长要放于干线防守，中锋常见旅长。中锋前面为九宫，捕杀敌棋后不易被炸，比较安全，故中锋也常见强子。但直接吃出容易暴露目标。在闪电阵中，中锋常会布工兵，以便飞雷。初中级棋手也喜欢用中锋兵，方便抢敌人的炸弹。高手中锋兵走位很霸道，常用于偷袭。

左肘：常见炸弹，用于建立第一道防线，开局后常常进营。若锋位为中子，则肘位炸的可能性大大增加。肘位多令。司令放在第一行，容易被空炸，

在锋位用小子作为盖头（前面挡着的子），可以保证肘位司令的安全，在需要时，盖头让开，即可迅速出击。

左前营：虽然布阵阶段，行营不能放子，但行营的性质对推断棋子大小有很大帮助。行营很安全，不被攻击而可以攻击敌人，所以常常是炸弹的"安乐窝"，同时保护四面八方。行营中也常常留有工兵，防止在战乱中不幸身亡。大子为了避炸，也常会在行营中暂时停留，待安全后出击。

喉位：机动性强，常放炸弹。布阵时，并不知道敌人可能从哪边进攻。开局后，可以根据实战情况，将炸弹调往左前营或右前营加强防守。

左腰：腰位是一个关键的交通要道。如果敌人一旦吃掉腰位，则行营、肋位和膝位都会受到威胁。所以常布有重兵，如军长和师长（如 QQ 默认布局为军长）。这就导致有人喜欢空炸腰位。腰位放置炸弹，往往会收到奇效，敌人小子往往不敢攻击（保证了炸弹安全），中子来撞则以为是打兑，等待机会可以空炸到大子。腰位子粒可以受到前营、肋位、膝位和后营四个位置子粒的保护，是天然的防守要塞。

左肋：左肋可以是腰位的替补，常有中子出没。常常有炸弹，可以避免因腰位打兑后，敌人抢膝位炸。肋位也常见强子（如军长），特别是在对付有令方时，军长不便直接出击，而藏于此处，可以随时防守和进攻。

中营：中营常常放有第二防守梯队用于增援。是子力调运的重要通道。如果丢失中营，将阻碍自己兵力重新调整和分配，旗底营在激战中也容易丢失。

左膝：左膝通常用于缓冲，小子较多。如果膝位大于团长，则可能有角炸。偶尔也布有司令或军长。当敌人撞死后，有足够的位置和子粒供自己拆挡。吃到左肘和左膝（特别是左膝）的子粒，常常容易被封关，形成"关门打狗"，需要慎重。

左角：立角攻击范围大，子粒暗。一般不会用强子或炸弹攻击未明的立角，所以角司令比较常见。角炸也时常采用，常常用旅团排除膝位后舍不得撞角，当旅团退却后，强子会被空炸。立角工兵主要是为了奇袭，在强攻时，夹杂在强子中，突然挖旗底，令敌人防不胜防。立角强子也十分常见，在棋局紧张时，突然挂角搏旗。立角雷常见于梯形雷、屏风雷、旗叠雷等雷型中。

左后营：如果是旗底营，则常常有炸弹出没，它往往是防守方最后的保垒。同时，也是出假炸最多的地方。如果敌人为雷型防守，则旗底营通常都很小，主要是为了防止工兵。

腹位： 与喉位相似，将炸摆在腹位，可以随时向左或向右进行增援。也可以作为防守备用子粒，保证雷区不动的情况下增援。

旗台（虚台）： 常为地雷或者中子。初级棋手往往会是师长。中子的目的，是诱使敌人吃掉后投炸。中级棋手旗台也大，台中也大。如果旗角是雷，高手的旗台往往很小，台中吃出，诱敌吃小子后炸弹，然后大子在台中防守。高手也流行旗台放工兵，在残局阶段突然起飞，令敌人措手不及。

台中： 台中是防守的不二替补。担负着炸掉敌人进攻子粒后的防守重任，常为师长。台中偶尔布置地雷，但会阻碍子粒调度。若为台中雷，一般会诱敌副线进攻或送虚底营。台中炸可以防止旗底营炸在双攻时丢失底营的缺陷，也是比较常见的。

旗底（虚底）： 旗底的子粒非常关键。过小，怕敌人搏旗；过大，初局阶段不易发挥作用。师长和旅长比较常见。有时候也会布炸弹，会像旗底是地雷一样进行防守。偶尔也有工兵，主要是让敌人以为是师长旅长而奇袭。虚底一般不布地雷（除非为了节约可动子力，布置"虚旗雷 + 虚底雷 + 台中雷"雷型外），故常可用团长甚至强子直接杀虚底。

大本营： 一个为军旗，另一个常为排长。

中底： 中底属于比较安全的位置，如果用于防守，常布置旅长或团长，作为最后的防守。也常放工兵，以备残局之用。三角雷和"V"型雷则布地雷。

右侧位点与左侧位点相似。

以上为常见布局的子粒分布。实战中，往往会有一些"非常规"的布局。因此，实战中，应根据实际情况进行调整。

第二节　常见阵型

1. 阵型的分类

按照排列组合的阵型数量可谓庞大。但是有很多阵型不适合实战，因此，实际使用的阵型远远小于理论数量。为了方便阐述，我们将阵型简单地分为三种：进攻阵型、防守阵型和攻守兼备型。

2. 常见阵型

2.1 进攻阵型

进攻阵型常是偏阵，即进攻一侧兵力很强，而防守一侧相对较弱。它的基本战略思想是"集中优势兵力迅速攻击一家"，常见于闪电战的布局。比较经典的布阵为"推土机"阵，如图 3-1 所示。

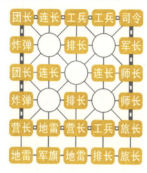

图 3-1　推土机布局

我们稍加分析，不难发现其布局特点：

（1）主攻侧兵力强大：令军双师双旅，主要进攻单位全在一侧。

（2）主攻侧为副线（虚旗侧）。

（3）旗线较弱：以防守为主，配合单炸或双炸。

（4）一线多兵：一线至少有一个工兵，且有一个工兵在中锋。攻至立角后方便飞雷。

（5）地雷守旗：一般采用三角雷或直角雷守旗。

由于司令首攻被炸后，对敌人威慑力减弱，攻击会显得乏力，有时会改为军长首攻，破敌第一个炸。然后再司令进攻，敌人担心万一炸不到司令不利于防守，会在吃到第二个师长后，敌人才会投炸。或者敌人双炸不在同一侧，从而使敌人陷入被动。偶尔也在主攻方向也投入一个炸弹，炸敌人腰位或立角，加快进攻节奏，也可以防止敌人司令的反扑。

2.2 防守阵型

防守阵型注重对敌人进攻的抵御，采用中级子粒加炸的形式进行防守，只防守不进攻。当中级打兑后，常有备用的中级子粒作为补充。炸弹常常行营。司令和军长布局常靠后，不轻易出击，等待狙击敌人中级子粒，赚到子粒后，转移至安全地带，继续防守。防守阵主线兵力较强，具有防止两人连续攻击的实力。若强行进攻，常会遭受不小的损失。虚旗侧常用地雷防守。在后两排常有不俗的防守兵力。

防守阵型重心略微靠后，比较经典的是"龟阵"，大子雪藏，围绕军旗四周或雷下，龟缩怠战，如图3-2所示。龟阵在自身受到攻击时，容易获利；而在友军受到攻击时，常难以有效策应。后期龟缩大子容易受到空炸的袭击。

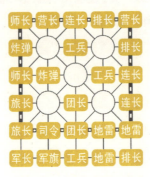

图3-2　龟阵

2.3　攻守兼备阵型

兼顾进攻和防守，棋局顺利时可以进攻，不利时转为防守。兵力分布较为分散、均衡，主线兵力略强，但无明显的弱势区域。注重兵力组合、大小子间隔放置。常常采取一侧偏重进攻，一侧偏重防守的形式。注重兵力调运和重新分配，在受到攻击后能够很快增援防守。重要子粒灵活性大，常放置在可以左右增援的位置。注重角线战略纵深，一般不设台中雷。重视小棋，特别是工兵的保护。局部重兵防守，局部布置奇袭部队。如图3-3布阵。

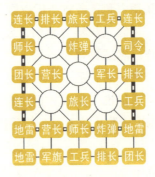

图3-3　弹子第一式

2.4 默认布阵与惯用布阵

每个平台都会有一个默认布局，如图3-4所示，供初学者使用。初学者往往直接使用该布局或者稍加改变。直接使用默认布局容易暴露棋子，对战局非常不利。下棋时间越久，与默认布局相差越大。

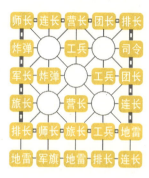

图3-4　QQ默认布局

部分棋友总喜欢使用某一个固定的布阵或两三个布阵。当和敌人对局若干盘后，极易被对手从复盘中看透布阵，从而有针对性地发动袭击。既使在随机房间也会有这样的情况。因此，准备多个布阵备选，是一个好方法。

2.5 偏阵怪阵

偏阵，是指左右或前后兵力过分悬殊的阵。如龟阵中大子全部靠后，闪电战中大子全布于一侧，或大子全放于前半方阵，都属于偏阵。适当的偏阵是可以的，但是要有针对性。如闪电战中的偏阵，由于主攻方向进攻火力猛，敌人往往无暇反击，因此主线比较虚，但其实并不易遭到攻击。如果没有主攻，完全放弃一条线，往往是不利的。

有些人喜欢布置一些怪阵。比如大子全部埋在雷下。偶尔也能够出奇制胜，但由于这些阵往往不符合常理，因此，战绩往往不稳定，建议不要采用。

第三节　布阵的基本原则与衡量方法

1. 阵型的重要性

好的布阵往往考虑了进攻和防守的方法，制订了初步的战略战术。在受到强攻时，感觉早有防备，有条不紊，既能够有效消灭敌人，又能保存实力；在局势有利时，能迅速组织兵力进攻，行云流水，畅快淋漓。差的布局一旦失利，就阵脚大乱，往往是顾头顾不了尾，无法组织有效反击。

对于全明下法，布局的好坏往往决定着成败；双明的布局对棋局影响很大；四暗相对影响较小。闪电阵对布局的依赖性也很高；盘棋对布局的依赖性相对要低。因此，掌握一些布阵的基本原理和方法，是十分有必要的。

2. 布阵的基本原则

除了符合游戏规定的布局要求外，合理的布局往往也遵循一些原则。

2.1　调度灵活

棋局千变万化，很难保证哪里不出现险情。因此，要求重要子粒分布于容易调度的地方。并且子粒与子粒之间要有适当的空隙，行营不要过度占满。中线（除中底）是子粒最易调度的位置，既可行往左边，亦能走往右方，正所谓"左右逢源"。中底移动会暴露非雷和子粒，略有不足。此外，肋位和腰位可以把子粒调到前营或后营，调整也十分便利。可以保证敌人连续攻击第二个子时发动反击，因此也具有较强的威慑作用。这些子粒虽不易直接发动进攻，但是却在保家卫国中战功卓著。这些位置的子粒本身比较安全，同时离铁轨仅一步之遥，如战事需要，随时可以迅速投入战斗。

图 3-5　调度方便的位点

2.2　兵力均衡

绝对均衡是难以做到的，但是可以做到兵力相对均匀，没有明显的兵力空虚。这样可以损失更少的小棋和行营。兵力均衡也能在初期使敌人无法猜度到军旗的位置。兵力均衡有可能在抗击闪电突袭时防守不及，因此，可以

在主线多布置一些兵力，或者把兵力放在易于调度的位置。

2.3 主线不弱

主线一般不宜过弱。除非想运用心理战术，做真假军旗；或者准备采取闪电战，强攻迫使敌人无暇反击。如果主线兵力单薄，会很容易被击穿，敌人可能会从弱侧试雷，会用小子试搬军旗，从而"聪明反被聪明误"。主线一般要求能受两次重大攻击，即至少能防守住一令一军的攻击。

2.4 正奇相倚

孙子兵法曰："以正合，以奇胜。"战争初期，局势不明朗，双方你来我往，旗鼓相当，此时为"以正合"的阶段。此时兵对兵，将对将，你打我一拳，我踢你一脚。需要出动适当子粒，避免让敌人发现漏洞，敌人见你睚眦必报，在心理上也不敢轻易向你下手。这就要求，在方阵前面，需要有一些中强子，能够进行有效攻击和反击，不能过于虚弱。通过一段时间你来我往，部分棋手会出现一些漏洞。此时，紧紧抓住敌人的软肋，从撕开的裂缝中进一步挖掘潜力，积累优势。以正合的棋子牵制敌人兵力，不方便调度。此时，就需要预先布置好的一些伏兵，出人意料地发动攻击，直到敌人正合棋子不得不进行回防，敌人阵脚开始混乱。此时，正合棋子与奇兵一起上阵，谋取战争的胜利。这些伏兵包括一些角炸、角兵、角令和小位（眉位、虚底）的大棋，对敌人进行奇袭，常可一战而胜。

2.5 防守纵深

老谋深算的对手往往不会想着一战而胜，常常采取前赴后继的方式进攻。布局防守应能够抵挡住敌人三个回合的进攻，因此需要给自己安排好战略纵深。即给予自己一定的回旋余地。最明显的防守纵深就是角线，角线在旗台、台中、虚台都不摆地雷，从而使角线的子粒都可以用于防守军旗。当兑子战发生时，不至于运送兵力不及而死亡。图3-3的布局就体现了防守纵深的思想。

3. 布阵合理性的衡量方法

那么怎样的布置算是合理的呢？有没有一个简单的衡量方法？

3.1 抗闪电

一个合理的布局，主线不弱，应该能够在若干回合内抵抗闪电攻击，才

能等到友军的增援。当友军无法增援时，要求已方旅长及以上子粒应耗尽。这样即使军旗被拨，也打明了敌人的主力。为友军一敌二创造了良好条件。

3.2　有效防止双先

四国军棋中广泛存在双先手，布阵应考虑对付敌人双先的办法。不能总是依靠友军的帮助。最常见的就是要能防止双飞。因此，布局时如果用旗台雷，旗底就不一定要用地雷。在布阵的左右侧，焦点尽量不在要同一线。比如左侧如果是"左锋师长＋炸弹"，右侧就要摆成"肘位师长＋腰位炸弹"。这样，两个敌人分别从左右两侧同时进攻时，可以从容炸掉一个，而第二个尚未吃到师长。

3.3　弱侧兵力适当

即使弱侧，也不能任由一个师长击穿。虽然子粒损失不大，但是增加了敌人对我方阵形的了解，主线易被空炸。

3.4　工兵能够随用随到

无论是进攻，还是防守，都需要工兵。工兵可以不一直在线，但当需要的时候，一步就能上铁轨。

3.5　炸弹保护范围广

不会无端连续丧失两个37＋。当敌人连吃到第二个37及37＋子粒时，炸弹能够及时运抵战场并炸掉敌人。

3.6　适当的陷阱

必须有设置陷阱的能力。在适当位点布置一些疑阵，使敌人陷入其中，从而狙杀敌方大棋。如中子与炸弹、强子能随时形成封关。许多招式战术等的应用，都有一些定式可循。可适当将这些定式布置成一个一个的组合，更好地消灭敌人。

3.7　雷型不明显

需要配合布局进行防守，尽量摆放一些容易混淆的雷型，使敌人不敢轻易搏旗。否则，一旦让敌人掌握了雷型，将会使自己陷入被动，甚至突然死亡。

4.　布局与下棋的基本关系

"三分布阵，七分下棋。"阵型布置好后，要尽量按照布阵之初的基本设想去下棋，以发挥布阵的最大效能。如果战场的形势与自己阵型不合，可以

暂时忍耐，等时机成熟时再出击。不要勉强去攻击，否则使用起来就会左右为难，攻不能杀敌，守不能保旗。阵型是死的，人是活的。战场的情况千变万化，不可能有一个能够应对各种情形的"完美阵型"。闪电阵型只在开局的一二十步能够明显测算得到，而更多的时候，则是需要自己去调整。因此，在走棋的过程中，根据实际情况的变化，将阵形作一些调整，以更地符合战争的需要。一个好的阵，但是不会用，也起不到作用。相反，一个看似有缺陷的阵，如果运用得好，也可出其不意，杀伤敌人。

第四节 "弹子第一式"布阵简介

布局千变万化，每个人都有一些熟悉的阵型和经验。这里向大家介绍"弹子第一式"布阵，希望通过这个布阵的讲解，能让大家了解布阵的一般方法。

1. 布局特点

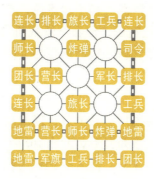

图3-6 弹子第一式

（1）主线"肘位师＋喉位炸"构筑第一道防线；"中锋旅＋喉位炸"防守中路。

（2）5线立角叠雷，防止敌人搏旗；"台中师＋虚台炸"具有较强的防守纵深。

（3）虚肘位司令采用"连长盖头＋司令"的形式。

（4）虚肋位军长用于奇袭。

（5）中底工兵备残局之用。

左右侧都有实力，主线用于防守，副线相机进攻。从 5 线来看，整个阵型略偏向防守。

2. 主要应用

2.1　进攻方法

由于有师炸守旗，因此司令大胆进攻，先期打出气势，给敌人一定压制。敌人攻右锋连长后，可以直接用司令反吃。也可以进九宫控势，不怕暴露，不怕打兑。

2.2　伏兵军长

肋位的特点是掩蔽性比较强，此处藏 39 既可以隐身，避免被司令吃掉，同时也可以在适当时机出奇制胜。司令阵亡后，肋位军长将是主力，不要轻易行动。肋位军长有四种变化：

（1）诱敌撞死

由于是我方副线，敌人未引起重视，常用师旅级杀虚腰排长，我方假装工兵慌忙撤退，因为只能"跑一个"，所以把军长就留给它了。一般敌人会不自觉的继续平吃，从而撞死。我方仍不动声色，不慌不忙进营。如果敌人撞死得小，也不会认为我方是军长，还会继续找机会来吃我。如果撞死大棋，才发现是军长，我方就可以在隔一段时间以后，改头换面，再去对付另一个敌人。

（2）挂角

当局势不利时，可以考虑用军长搏旗，搏击兵力较强一家。要求军长全暗，即没有吃过子，当敌人旗角是空，敌人有一个必应步的时候，迅速走到敌人旗角。由于肋位经常放工兵，敌人会误认为我方是工兵挂角。如果他旗底是雷，将会吃我"假"工兵，从而撞死。同时暴露了敌人的防守。如果敌人旗底不是地雷（常为师旅），就不会理我，等着我"工兵"撞死。我方军长正好直接杀底搏旗。

（3）防守

家中防守紧急时，军长可经虚底营、台中，进入底线进行防守。

（4）帮助友军防守

友军家中危急时，迅速现身，去进行拆挡或进攻。

2.3 关门打狗

（1）虚台炸配合友军封关

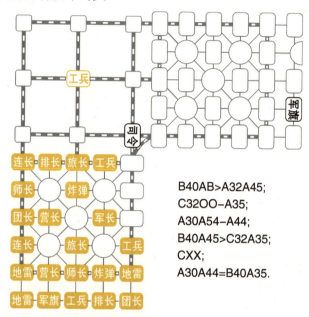

B40AB>A32A45;
C32OO−A35;
A30A54−A44;
B40A45>C32A35;
CXX;
A30A44=B40A35.

图 3−7　友军配合关门打狗

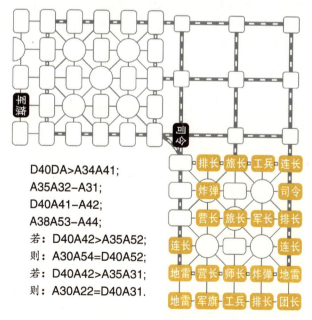

D40DA>A34A41;
A35A32−A31;
D40A41−A42;
A38A53−A44;
若：D40A42>A35A52;
则：A30A54=D40A52;
若：D40A42>A35A31;
则：A30A22=D40A31.

图 3−8　左肋封关关门打狗

当敌人司令暴露后，进吃我方虚膝位，我方虚台炸进营，友军飞关或小子封关。敌吃兵，我炸令。

（2）左肋封关关门打狗

敌人吃膝位，我方营长封关，迫敌进旗底营。我方再组织力量，加强主线防守。使敌人令子不能动弹。

（3）关门打狗防双手

敌方杀上旗角，我若直接炸掉，则敌人可能双飞，如图3-9所示。于是我方采取营长装炸封关一步，敌人走到旗台，我方再投炸，从而防止了敌人双飞，如图3-10所示。

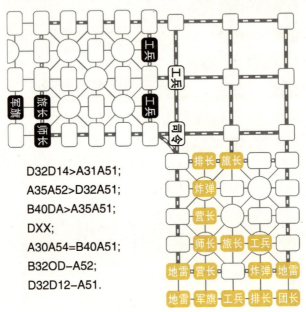

D32D14>A31A51；
A35A52>D32A51；
B40DA>A35A51；
DXX；
A30A54=B40A51；
B32OD-A52；
D32D12-A51.

图3-9　直接炸被双飞

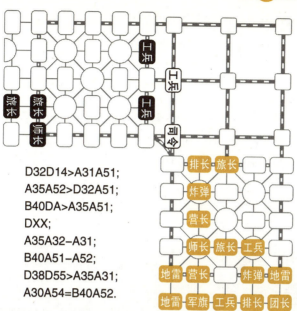

D32D14>A31A51;
A35A52>D32A51;
B40DA>A35A51;
DXX;
A35A32–A31;
B40A51–A52;
D38D55>A35A31;
A30A54=B40A52.

图3－10　封关防双飞

2.4　虚角陷阱

虚角雷下埋团长，虚台有炸。敌飞虚角雷，团长吃出，敌方控势令子杀团，我方投炸。如图3－11所示。

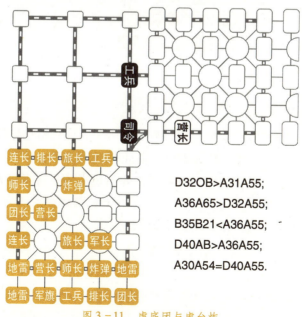

D32OB>A31A55;
A36A65>D32A55;
B35B21<A36A55;
D40AB>A36A55;
A30A54=D40A55.

图3－11　虚底团与虚台炸

2.5 防止闪电

敌方若采用闪电,第一次投炸后,虚锋连长进绿右宫,司令入绿中宫,行至黑中宫防守。预期炸一个司令兑一个司令。然后五线防守两个军长。

2.6 五线防守

敌人挖立角后,营长吃出,敌吃营长(装作直角雷),我方台中师长装炸进旗底营,敌飞旗台撞死,另一敌军长进立角,我军长退台中,敌吃我营长,我兑军长,另一敌进旗台,我方投炸。

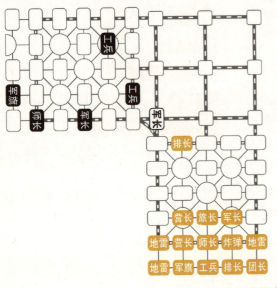

D32D14>A31A52;A35A42>D32A51;
B39DA>A35A51;D32D22−D13;
A38A53−A42;B39A51−DA;
D32D13<A35A52;A39A44−A53;
B39DA−A51;D39D35−A41;
A33A12−A11;B39A51>A35A52;
D39A41−A51;A39A53=B39A52;
D39A51−A52;A30A54=D39A52.

图 3−12　五线防守

3. 小结

弹子第一式很适合初学者使用,熟练地运用它,能够让你深刻体会布阵的基本方法。从防止闪电、防止双飞、防止强攻等入手,学会如何利用布阵进行防守反击。还教会你如何设置陷阱,如何在劣势下搏旗等心理战术,在最后防守阶段,从五线防守的过程中,理解子粒调运以及防守纵深的意义。读者可以根据以上思路,完善自己的布阵。

小贴士

复盘:棋局结束后,可以将整个棋局存盘,称为复盘。复盘可以使用相应的软件打开,看到对局的过程。是总结经验教训、提高棋艺的好方法。要养成存复盘、看复盘的好习惯。

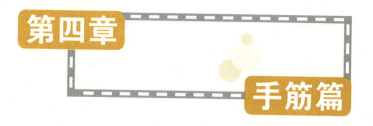

第四章

手筋篇

　　手筋，术语，实战中下出的妙手，指棋手在处理关键部分时所使用的手段和技巧。将围棋中"手筋"的概念，引入到军棋中，就有了军棋的手筋。军棋与围棋的不同，决定了军棋的手筋具有自身的特点。

第一节　　手筋的定义

1. 手筋

　　军棋手筋是指能够在一定步数之内，至少能够或意图产生如下重要作用之一的某一步行棋：
　　（1）主动以增加或降低重要子粒的"势"（攻击能力）为目的；
　　（2）主动以增加或降低重要子粒的"气"（防守逃跑能力）为目的；
　　（3）主动以消灭敌方子粒为目的；
　　（4）主动以威胁重要子粒（军旗、令子等）安全为目的。
　　手筋是招式的基础，是实现战术战略的主要工具，是基本的军棋理论，在军棋中占有重要的地位。同一个手筋，既可以是招式级的，也可以是战术、战略级的（一部分）。手筋本无高下之分，运用却有高下之别。

2. 手筋分类

　　军棋手筋主要包括拆挡、撞吃、炸兑、追逼、封关、延缓、挂搏、镀金等八种。它主要包括两类行棋：一类发生碰撞，如撞吃、炸兑、（挂）搏；一类不发生碰撞，如拆挡、追逼、封关、延缓、挂（搏）、镀金。

3. 概念辩析

在理解手筋概念时，需要牢牢把握几点：

（1）手筋仅限于一步行棋，不包括多步行棋。可能有棋友会说，"我走的连续几步都很厉害，都符合手筋的定义。"那我们把它作为手筋研究时，一步一步来研究。至于手筋的组合作用，则涉及到更高一级的概念，即招式（后面详述）。

（2）手筋具有动作性，但不是每一步棋（动作）都是手筋。一盘棋有几百步，大部分行棋都不具有重要的意义，如果每步都来研究，十分繁琐。我们将那些意义较大的行棋作为手筋来研究，就能抓住重点、化繁为简。

（3）手筋必须在一定步数之内产生可能的重要作用，无论这种作用是招式级、战术级还是战略级的。要求产生重要的效果，对棋局有一定的影响，如吃子能消灭敌人，威胁能吓跑敌人等，总之，能给敌人造成损失或挫败敌人的阴谋。如果不会有重要作用的行棋就不能称为手筋，比如一般的游走。

（4）能够或可能产生上述一种或多种效果。至少可能产生定义中的一种效果。有的手筋从可能的意义上来看，能够达到多种效果，属于复合手筋，这是手筋运用得好的表现。

（5）重视可能性，如若实现意图将产生较大利益，至于是否确能实现，不是必要的。由于四国军棋"暗"的性质，在实际行棋中，我们很难断定哪些手筋一定能产生重要的作用。比如用一个假炸去救一个可能被敌方司令吃掉的师长，但是却吓跑了敌人，同样达到了重要的效果。因此，我们认为这也是手筋。

（6）强调主观意图，棋子和动作均只是载体，故无论实行手筋子粒的大小和动作如何达到（如"飞"），主观上可能实现目标的就是手筋。如果把所有的"飞"当作手筋是不合适，因为飞只是一个动作。如果工兵飞到旗台了、挂角了、抢炸了、延缓了，这些都按类别称为相应的手筋，如挂搏、炸兑、延缓。而如果随便飞动一下，就不能算是手筋了。

（7）主动性要求手筋是主动为目的而行动，而不是被动地应对。部分棋友甚至将"逃"也作为手筋，认为逃得很有"学问"，逃的时候还去追了别人的小棋。其实"逃"是被动的应对，本身不算是手筋，它在逃跑的过程中，其实制造了一个新的手筋，即"追逼"。所以应将"追逼"作为手筋，而"逃"不作为手筋。

<h1 style="text-align:center">第二节 八大手筋</h1>

1. 拆挡

拆挡：将棋子预先行至敌方可能经过的路线上，设置障碍。一方面使敌方棋子无法跨越该棋而直接到达目的位点。另一方面，它切断了某些子粒之间的联系，从而使其势或者气发生了变化。其目的可能符合（1）和（2），有时兼有（4）的作用。拆挡是最常用的手筋之一。

1.1 拆挡的产生

在很多时候，并不适合直接"撞"，而"挡"是更好的选择。如图4－1所示，若师长撞吃，就会打兑（或遇到叠炸），友军司令将被炸。图4－2，绿方师长在明司令的掩护下进攻，蓝方无司令，只有军长，吃掉绿色师长，我方拆挡。

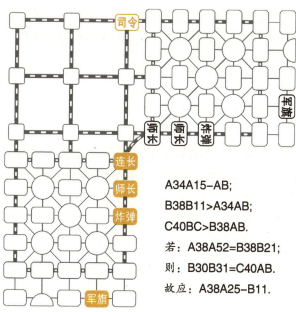

A34A15－AB;

B38B11>A34AB;

C40BC>B38AB.

若：A38A52＝B38B21;

则：B30B31＝C40AB.

故应：A38A25－B11.

图4－1 不适合撞

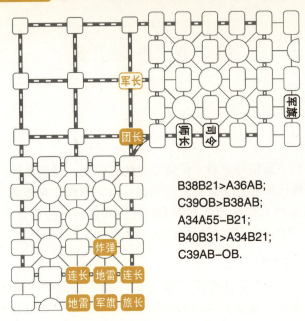

B38B21>A36AB;
C39OB>B38AB;
A34A55–B21;
B40B31>A34B21;
C39AB–OB.

图4－2　不能撞只能拆挡

　　拆常指切断联系，挡则指阻止敌人通行或攻击。拆挡比较温和，它不与子粒发生碰撞，既起到了阻隔的作用，同时也将判断留给敌方。特别是我方暗子的"拆挡"，有可能使敌人无所适从。而我方则可根据敌方的反应，作出推断。

1.2　拆挡的分类

　　（1）大棋挡：拆挡敌方大棋的势，防止被敌方吃掉。

　　（2）小棋挡：防止被敌方吃掉或炸掉。常采用有"根"的子粒进行。

　　（3）中子挡：常用中子加炸挡，形成局部堡垒。敌人小子攻击则亡，大子攻击则炸，使敌人难以突破。（此处仅指存在间隙的挡，若无间隙的挡，则称为封关。）

　　（4）空炸挡：挡住敌方可能的大棋，敌若撞吃可能空炸到敌大棋。

1.3　常见的拆挡

　　（1）一般的挡：比如敌人师长加炸进攻，师长撞死在我司令上，我用小子挡在司令前面。

　　（2）有根的拆挡：有根的拆挡能够起到更好的作用，使敌人考虑的问题变得复杂，而不敢轻易破除。

　　（3）友军帮助拆挡：是一种配合，双明中比较精准有效。

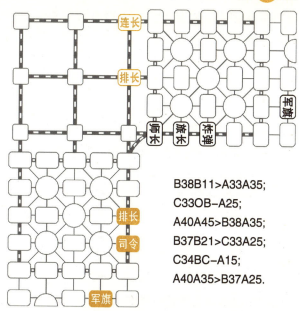

B38B11>A33A35;

C33OB-A25;

A40A45>B38A35;

B37B21>C33A25;

C34BC-A15;

A40A35>B37A25.

图4-3 友军帮助拆挡

（4）先拆挡住敌人可能的拆挡路线，使敌人无法完成拆挡手筋。

（5）当敌人是缺角雷且底营为空时，一家飞旗角，一家紧跟兵后面进行拆挡，防止敌人兑兵。

1.4 运用要点

（1）时机："挡"对及时性要求较高，否则就起不到作用。当认为需要挡时，宜立即行动。

（2）位置：挡棋所放置的位点，应既达到"挡"的目的，又能保证挡子自身的安全或更好地迷惑敌人。如大子宜挡在气量大的位置以方便逃走，中大宜挡在炸弹可能常出没的位置，使敌大子不敢轻易撞吃，小子则挡在气数小的位置，被吃后敌方行走不便。弹子曰："大子挡前锋，撞死可溜；中子挡腰位，三点可炸；小子挡肘膝，吃之难逃。"大子挡在前锋，如果敌人撞死，就可能溜走；中子挡在腰位，因为肋位前营后营都可能是炸；小子挡在肘位或膝位，这些位点气向小，敌人吃掉后，不易逃脱。此外，拆挡不宜过"老"，即能够拆挡两次的，不要第一次就挡得太靠前，使第二次没有挡的位点了。如图4-3，如果第一次排长挡在红右锋，第二次就不能再挡了。

（3）果断：不慌不忙或者很迅速，好像早有准备，让敌人捉摸不透，不敢轻易下手。

（4）推断：挡之前，一般要对被挡之棋做出初步推断，需要考虑敌方应对的可能性。当同时有多个子粒挡时，可以根据推断进行选择。一般而言，吃小子，后面常会有大子，或又是小子，故可用大子、炸挡，不顺便时小子挡亦可；吃中子，后面可能是炸或小子，可用小子挡。此外，还要根据敌方已有子粒的情况，进行选择。

1. 5　禁忌

（1）恶手挡：有人认为"凡挡无恶手"，个人认为是值得批判的。由于两个棋手思路不一致，造成实施拆挡手筋的部队反倒成为友军的障碍，而友军之间不能相互撞吃，成为恶手挡。本意是挡敌人，结果挡住了自己或友军。如下家为"肘位师＋腰位✕＋膝位炸"，我方40杀38，敌✕进营，友军挡宫角，我方40活活换炸。高手常常利用这种敌人相互之间的互挡谋取利益。

（2）暴露目标：常见于双明，如去挡友军故意露出的空炸或友军40吃个小子之后帮挡。

（3）必挡：每次都挡，不分时机、主次乱挡一气。既不应因为自己是小棋所以就挡一下试试，也不应认为自己是暗大棋而怕挡炸。

2. 撞吃

撞吃：是指通过主动攻击，来破除敌方阻碍或消灭敌方重要子粒的行棋方法。它较之拆挡更为主动、凶猛。通过撞吃，可以破除拆挡，占据重要位点，增加棋子的势，减少敌方的气或消灭敌子。可以符合前四条要求。

2. 1　常见的撞吃

（1）大子：增加大子的"势力"范围，给敌方以更大威胁。

（2）中子：扫除障碍，扩大活动空间或增加与友军的联系，增加"气数"。常有根作炸断后，使敌不敢轻易对我中子下手。

（3）小子：用以清除小障碍或打探敌棋。如怀疑敌方为炸或小子挡道时，或认为敌方非小即大时，用小子打明。

（4）工兵：工兵主动攻击后两排进行扫雷。一般是指用工兵攻击军旗周围的五个位点。

2. 2　运用要点

（1）对于纯粹是为了减少损失的挡，立即予以打击，造成强大的气势，压迫敌人。比如，敌无大，我有暗令时，敌吃我小，另一敌挡。营连即可撞吃。

（2）认为敌方是为了防止我方炸弹攻击时的挡，若我方有根，小棋即可撞吃。若无根，又想减少敌方子粒个数，则中大亦可撞吃。

（3）想打明敌方大棋时，可撞吃。

（4）敌人在己方境内活动，大小不知，为打明敌棋，可撞吃。否则对我方兵力展开十分不利。撞吃可能的结果：我方撞死，敌不知我方撞棋大小，撞死后，敌多半会逃跑。我方成功吃掉，中大吃掉敌方小棋，则在自己境内，自身比较安全。若大棋灭敌中大，则可炮制芝麻开花之法。打兑，反正也不亏，敌人千里迢迢跑来，没赚到，步数亏，我方大胆进攻，敌不敢轻易再来，局面赚。

（5）敌方对友军军旗存在可能的威胁时，一般可撞吃。

（6）确定敌方是否为雷，对我方十分有利时，可工兵撞吃。由于可能对军旗的威胁，可以认为是手筋。在实战中，友军吃紧，又帮不上忙，却不甘心无所作为时，常采用的方法。

2. 3　禁忌：

（1）没有把握的二次撞吃：看似小子，友军撞死一子，自己不服，再撞，方知是令。

（2）无谓牺牲：吃敌一子，已被吃，得不偿失。（虎口拔牙战术除外）。

（3）因惧怕敌暗大（如40未明），而不敢撞吃，处处受制。

（4）因畏惧敌方炸弹，而令子不敢撞吃。

3. 炸兑

炸兑：通过主动攻击，使敌我双方均死一子的行棋方式。炸兑的结果为"双消"，即双方一消失。使用炸弹攻击或攻击到炸弹，称为炸；两个子粒相同，撞击后称为兑。两个炸弹相撞，也称为兑。常符合（1）、（2）、（3）的要求。

3. 1　常见的炸兑

（1）同级子粒兑掉：如防止工兵，进行飞兑。破除敌方对友军的威胁，兑掉令子。

（2）炸弹炸掉：防守方受到攻击后，主动投炸。

（3）主动与被动的炸兑：主动和被动的炸兑结果虽然一样，但意义却大不相同。主动炸兑，说明主攻方有心理准备。比如敌人暗伏的师长准备吃掉你一个在外面吃过棋，且看似有点大的子粒，但是结果却兑掉了。说明他认为自己足够大，想吃掉你。你因此可以推断，敌人可能认为你没有军长了；

或者他自己已经没有军长了。被动的炸兑有时候可以获得先手，在残局中十分有用。如图 4 – 4 所示，师长没有主动打兑，而是占敌旗底营，然后上旗台，迫使敌人主动打兑，我方获得先手飞兵。

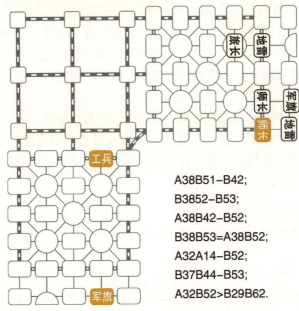

A38B51－B42;

B3852－B53;

A38B42－B52;

B38B53＝A38B52;

A32A14－B52;

B37B44－B53;

A32B52＞B29B62.

图 4 – 4　被动炸兑获先手

3.2　运用要点

（1）炸兑敌大：炸兑敌大，破除敌势，减小对友军的威胁或破除敌方保护。

（2）炸兑敌挡：主要是主动消除敌方路障，留出空位，然后另一方乘机采取行动。适用于即使吃掉敌人，也不能利益最大化时。比如：敌方三角雷，立角空，底营无子守卫，前营╳加炸防守，炸兑╳，使路径通畅，友军飞兵挂角。又或友军撞死到40上，敌挡，我方炸兑，友军炸。由于炸兑常可遇而不可求，因此，若出现意料之外的炸兑，常为千载难逢之机，利用得当，可获得巨大收益。

（3）参见《兑子战》中九种方法。

3.3　禁忌

（1）无明显利益，暗大兑明大（如暗40兑掉已吃掉39的明40）。

（2）友军无炸，大子甚多，不愿以暗令兑明令，致使友军被一令夺命。

（3）已方令子为敌第三大，不愿炸敌次令子，非要炸敌令子。如已方38

最大，而敌旗已明，不愿炸敌39，非要想炸敌40。

（4）友军无炸，而小棋众多，自己与强敌兵力相当，却不敢与强敌展开兑子战。

（5）不敢直接兑炸，非要等打明敌人（撞死）后才敢炸兑。造成不断的子粒亏损，是新手常见的毛病。

4. 追逼

追逼：主动去追赶敌方小棋或重要子粒，迫使敌方应对的行棋方法。追逼是主动寻求消灭敌方子粒的方法，具有很大的主动性和准攻击性。即使被追逼的棋子不走，追逼方也不一定会真撞吃，它只是一种姿态，有时候仅仅是一种试探。常符合（1）、（2）和（4）。

4. 1 常见的追逼
（1）用炸威胁敌大子：用炸弹恫吓敌方已暴露的或推断出的大棋。
（2）追逼中大：用未明或已明令子追赶敌方中级骨干。
（3）追逼小棋：追逼敌方小棋，特别是工兵。
（4）追逼炸弹：用棋子去追逼疑为炸弹的敌方子粒。

4. 2 运用要点
（1）当敌方出现需应步时，进行追逼制造"双急"，常易达到目标。如友军40重创敌军，估计要被炸，我方立即出炸威胁该敌另一大棋。
（2）通过追逼使敌离开重要战略位点。
（3）试探性地追逼，用伪棋迷惑敌人。
（4）僵局状态，不断追逼敌方小棋，以使敌方被迫应对，而暴露子粒部署。
（5）通过追逼配合，最终吃掉敌方子粒。如十字捉。
（6）心理战中，不厌其烦的追逼，使敌人最终上当。
（7）假装追逼，达到其它目的。如追虾捕鱼。
（8）摸清敌人的心态，让敌人不敢冒险。比如只要有一点炸弹的可能性，都可以用这个棋去追赶明司令。一般情况下，他是不会主动去吃你的。对他来说，不值得冒险。

4. 3 禁忌
（1）因为追逼不必吃的棋或吃不到的棋而离开重要位点，被调虎离山而失势（控制权和主动权）。

（2）追逼全暗子，无充分思想准备，被反吃。如双师十字捉暗令。

（3）追逼使友军暴露。明显吃不过敌人，却倚仗友军全暗角令子于某一线追逼敌方大棋，常见于双明中。

（4）敌情不明时，主动暴露全暗大子进行追逼。

（5）被追逼时，疑心过重，令子被伪炸追逼得团团转。

（6）不敢以假示真，不敢装炸弹、装令子进行追逼。

5. 封关

封关：指将敌方子粒局限于某一区域内的行棋方法。常包括（1）、（2）和（3）的作用。与拆挡有交叉之处，两者的区别在于，拆挡可以是非封闭型的，常只是挡着某一条线，而从其它道路仍可通过；而封关封闭性较强，压迫感强，它使几条线或多条通道全部无法直接通过，气数大大降低。封常指不让外出增援，关常指不让逃出某方阵。

5．1　常见的封关

（1）炸封：直接或间接利用炸弹的威力进行封关。

（2）大子封：用大棋直接封住敌方子粒或在大棋的掩护下用小棋封住敌方子粒。

（3）雷封：利用雷区限制敌子行动区域。

（4）行营封：利用行营限制敌子行动区域。

5．2　运用要点

（1）关门打狗。将深入我方阵地的敌方子粒，封锁在家中，伺机消灭。大棋常采取炸封、雷封和行营封，小棋常用大子封。

（2）封关住敌军主要干线，切断两敌联系。常见于闪电战中，对另一敌采取的措施，防止他增援。

（3）围敌打援战术中，对围敌采取的措施，使敌方子粒无法行动。

（4）残局中将敌方子粒控制在一定范围内。如无法破敌三角雷时，防止敌方子粒（如工兵）逃逸出阵地而增加追捕难度的措施。

（5）假封关需要给敌人以出路（逃跑的希望），谨防狗急跳墙。真封关要严密，不要有疏漏。

（6）封关中真假并用，使敌不敢轻举妄动，只敢按我方预想行棋。特别是大棋，要封关住它，限制其行动，使其形同没有此棋。

（7）封关要防止敌人的救援，要给予增援之敌以打击。

5.3 禁忌

（1）封关不力，反使敌人狗急跳墙。如关令子于家中，反使敌人搏旗成功。

（2）封关位点把握不好，效率低下，费九牛二虎之力，却使敌人逃脱，反倒使自己的布局和子力暴露。

6. 延缓

延缓：拖延敌方到达目的所需要时间（步数）的行棋方法。主要包括（1）和（2）。与挡的区别在于，延缓是带着舍身成仁的目的去的，明知会被吃，但还是要延缓。而挡不见得是去送死。挡的时机性强，目的性很明确；延缓有时候则可以预先安排，看似无理手（没有明显目的的行棋）。它是通常"挡"概念一部分，专门从挡中分离出来，以减少"挡"的内涵。

6.1 常用的延缓

（1）小子延缓：小棋主动设置路障送死。如图4-5所示，绿方通过延缓，帮助黑方战胜了红方。

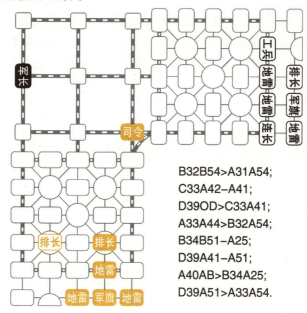

B32B54>A31A54;
C33A42—A41;
D39OD>C33A41;
A33A44>B32A54;
B34B51—A25;
D39A41—A51;
A40AB>B34A25;
D39A51>A33A54.

图4-5 小子延缓

（2）工兵延缓：利用工兵"飞"的灵活性，实现延缓。一般用于危急时刻，没有合适的子粒可以拆挡时采用。如图4-6所示，工兵延缓，最后炸掉了黑方司令。

D40A51>A38A53；
A30A45—A44；
C32A12—A52；
D40A53>C32A52；
A30A44—A53；
D40A52—A51；
A30A53=D40A51.

图4-6　工兵延缓炸司令

6．2　运用要点

（1）闪电战中，友军被攻击，主线子粒自救不及，我方无力大棋救援，用小棋行至友军主线送死，为友军争取防守时间。

（2）残局中，计算步数，在敌军最短挖旗途中设置路障，使敌人不能先搬我方。

（3）在路上预先设置路障，延缓敌军搬我的时间，等待友军救援。

（4）制造需应手或必应手，从而达到延缓的目的。明知搬不到军旗（非双抢），但用工兵飞至敌军旗下送死，掩护友军脱离危险或进攻。

（5）主动隔断敌军大棋的势，掩护友军脱离危险或进攻。如敌欲杀大舍令制造双抢时，飞至敌令子前。又或敌大在外，友军突袭其家中，我方小子放于两棋之间，送死延缓。

（6）延缓位点的可持续性。如尽量靠近想延缓的子粒，这样可以多次延缓。

6．3　禁忌

（1）目的不明确，配合不善，纯粹送死。只有为了崇高目标的延缓才是有价值的。

（2）延缓走到的位点太"老"，本来可以延缓多次，却走到只能延缓一次的位点。

（3）计算错误，能够先一步搬旗或发动有效攻击时。

7. 挂搏

挂搏：是指以直接威胁敌方军旗安全为目的行棋。一般指敌方有守旗棋子时采取的行动，由于军旗的重要性，因而具有较大威慑力。特别对于优势兵力的一方，心理上往往劣势，为以防万一，常会放弃眼前利益，被迫应对，恫吓效果十分明显。主要包含（2）和（4）。

7.1 常见的挂搏

（1）挂（立）角：将暗棋行至敌方空旗角。

（2）挂台中：行至台中，可搏中底或旗台。

（3）挂旗台（下）：由底线行至空旗台或飞至空旗台。

（4）挂角线：从非旗侧底营行至虚台（可直接攻击旗台时）或占旗下底营，两者都可以直接攻击旗台。

（5）直接攻击旗底或中底（常称为搏旗）。

7.2 运用要点

（1）非险无以胜时，不搏必死，不如一搏。家中空虚，眼看敌人大子将来搬我，无法拆挡，不如拼死一搏。特别是已无炸、无雷防守时，可搏。经常摆放工兵的位置（兵位：如虚台、肋、眉、腹、喉、虚底）有暗大棋时，常可一搏定输赢。

（2）试探。由于立角容易到达，常挂旗角。如敌方雷型未明，可用暗子挂立角，或明兵挂立角，迫敌应答而走明。

（3）为友军争取时间，脱离危险或谋取利益。

（4）为获得重要位点（如旗底营）。挂旗台后，敌吃挂，进占底营。敌一子独大时，用此法，常至少可保和棋。

（5）为双抢（飞）制造条件。

（6）敌已有一急时，挂搏可制造双急。

7.3 禁忌

（1）非要知道是否是雷时才挂搏。

（2）明知打消耗战必输，还是不敢放手一搏。

（3）敌方已无大棋，放弃防守，却用大棋去挂搏。此时敌方即使旗底是雷，也可以不应，若此时认为旗底是雷，则大谬，可能造成重大损失。

（4）子粒选择不当，敌人小子多而炸全，却用令子或次令子挂搏。

（5）求胜心切，时机不成熟时挂搏。

8. 渡

渡：取陈仓暗渡之"渡"。是指绕过敌方控制线，偷偷地将棋子安全运送至某方方阵的行棋。其手筋效果一般不会即时显视，具有滞后性。当时甚至会被认为是无理手，但后期分析却是重要手筋。按照后期发生的作用，可能符合（1）、（2）、（3）、（4）。

8.1 常见的渡

（1）大小棋渡：棋子绕道进入一方阵地。

（2）炸渡：炸弹绕道运送。

8.2 运用要点：

（1）友军缺炸时，渡一个貌似炸弹的子粒至友军家中。

（2）闪电战时，正侧无法联系，从中路渡子增援。

（3）为保证全暗，将大子渡至友军家中，帮助防守。

（4）为避免吃光，渡子到外流浪游棋，为和棋作准备。

（5）将子粒运至敌方家中，挤占行营，为后面作铺垫。

（6）家中被围困，难以存活，渡至友军家中安全处游走，逼敌破雷。或只余一排，逼敌搬旗浪费一子。

（7）把握时机，当敌有需应步，而无暇拆挡时渡。或瞅准空档时进行。

8.3 禁忌：

（1）不能把握渡的时机，不敢渡。

（2）渡过去的子粒不敢发挥作用。

（3）渡至敌人家中后，不注意安全（比如认为自己小），就乱碰乱撞而死。此时行营比子粒本身更重要。

（4）友军马上将死时，才将中大或大棋渡过去，发挥不了作用，且将被敌封堵，无法回救。

> **·小贴士·**
>
> **根：**如果一个子粒被吃，他的另一个子粒能够攻击得到。这第二个子粒称为第一个子粒的根。
>
> **势：**能够攻击范围的量度，常用势数来表示，表示能够攻击的位点总数。详见棋理篇之"势论"。
>
> **气：**能够逃跑范围的量度，常用气数来表示，表示能逃跑的位点数。详见棋理篇之"气论"。

第五章

招式篇

　　招式是指至少包含一个手筋的若干连续行棋的组合。它是比手筋更高一级的概念。招式凝结了手筋的优点，使手筋更易运用和实现。从理论上讲，八种手筋及其组合辅以相关行棋，都能成为招式。但在实战中，只有那些联系紧密，使用频繁有效的组合才逐渐定型为招式。招式往往连续行棋，环环相扣，步步紧逼，造成强大杀伤力。

　　"一招鲜，吃遍天。"学会一招半式往往对提高军棋技能有立竿见影的作用，本章总结了一些常用的招式供大家学习和参考。随着军棋理论的发展，必然会涌现出更多更好的招式。

第一节　招式

1. 定义

　　招式是指含有至少一个手筋的若干连续行棋的组合。它是比手筋更高一级的概念。

2. 基本特点

2.1　含有至少一个手筋

　　手筋可能产生重要作用，招式包含手筋，必然使招式具有威慑能力。如果在这些行棋中，含有若干手筋（如手筋连发），则这个招式的威慑力就大大增强，以至成为必杀技。

2.2 连续行棋

手筋本身只含有一步行棋，但在这步手筋之前可能有若干行棋作为铺垫，这些铺垫成为招式的重要组成部分。要想手筋发挥作用，往往要求不拖泥带水、一气呵成，一旦实施，就不给敌人以喘息的机会，否则就难以形成杀伤力。正是由于招式行棋之间逻辑关系紧密，从而使其逐渐定型，成为固定的行棋组合。从理论上讲，各种手筋组合均可产生招式。但实战中往往只有一些特定的组合才具有必然的联系，形成招式。

2.3 配合

招式里的行棋可以是某一家单独完成的，也可以是两家共同完成的。

第二节　先攻先胜

游戏规则作为胜负的判据，具有类似公理的基础作用。其它的理论（如招式、战术战略、棋理等）是建立在其上的。或者说，它们是该规则的规律。

四国军棋游戏规则中，当一方军旗被扛或无子可走时，该方判负。当只剩两家（A方和B方）对战时，若都仅剩一个棋子，最后A方主动攻击B方，双方恰好双消（炸掉或兑掉），两家子粒同时消失。此时轮到B方行棋，系统发现，B方已经无棋可走，于是判定A方胜、B方负。于是就有了招式——先攻先胜。它是指我方与敌方均只剩一子时，主动攻击敌方，从而在同等子粒或一家是炸弹的情况下，获取胜利的方法。它包含炸兑手筋，是炸兑手筋在招式中的特殊应用。

1. 几种特殊情况

1.1 同等大小（非兵非炸）

当残局时，敌我均剩一子，一般需要推断敌方子粒的大小。怎么推断呢？通常可以根据前一步行棋的情况来进行。如上一步37打兑。如果我方余一36，则敌方也很可能是36。此时，不要轻易直接下旗角，否则你是在逼敌人主动攻击，从而可能造成失败。很多棋友总觉得自己的子粒比别人的大，不甘失败，铤而走险，招致失败。出现类似情况，一般先观察地形，然后寻找机会。尽量占住主线，利用地雷以及敌人的失误，图谋先攻。如图5-1所示，黑方通过占住旗底营，获得先攻机会。

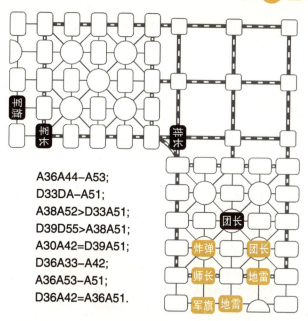

A36A44–A53;
D33DA–A51;
A38A52>D33A51;
D39D55>A38A51;
A30A42=D39A51;
D36A33–A42;
A36A53–A51;
D36A42=A36A51.

图5-1 同等大小谋先攻

1.2 炸弹

通常有炸弹的一方占有更大优势。因为只要主动攻击，必然胜利。若是炸弹，要结合前面的情况，推断敌人是否认为他最后一个棋子比你大。如果是，你可先示弱，并伪装成想从另一侧绕道去搬他的样子。敌人自认为大，必来我家，我方炸之。如果你发现敌人认为比你大，但是畏惧你是工兵，你则可以故意占住底营，这样他就不怕你飞，会直接下角，你正好可以炸他。比较麻烦的情况是，敌人认为他没有你大，不敢主动进攻，于是游棋。你就更需要有耐心，装作很小的样子，游走于两旗台上，缩头缩尾的样子，偶尔进一下底营。如果运气好的话，敌人有可能会上当，主动来进攻你。而你空炸直接去下敌角，凶多吉少。

1.3 工兵

如果你最后只剩一个工兵，千万不要紧张。首先，你不要将它走明。因为最后一子，都有可能是工兵，如果你先走明（飞动），敌人恰巧也是工兵，就可以直接先飞兑你了。如果认为敌人不是工兵，也不要贸然走出来。你本来以为敌人会上当，去直接搬你，而你可以先飞他。但是，在一般情况下，这样的计谋是极易被识破的。你要把工兵当成排长来走，伪装一下，出其不意才能致胜。其次，不要离开铁轨（这也成为判断敌人是否是工兵的标志之一），以便可以随时起飞。

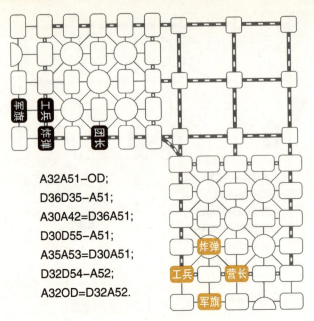

A32A51—OD;
D36D35—A51;
A30A42=D36A51;
D30D55—A51;
A35A53=D30A51;
D32D54—A52;
A32OD=D32A52.

图 5-2　工兵预先走出去

　　如果推断敌人是工兵，你可以大胆地工兵下底，这时，他一般不敢用工兵直接攻击你，而是飞到你的旗下，你正好飞兑，从而获胜。当然，这是非常冒险的，需要精确的计算。比较经典的下法，是在前几步，预先将工兵走出去，在大家拼得只余一个棋子时，敌人认为你救援不及，会主动飞你，然后你飞兑。如图 5-2 所示，工兵先不经意间走到中间，防守子粒兑光后，敌人自认为得计，先飞你，你飞兑。

2. 招式要点

　　（1）不要孤立地看待最后一个棋子。要联系前面的行棋，找到敌人棋子大小的蛛丝马迹。

　　（2）避免主动暴露棋子大小。

　　（3）避免走到敌人能攻击到的位置。

　　（4）若子粒过小，也不宜示弱。如果最后只有一个非兵小棋，千万不要放弃。将它当成工兵，始终不离开铁轨。由于最后一棋工兵的几率较高，敌人即使是大棋，也不敢轻易直接下角，从而和棋。

　　（5）未雨绸缪，在前面几步，要算好，并制造出先攻的机会。特别是兑子战发生时，要保证最后一步先攻。

（6）在兵炸等混合残局中，逼敌人倒数第二步先走，从而保持最后一步先手。如敌有一明兵于外，我有一暗炸一暗兵。用兵守棋，我暗炸下底，逼敌抢炸，然后我先飞兵。如图5-3所示。这也印证了，暗棋具有更大的利用价值。

（7）当自己局势较明朗，而敌方局势有缺陷时，有意加快残局行棋速度，让敌人忙中出错。

（8）如果不能谋和，一旦面对敌人，勇敢主动攻击。

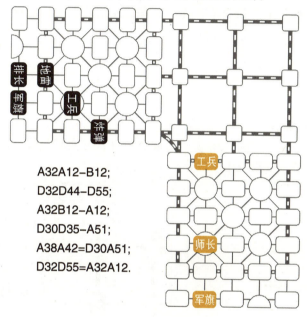

A32A12-B12；
D32D44-D55；
A32B12-A12；
D30D35-A51；
A38A42=D30A51；
D32D55=A32A12.

图5-3　明兵输暗兵

小贴士

扛旗： 可移动子粒攻击敌方军旗，称为扛旗、搬旗、夺旗、拔旗。

第三节　十字捉

　　九宫之中九个位点，由横竖相交的直线组成，没有斜线。当棋子位于九宫之中时，容易受到横向和竖向两个棋子的追逼，形成"十字捉"，或称"十字抓"。由于该棋子完全处于两敌方棋子的势的范围，不易逃脱，成为经典的抓子定式，它包含两个追逼手筋，是落步原理的一种实战运用。实际上，十字捉不仅适用于在九宫中的抓子，也适合在类似情形中的抓子。

1. 十字捉的条件

（1）双方横向竖向各出一子进行追逼；

（2）十字捉最后形成时，常要求双方均先于被追逼方各行一步棋。可以通过若干次追逼游走之后形成。

（3）十字捉与地形和局势有关。九宫是天然的十字捉地形，其它位点在一定情况下也满足十字捉条件。

2. 几种常见情形

2.1 双大抓小

当小子处于九宫中时，由该点向水平和垂直方向划直线，若在这两条直线上各有一大子，则形成十字捉。

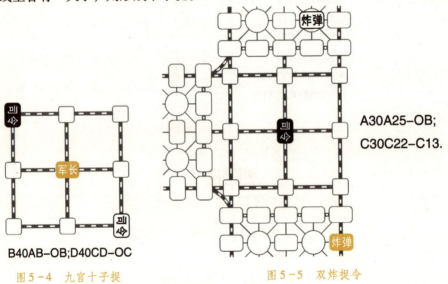

A30A25－OB;
C30C22－C13.

B40AB－OB;D40CD－OC

图 5－4 九宫十字捉

图 5－5 双炸捉令

2.2 双炸抓大

当敌方大子在九宫之中时，可以双方各出一炸，形成十字捉，如图 5－5。

2.3 非九宫十字捉

凡满足十字捉的条件，均可以形成十字捉。有些位点并不象九宫那样形成天然的十字捉地形，但由于局势的原因，往往也可以形成十字捉。如图 5－6 所示。

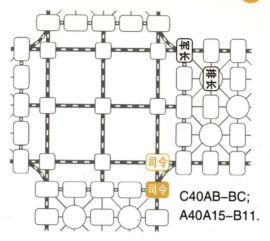

C40AB–BC;
A40A15–B11.

图5-6　非九宫十字捉

2. 十字捉的化解

2.1　十字捉兵

由于工兵可以在无障碍的铁轨上飞行，因此，十字捉抓不死工兵。但可以将工兵抓明，令其现形。

2.2　拆挡

非紧邻（捉子与被捉子之间有空的位点）的十字抓可以通过友军的拆挡手筋来化解。如图5-7所示。

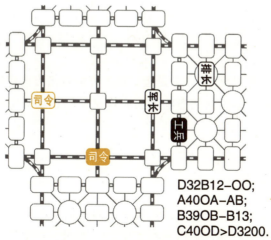

D32B12–OO;
A40OA–AB;
B39OB–B13;
C40OD>D3200.

图5-7　有空隙十字捉的化解

2.3　飞抢炸弹

对于双炸抓令子，可以通过工兵飞抢其中一炸的方法来化解。

2.4　制造必应步

通过友军的帮助，给其中的一个敌方制造出必应步（手筋），使其不得不在其它位点进行应对，无法及时吃子，从而使敌人的十字捉无法成功。

2.5　其它

通过炸弹威胁、打兑十字捉的子粒等，也可以化解十字捉。

3. 注意事项

（1）十字捉时尽量采取捉子与被捉子粒紧邻的形式，使敌方子粒难以逃脱。

（2）十字捉兵可以令工兵现形，被迫飞走。

（3）当友军连续追逼两次之后，一般应配合开始十字捉。

（4）当一时不满足十字捉条件时，常可通过追逼游走后满足条件。

（5）非令子要注意防备十字捉，沿方阵旁行走。令子要有工兵等防止炸弹十字捉。

（6）防止暗令子装小逃跑，被十子捉时敌方不动，我方撞死后反吃友军。

第四节　反撞

反撞，也常称为"反吃"。它是指被攻击方沿攻击方进攻的反方向，主动撞吃进攻方子粒的行棋。它是撞吃手筋或炸兑手筋在招式中的应用，在实战中广泛使用。

1. 反撞的定义

"反"，一是指反方向，二是指变被攻击为主动攻击。广义的"吃"常含有两层意思：一是指吃掉，即消灭敌方子力，表明了攻击的动作和攻击的结果；二是指攻击，即撞，不包含结果。为了避免"吃"的歧义，故命名为反

98

撞，而不建议使用反吃，同时将反撞中吃掉敌方的特例称为"反吃"。反撞不包含结果，反撞的结果可能是吃掉、兑掉或炸掉（包括抢炸弹）。反撞是一种以牙还牙的招式，它根据敌人进攻的情况，推断敌人的目的，于是对敌人进行反扑，是一种转守为攻、化被动为主动的方法。

2. 常见方法

2.1 空炸、抢炸

敌方进攻后，怀疑敌方后面为炸，主动抢炸。或敌方进攻后炸兑，露出空炸，认为敌方为大，空炸之。

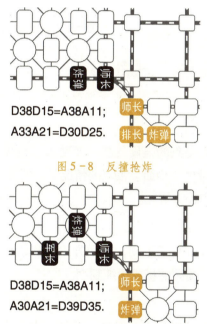

D38D15=A38A11;
A33A21=D30D25.

图5－8 反撞抢炸

D38D15=A38A11;
A30A21=D39D35.

图5－9 空炸反撞

2.2 先后手转化

反撞可以变被动为主动，变后手为先手，产生敌人未曾预料到的效果，扰乱敌方意图，从而获利。如图5－10，师长装兵下旗角，敌撞死后，反撞台中。

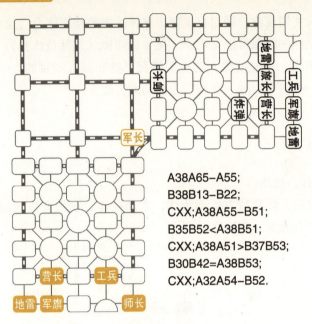

A38A65–A55;
B38B13–B22;
CXX;A38A55–B51;
B35B52<A38B51;
CXX;A38A51>B37B53;
B30B42=A38B53;
CXX;A32A54–B52.

图 5 - 10　装兵后反撞

2.3　对攻

反撞给敌人以不可侵犯的强硬气势，使敌人产生畏惧心理。若敌人也不甘示弱，常会产生"对攻"局面。极端的情况是，两方对攻，一侧全部炸兑，而另两家不知道发生了什么情况。

2.4　打兑

敌方令子控势，我方令子不动，待敌方中子攻击撞死后，反撞敌方令子以求打兑，可以使敌人撞死的棋成为纯利润。

2.5　反吃

反吃往往会给人以该棋很大的感觉，不然，它怎么敢反吃呢？所以，利用这种心理，第一次反吃后装令，使敌人产生错误推断，真令暗伏，在另一侧等待敌人进攻，敌人因此产生更大失误。也可以大棋装小棋被一敌追赶，大棋游走，另一敌亦来追赶，形成十字捉或双捉，待敌见我无处可逃时，一敌先吃我，我再反吃另一敌。如图 5 - 11 所示，为经典"反十字捉"。或者敌有令而我方无，敌一大在外吃我中大，我方用伪炸勾引敌方：敌若为令子，一般会挡或逃跑；若为伪令子，可能来撞，我方反吃敌方伪令。此外，对付敌人闪电战时，司令主动反撞，给予敌人重创，也是常用的方法。

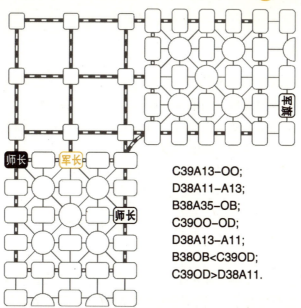

C39A13-OO;
D38A11-A13;
B38A35-OB;
C39OO-OD;
D38A13-A11;
B38OB<C39OD;
C39OD>D38A11.

图5-11 反十字捉

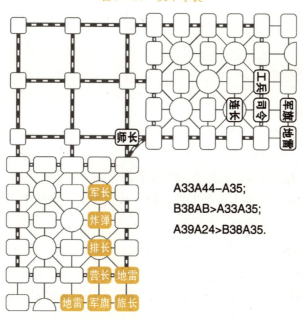

A33A44-A35;
B38AB>A33A35;
A39A24>B38A35.

图5-12 假炸诱敌

3. 注意事项

（1）如果能够反撞破除可能的炸弹，却飞兵来抢，可推断出棋子较大。
（2）敌人小棋撞死后，如果自己也不大，没必要反撞。
（3）无充足理由，敌人撞死后，强子不宜直接反撞，以免撞炸。
（4）反吃时，要注意防止吃不过。
（5）如果主线侧受到进攻，反撞会不利自己防守。

第五节　一箭双雕

　　一箭双雕是指一步棋形成单个或多个子粒对敌人产生两种或两种以上的威胁，由于敌方只能应对一步，往往顾此失彼，从而产生损失。该招式是手筋的组合运用，具有多手筋的特点，是双急的应用之一。本处仅介绍常见的单人制造的一箭双雕，至于配合形成的双急在其它地方再讲。

1. 常见情况

1.1　炸双

（1）交叉线炸双：敌人两个大棋所处位置的轨道线，相交于某一位点，出炸至该位点，则可同时威胁两个大棋。实战中，可以用小棋引诱敌方吃我，走到交叉线，出炸炸双。如图 5－13 所示。

（2）同线炸双：敌人两个大棋一前一后位于同一条线上，其它子粒无法进行拆挡，我方出炸威胁，形成炸双。

1.2　一子吃双

与前一项相似，但此时是用我方大棋对敌人的两个小棋进行威胁。敌方一般会选择大的逃跑，从而吃到敌方小棋。当敌人小棋较多时，不断的追逼，常使敌人顾了头顾不了尾，慌于逃命而忙中走错，给我方制造出多次吃双机会。

1.3　双吃双

用中大棋追逼敌方小棋，大棋威胁敌方中大棋。常用于双大棋（如 40＋39）同路时，用军长棋追杀敌中子，令子威胁敌方次令子。

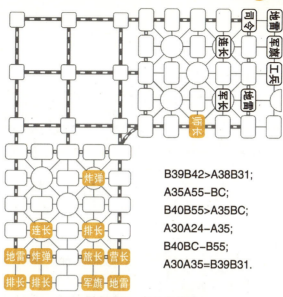

B39B42>A38B31;

A35A55–BC;

B40B55>A35BC;

A30A24–A35;

B40BC–B55;

A30A35=B39B31.

图5-13 交叉线炸双

1.4 兵+炸

"兵+炸"，工兵突然起飞，威胁敌方军旗，制造出最大需应步。从而迫使敌人"丢令保旗"。常见于师炸组合时，师长攻击身死，敌小棋挡，我方工兵装中大护炸，敌怕我方在炸的掩护下吃敌小棋，故小棋退走，我方飞兵露炸。如图5-14所示。

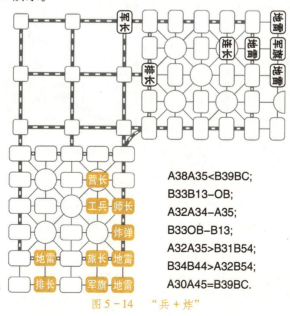

A38A35<B39BC;

B33B13–OB;

A32A34–A35;

B33OB–B13;

A32A35>B31B54;

B34B44>A32B54;

A30A45=B39BC.

图5-14 "兵+炸"

1.5 兵+令子

运用类似的原理，工兵起飞，制造需应步，露出大棋，从而吃到敌方大棋。如图 5 – 15 所示。

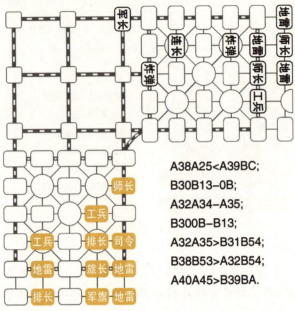

A38A25<A39BC;

B30B13–0B;

A32A34–A35;

B300B–B13;

A32A35>B31B54;

B38B53>A32B54;

A40A45>B39BA.

图 5 – 15 "兵+大"

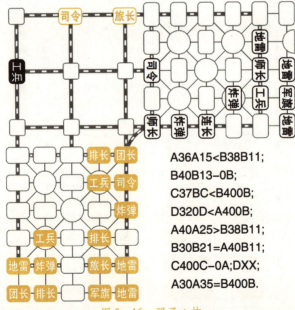

A36A15<B38B11;

B40B13–0B;

C37BC<B400B;

D320D<A400B;

A40A25>B38B11;

B30B21=A40B11;

C400C–0A;DXX;

A30A35=B400B.

图 5 – 16 强子+炸

1.6 强子＋炸

常见"令＋炸"和"军＋炸"，当敌方40位于前方时，用40或39攻击敌人（如吃敌方有炸保护的38），制造需应步，敌方陷于两难：敌若炸我方，则我炸敌方。敌方若不理我，我方可成功撤回。此招可以多赚一个大棋。常可弥补前期打明敌方40的亏损。

2. 注意事项

（1）炸双前需要确认无兵，否则会被飞抢。

（2）由于飞兵是炸双的经典解法，因此假炸炸双可诱死敌人工兵。当认为敌人确有工兵时，先出一伪炸，敌飞兵撞死，再出真炸。敌无兵，炸可成。先出伪炸的位置不要太"老"，留出位置让真炸出来。

（3）假炸炸双，敌人若无法化解，一般大的逃跑或小的撞炸，据此可以辨别出那个更大，哪个稍小（如威胁令子和次令子）。而令子装炸炸双（如威胁令子和38），敌人稍小的棋会挡或撞，从而骗吃敌方大棋。

（4）一吃双时，若我方有暗令子（如40），常可用次令子（39）追击敌方令子（39）和次令子（38），敌方一般会选择39逃跑，从而吃到敌方38。同时，39也顺利地镀金为40，从而为真40吃敌39抢造有利条件。

（5）用"强子＋炸"方法时，最好敌方不能回吃（即不在同一条线上）。特别是"军＋炸"，敌人司令可以吃回时，我方慎用。否则敌人回吃军长，再炸无味。若为"令＋炸"，吃后打兑，若吃得小，可能会亏。而若为"师＋炸"，则兑掉师长的可能性增大，可能被敌人反撞抢炸。

（6）由于暗棋的特点，双急是可能性的，而不必是必须的，完全可以用假双急，欺骗敌人，从而获利。

（7）可以运用类似的原理，制造其它形式的一箭双雕，从而渔利。若双人使用，则成为配合的基本方法，效果更佳。

第六节　抽屉吃

抽屉吃，是指防守方为了延续时间，用小棋延缓挡住道路，进攻方将小

棋吃掉，然后退回；防守方再延缓，进攻方再吃，再退回。如此反复，防守方不断用棋主动送死延缓，而进攻方不断吃掉延缓的棋，然后退回。在该过程中，进攻方吃进－退回，像一个不断开合的抽屉，所以称为"抽屉吃"。如图 5－17 所示。被"抽屉吃"，一般是底营被占或空，回救不及，防止工兵飞袭时的无奈之举。该招式主要包括撞吃、延缓、双飞和挂搏手筋。

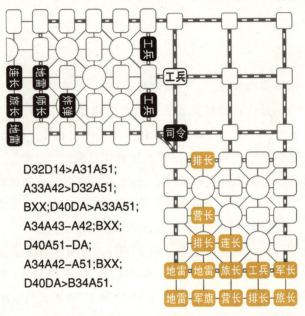

D32D14>A31A51;
A33A42>D32A51;
BXX;D40DA>A33A51;
A34A43–A42;BXX;
D40A51–DA;
A34A42–A51;BXX;
D40DA>B34A51.

图 5－17　抽屉吃

1. 常见情况

1.1　三角雷

三角雷，立角被攻破后，为防止双飞，常需要延缓。防救不及时，常只好被抽屉吃。

1.2　直角雷或缺角雷

直角雷，敌方兵挖角，底营吃出，敌人吃角，另一敌占旗底营后，形成缺角雷，为防止敌人工兵挂角，无奈被抽屉吃。情形与三角雷类似。常常发生在闪电战失利后。

1.3 底雷

敌人令子控势，旗台为较大子，无炸保护，不便吃出。或虽为次令子有炸保护，但不希望被敌方令子再吃时（敌令子已吃大棋）。

1.4 旗台雷

由于旗台雷的阻隔，且底营为敌所占，不及回救，为防止工兵或炸弹挂角，攻击我方旗底时。但若敌方飞开旗台雷，则守方常可及时防守。

1.5 令子副线

主线炸弹用尽，敌有令子控势，副线方向有令回救不及，但主线仅次令子守旗。为防止敌人挖明旗台，被抽屉吃，希望友军增援。

1.6 无令无炸

非雷防守，但炸弹用尽，敌人令子占主线。为防止敌方工兵打明旗台，一子夺命，而被迫选择被"抽屉吃"。此时需要友军增援，兑掉令子或渡炸助守。

1.7 其它原因

由于基于战术战略方面的考虑，在一定步数内，迷惑敌人以达到目的。

2. 注意事项

（1）进攻方可利用"抽屉吃"，尽量延长抽屉吃的时间，以使利益最大化。一般坚持三四个回合后，敌方将没有足够子粒再延缓。

（2）被"抽屉吃"是十分不利的，因此必须尽量避免。如闪电战时，第一个炸弹只炸到军长，敌又强攻，吃我 37 甚至 38 时，不宜立即使用第二枚炸弹（特别是副线令子，与友军联系被切断，极有可能回救不及时）。而应计算好步数，加强防守，然后伺机缓炸。

（3）雷型防守时，占好底营，防止挂角是关键。若有令子，应适时令子控势。立角若损，可增补棋子，以防双抢。

（4）主线子力弱，采用三角雷或直角雷防守，宜占好主动权，使敌人无暇还击。如闪电战，副线宜快攻；同时友军宜适当助攻助防。

（5）外面备兵，当敌挂角时飞撞，有时可行。这样可以避免丢失底营。

（6）友军被"抽屉吃"时，一般表明友军有尚有大棋，只是由于时间关系，无法组织防守。其目的，是等待我方救援。此时往往需要我方的延缓（若被攻击方延缓，则没有时间组织防守），这样才能腾能出时间组织防守。我方若不能直接延缓，可多次飞兵延缓。

（7）有时是由于友军炸弹用尽，有中大守棋，但受敌方令子威胁。此时，需要友军打兑敌方令子，或者以炸威胁。

（8）无兵也无法打兑令子时，若友军棋子尚多，我方可不惜令子或次令子攻击敌方，迫敌应对，为友军争取时间。

（9）无法化解时，大棋迅速出击，消耗敌方实力。

（10）若已方已无大棋，没有被救援的必要或确信已无可挽回，不妨唱一出空城计。

第七节　杀大舍令

杀大舍令，是指进攻方用令子吃掉敌人大棋后，令子被炸，此时，进攻方获得先行机会，随即对敌人进行致命打击的方法。杀大和舍令都是手段，抓住令子被炸后的后续行棋机会，谋取利益是目的。敌方被杀的大棋，一般应为敌方令子或次令子。杀大前一般需要做好充分的进攻准备，前仆后继，直至达到目的，常用于最后为夺敌旗进行的攻坚战。是兵力优势下的攻击方法。该招式主要包括撞吃、炸兑、挂搏等手筋。

1. 常用方法

1.1　获得先手

我方令子吃敌大棋后，一般敌方会立即炸掉令子。此时轮到我方行棋，我方立即对敌人进行新的打击，利用敌人防守不及或防守失误，从而获利。如图5-18所示。

1.2　令子转化

我方有令子和次令子，敌方仅有次令子。通过杀敌次令子，迫使敌方用炸，同时我方次令子成为新的令子，而敌人仍只有次令子。一旦敌人炸弹救援不及或不敷使用，我方即可获胜，如图5-19所示。

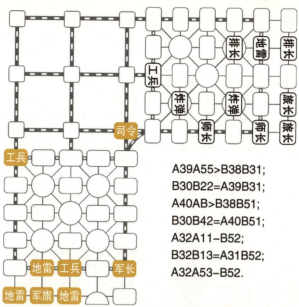

A39A55>B38B31;
B30B22=A39B31;
A40AB>B38B51;
B30B42=A40B51;
A32A11−B52;
B32B13=A31B52;
A32A53−B52.

图5−18 争先手

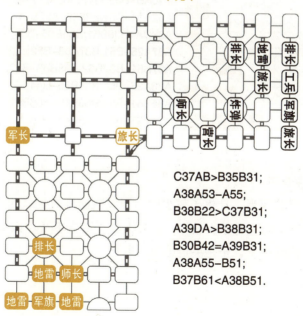

C37AB>B35B31;
A38A53−A55;
B38B22>C37B31;
A39DA>B38B31;
B30B42=A39B31;
A38A55−B51;
B37B61<A38B51.

图5−19 令子转化

1.3 令+炸

敌大帮挡令子，我令子加炸，先用令子攻击，敌炸我，我炸敌。

1.4 兑子战

杀大舍令后，常会形成兑子战。进攻方次第出大棋，疯狂进攻，防守方若子力调运不及，常会落败。对于防守方，需要尽快调运子力防守，要掌握先后手转化的关系，避免主动攻击，造成步数亏损。如图5-20所示。

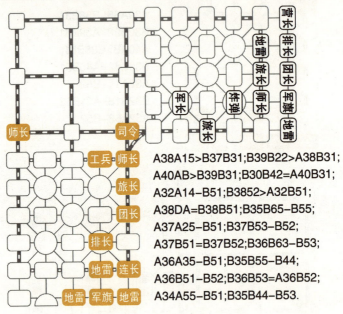

A38A15>B37B31;B39B22>A38B31;
A40AB>B39B31;B30B42=A40B31;
A32A14-B51;B3852>A32B51;
A38DA=B38B51;B35B65-B55;
A37A25-B51;B37B53-B52;
A37B51=B37B52;B36B63-B53;
A36A35-B51;B35B55-B44;
A36B51-B52;B36B53=A36B52;
A34A55-B51;B35B44-B53.

图5-20　杀大舍令后运子及时

1.5 副线令子

敌我双方子粒相当，且棋子较少时。当发现防守方副线出现令子时，若时机恰当，进攻方可立即杀大破炸，使敌人令子防守不及。如图5-21所示，红方发现绿方副线令子，于是决定迅速出击。

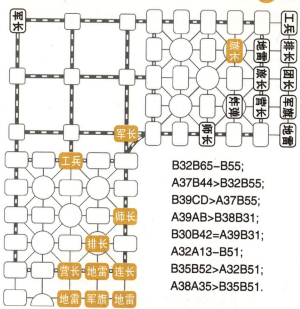

B32B65–B55;
A37B44>B32B55;
B39CD>A37B55;
A39AB>B38B31;
B30B42=A39B31;
A32A13–B51;
B35B52>A32B51;
A38A35>B35B51.

图5–21　副线令子回救不及

1.6　打兑

令子装小后，被A敌令子追赶，我方令子看准时机，杀入B敌阵中，吃掉B敌方暗大，另一敌令子接着打兑，从而赚取优势。该方法需要注意行棋次序，且令子需要伪装得比较好（如40装38），开局时比较常见。

1.7　配合双抢

若得友军配合，极易形成双抢，从而在舍掉令子时智夺敌方军旗。该法在二打一时，较为常见。具体方法详见配合篇之"双抢"。

2. 注意事项

（1）杀大舍令是一种优势棋情况下采取的行动方案，通常用于敌情较明时的最后攻坚阶段；劣势下慎用。

（2）杀大舍令所杀敌大一般为敌方令子或次令子，否则可能会造成亏损；特别是兵挖立角后，敌旗台子粒吃出时，慎用令子直接击杀。因为有经验的棋手，旗台吃兵棋子往往会较小。

（3）杀大舍令前，要对困难有较充分的估计，有较足够的把握能够在后续手段中获利。至少估计即使发生兑子战，亦可取胜。

（4）为了达到杀大舍令后一鼓而下的目的，所有子粒常都集中部署于能够攻击到敌人的战线上。

（5）工兵和炸弹随时待命，伺机而动，使敌人有所顾忌，从而暴露防守布部署，为我方进攻提供有益情报。

（6）当敌人只余少量子粒时，对于暗棋（未碰过的棋），要注意防止空炸。

第八节　根

"根"，当子粒 A 位于另一子粒 B 的势之内时，称 B 为 A 的根，A 称为 B 的枝。当枝被砍（吃）掉时，在无外来干扰时，根能直接攻击侵犯子粒。"根"表明了子粒之间的相互联系。"根"使用时，通常包括炸兑、撞吃手筋，也可以是保证其它手筋顺利使用的辅助手段。

1. 根的产生

由于子粒之间的矛盾性，具有相生相克的特点，没有任何子粒是绝对安全的。特别是对那些非令子，这种保护显得尤为重要。在进攻和防守时，通过根，保护进攻子粒的安全，使敌人不敢轻举妄动。比如在炸弹（根）的掩护下，师长向敌人发动进攻。敌人 40 和 39 不敢轻易吃掉我方 38，否则，我方就可能用根炸弹炸敌方 40 或 39。而防守的时候，38 + 30 形成保垒，敌人若想暴力突破，必将付出惨重代价。正是由于根在进攻和防守中都扮演着重要角色，因而在四国军棋中，被广泛使用。

2. 根的特点

（1）"根"本质上是一种联系。它反应子粒之间的相互关系。

（2）对于具体的根，它是一个子粒。子粒是根的载体，根不能脱离具体子粒而存在。

（3）"根"与"枝"是可以相互转化的。由于暗棋的特点，A 可以是 B 的根，同样 B 也可以是 A 的根。比如，九宫中两个未发生碰撞的子粒，相互处于各自的势之内（A 处于 B 的势内，B 处于 A 的势内），从理论上讲，两者可以互为根。盘棋手往往会利用这种关系，让敌人判断失误，从而获得利益。

3. 根的分类

单根与多根：一个子粒只在另一个子粒势力范围内，称为单根。一个子粒若在多个子粒势力范围内，则称为多根。多根使子粒间的联系更加紧密，能起到很好的保护和威慑作用。可以根据敌人攻击的子粒大小，选择不同的根去还击，从而更有效地打击敌人。

虚根、假根与实根：理论上不能发生作用的根，称为虚根。比如角雷作为根，在敌方看来，角上棋子为根，但实际上，这个根不能发挥作用，当敌人吃掉我方子粒时，角雷无法还击。假根是指为了迷惑敌人，而故意制造的根。最常见的比如假炸作为根。实根，是指能发挥实际作用的根。比如营中30守住边上38。

叠根：B和C均为A的根。它可以在第一个根失效时，第二个根继续发挥作用，起到加强根保险程度的作用。比如38+30+30。

串根：C为B的根，B为A的根，这样形成串联的根，称为串根。一环扣一环，形成链状结构。与多根结合，常可构成势力网。

隐（暗）根：是指隐藏起来，不是很明显的根。比如底炸或令、角炸或令。若与虚根相结合，往往产生出奇制胜的效果。比如立角暗令，用一假根装令"看"住小棋，一敌吃我小棋，一敌挡住我假令，我隐藏的真令突然出击。

一根多枝：在一个炸或令子的掩护下，多个子粒将敌人封锁或进攻。常见于令子控势下的进攻或围困。

4. 根的运用

根炸：常见的✕+炸，✕主动出击，根炸保护。敌吃我✕，我炸之。亦有✕+炸+炸，敌吃我✕，另一敌撞我前炸，我后炸炸之。或者✕+32+30。一敌吃我✕，另一敌飞兑工兵，我炸敌。根炸要尽量做到比较隐秘，使敌人不易破坏。比如✕+炸，常见于初级棋手和高级棋手。高级棋手认为能飞得到，必不为炸，舍不得工兵乱飞，所以直接✕+炸反而可以成功。但此法一般要求，敌方非兵子粒不能挡。敌人一大一令攻我，当猜测到可能打兑时，可将✕+炸布于轨道上，一敌攻我打兑，我空炸敌令。

根大： 在令子的掩护下，中等大棋在外面威胁敌方小棋。常见于我方有令子，而敌方无令子时，是一种常见的控势方法。敌人若还击，则我方吃掉敌大。有时也可以可以杀大舍令，吃掉敌方次令子，同时己方次令子又上升为令子。与隐根相结合，常可以杀敌人措手不及。

空炸＋Ｘ： 反其道而行，将Ｘ装成炸，炸弹装成中大，守住要道。诱炸敌方中大。由于敌方会认为是兑掉，我方Ｘ成功镀金为炸弹。是根枝互换的一种。

令＋Ｘ： 令子装成中等大小子粒，如令装38，诱使敌人采用中等大小子粒来打兑而撞死。在适当时候，假38"不小心"脱离炸弹保护，诱敌39来吃。当已有39或38装令成功时，效果奇佳。若配合东成西就战术，常可一令破两39，全身而返。

Ｘ＋伪炸： 根枝转化的运用。抓住敌人害怕被炸的心理，将一子装作炸弹，一子攻敌人，使敌人不敢轻易反击。当敌人相机用工兵飞伪炸后，我方又可成功逃跑。特别是二打一残局阶段，一人攻击，一人伪炸追随，常令敌人左右为难，陷于被动。对于疑心较重的棋手，此法效果极佳。

Ｘ＋雷： 将角雷想像成炸弹或令子，沿铁轨大胆攻击。使敌人产生错误推断。比如，弹子第一式中，可用一营或团沿右线杀，一敌吃我，一敌飞我角雷，团长杀出，敌杀团，我虚台炸之。对于有暗令方，也可角雷装成暗令，多次在此侧进攻诱敌，偶有大胆者，用令或炸来破雷，以求破令，从而无中生有。

封关： 在残局阶段，令子＋Ｘ，形成一根多枝，形成势力网，将敌人困死。Ｘ＋炸，将敌人大棋封关，常见闪电战中对于另一方的策略。也可用于残局阶段，对有令子方的围困。

铁三角： 炸前有两棋，一棋挡住敌人，一棋进攻。如开局时，双师加炸或师＋令＋炸的进攻。此时常可形成闭合型攻击，后面炸弹比较安全。又如另一敌有令子，我一棋挡住其令子，一棋攻击另一弱敌，使强敌不能救。常见于非封闭式攻击，敌人可能飞我后面炸弹，所以，前面挡棋可以比较小，后面不必用真炸。但危急时刻，如夺一敌军旗时，真炸可行。

根枝互换： 将平常具有根和枝关系的子粒顺序进行互换。如平常"中子＋司令"改成"司令＋中子"，或将"师长＋炸弹"改成"炸弹＋师长"，并按常规走法进行，从而误导敌人的推断，谋取利益。

5. 注意事项

（1）切忌多疑。部分棋友，疑心过重，棋必先撞而后敢吃，有令子，生怕敌人炸弹，飞来撞去，死掉很多无辜小棋，延误大好时机，40就是不敢吃。即使友军受到二打一，也不敢主动突破。最后友军败北，形成一敌二。虽然子粒大，但个数处于劣势，最后常被双抢。

（2）多挡勿攻。破除根的方法，最好的是拆挡，这样可以保证切断敌军子粒间的联系。防止炸兑后，反倒上当的缺点。对于闭合式根炸，如双师＋炸形式，可39破炸，敌炸我后，令子吃出，从而一军换双师一炸。

（3）提防隐根。在敌情不是很明朗的情况下，需要提防立角、工兵。

（4）对于主线防守而言，实根常是比较好的选择之一。而副线，可采取隐根等方法，谋取利益。

（5）尽量使用多根使敌人摸不清我方虚实。虚根、实根与隐根相结合，扰乱敌方推断。

（6）防止撞死，特别是中大撞死。

（7）明白根枝之间的相互转换的道理，提高辨别能力。

（8）熟悉几种特殊的根枝用法，结合实际情况加以利用。

第九节　过滤

“过滤”是指通过撞吃（包括被撞吃），筛选出满足要求的特定子粒的方法。“过滤”通常包括拆挡、撞吃手筋。

1. 过滤的产生

我们总是希望知道敌方某一子粒的确切大小，但这往往是困难的。比如38，需要用37和39或38－和38才能推断出来。在更多的时候，我们只需要知道敌方子粒的大小范围，而非精确大小。比如希望知道某个子粒是否是炸、是否大于37、是否是工兵等等。此时，通过特定子粒撞吃，能以较小的风险或代价，获得有价值重要的的信息。在另一些时候，我们也会在敌人必经之路上，用子粒设置障碍，只允许符合特定条件的子粒通过。与通过非碰撞的

推断相比，过滤是通过撞吃来推断子粒大小，它是建立在逻辑基础上的方法，准确度更高。同时它是一种（可能）以子粒牺牲为代价，换取重要信息的方法。其研究的重点，就是在代价与准确信息之间找到平衡。

2. 过滤的方法

这其实是一个数学问题。我们把所有子粒按某一规则（如大小）作为一个有序序列，目标子粒处于该序列之中，过滤就是采用特定子粒与序列中的值进行大小比较，希望找出目标子粒的大小的方法。对于军棋来说，根据有序序列的定义不同，以及过滤方法的不同，就有很多种过滤方法。较常见的有逐级过滤、半分过滤、大子过滤、小棋过滤和特殊子粒过滤。

2.1 逐级、隔级、两端过滤

从序列中最高位或最低位开始，依次与序列中的数值（子粒）比较，至两者等同。比如，为证明是 38，可依次采取 32、33 至 38 进行撞吃过滤。其缺点是显而易见的，代价实在太大，无法接受。或者直接用 40 进行撞吃，其优点是简洁明了，一步到位，但无法确切敌人的大小。在实战中的风险就是 40 过早被炸，可能陷入被动。稍微改良的方案是采用 33、35、37 至 39 进行撞吃，称为隔级过滤。隔级过滤的代价依然过大。另外，先用小棋（如 33）撞吃，撞死后直接用 40 撞吃，称为两端过滤。两端过滤是在残局阶段有令子时，为避免被炸的一种常见方法。

2.2 半分法则

半分法则，也称为二分法则。已知某一数值存在于某一有序序列之中，将此数值不断与序列的中值比较，舍去过大或过小的那一半，然后再将此值与满足要求的新序列中值比较，通过若干次比较，最后得到其值的方法。为研究方便，我们仅研究不包含地雷、军旗的序列。则半分有序序列为：32、33、34、35、36、37、38、39、40。我们通过半分法则来推断某一非雷子粒的确切大小。先用 32 到 40 的一半，即 36 进行区分。从而将其分成 36－与 36＋。有趣的是，根据吃子能力、消子能力或防守能力得到的序列，第一次半分最佳子粒仍是 36（偶尔是 37）。

半分法的优点，就是损失比较小，能将小棋滤掉，大棋筛出。由于过滤的棋子，大小居中，因而只能推断出棋子的大小范围，无法准确估算出大小。为了进一步获知子粒的大小，可采用多次半分的方法。在上例中，若某棋为

36＋，则可再采用 36 至 40 的一半，也即 38 将其区分为 38－或 38＋。若该棋为 38＋，则还可进一步采用 38 和 40 间的 39 将该棋区分为 39－与 39＋。可见，通过若干次半分，必能得知棋子大小（大棋）。

当然，这只是理论上的方法，在实战中不可能运用。实际上，由于子粒很少，在一般情况下，两次半分，就基本可以确定棋子的大小范围，达到过滤的目的了。

2.2 大子过滤

半分法采用的过滤标准为 50%，若提高过滤标准，就得到大子过滤方法。如司令的过滤标准为 100%，采用军长的过滤标准为 88.9%，师长的过滤标准为 77.8%。最常见的是采用师长过滤出司令或军长，是一种既有风险又有效的方法。一方面，师长攻击能力强，能够有效打明敌人主力，为后继进攻创造条件；但另一方面，若碰到令或军，则损失比较大。师炸组合是一种典型的过滤方法，特别适合于防守，能够有效扼制敌人的进攻。敌人要想突破，必须付出较大的代价。而用军长的过滤，可能造成的损失，往往影响到整局，一般不常见。而司令除了需要打兑的时候，一般多以吃子或夺旗为目的，而不是以过滤的形式出现的。

2.3 中子过滤

半分法是中子过滤的一种特殊情形，如前例中提到的团长过滤。若稍微提高标准到 66.7% 就是旅长，若降低过滤标准，就是营长（44.4%）。与师长过滤相比，旅长既有具有一定攻击能力，又可以将损失降低到可以接受的程度。作为试探式进攻和防守，都是比较好的选择，在实战中逐渐流行。营长的消子能力为 61.90，不可小觑。它有灭挡、排炸、试探等多种用途。特别是当敌人非大即小时，营长过滤往往是一个很不错的选择。连排兵炸等 11 个子粒，营长是其天敌，在残局阶段，主力未明时，其攻击甚至可以起到威慑作用。

2.4 小子过滤

连长（33.3%）和排长（22.2%）的过滤属于小子过滤。其主要目的，就是掩护、拆挡或追赶可能的工兵、炸弹等。连长的能力，往往被人忽视，它能消掉 11 个子粒！在烽火硝烟的战场，处处都有不怕牺牲无处不在的连长身影。排长的能力稍弱，但在很多时候，充当炮灰，防兵排炸，为最后的胜利牺牲自己。

2.5　地雷

地雷大于40而小于工兵。工兵是过滤地雷最简单而有效的方法。但是雷区范围广，而工兵个数有限，无法一一探明。在敌人还有较多中等子粒的情况下，主线方向直接推断地雷是比较困难的。如果用中等子粒撞吃，风险很大。往往是撞死了中大，仍无法断定是否为地雷，难以达到目的。而采用适当大小子粒去攻击副线方向的雷区，往往更有效。一般认为，搏棋宜用暗大，中盘探雷宜用团，残局宜用营连。

2.6　炸弹

38以下都可以用于消除炸弹，令军非迫不得已，不用于过滤炸弹。小子过滤的目标之一，就是炸弹。一个貌似炸弹的棋子，往往是连排热衷碰撞的热点，有时也会引得工兵的垂青。阻挡而不是进攻，大大限制了炸弹的作用。在能够直接抢炸而不撞的情况下（即使撞后也绝对安全），这种反常行为，可以认为这个棋子足够大。

2.7　工兵

任何一个可移动子粒都可以用于过滤工兵。炸弹一般不宜主动撞吃；在无必须的情况下，飞兵求兑也不是好的选择。对于疑似工兵的子粒，大胆采用棋子去追逼它，走投无路时工兵自会现形。看似很危急的时刻，伪炸威胁敌大棋，也能令工兵现身撞死。

2.8　军旗

搬军旗的棋子最后不能动，成为死子，因此搬旗会付出代价。这个规则使不能动的军旗也具有过滤的特点。在时间充许内，敌人总会是采取最小代价来搬军旗。因此，如果有棋子临旗不拨，可以推断为大棋。

2.9　动态过滤

前面分析的是静态时的基本过滤思路。随着棋局的进行，棋子的组成会发生很大的变化，令子、中大的实际子粒会变化。采用过滤的棋子也应相应发生变化。如军长已成令子时，师炸组合可以换成旅炸组合。通过推断和局势需要，应因地置宜，针对新情况，采取不同的过滤方法。因此，更常见的方法，往往是根据需要，先估算敌方棋子的大小，然后采用特定的子粒过滤，然后推断。虽然这种推断准确度不够，但结合经验，也往往能得到比较准确的结果。如敌人中大缺失时，用37足以过滤出40。

2.10　过滤的局限性

实际上，因为按照军棋游戏规则，较小的棋子直接会被吃掉（或撞死），因而不需要也无法再去了解其确切的大小。这也造成我们最后难以推断敌方留下哪些小棋。单次过滤是一种划分子粒大小范围的方法，一般并不能确切子粒大小。由于所选择过滤方法的局限性，有时候会使简单的局势复杂化，夸大敌方实力。敌方军长撞死了，我有师长和司令，但是由于担心其军长，反倒费尽周折。有时候也会产生致命错误，如决定采用杀大舍令时，用40杀掉敌方36＋，然后38去扛旗，结果受到39的反击。

3. 小结

过滤是（准备）付出代价，获取较准确信息的一种方法，往往具有侦察与甄别的意思。半分法通常用于试探式攻击，大子过滤法往往用于主力决战，小子过滤是防兵防炸。而其它几种方法，是在特定情况下采取的方法。通过过滤，可以去伪存真。过滤是一盏明灯，将多种过滤方法相结合并合理运用，就能照亮军棋行进的道路，在黑暗中找到通往胜利的光明大道。

第十节　镀金

镀金是指利用心理战术，通过布局、行棋，将某个棋子进行伪装，诱使敌人推断错误，从而获利的方法。被镀金的棋子，可能是该棋本身，也可以是与之相关联的棋子。它几乎可以包含所有手筋，而撞吃、追逼、炸兑、挂搏等比较常见。

1. 布局镀金

位点各有特点，所有很多位点往往布置一些类似的棋子或者非此即彼的棋子。通过在一些不重要的位点布置重兵，或者在重要位点布置一些小子，虚虚实实，常使敌人推断错误而获了利益。比如，弹子第一式中虚肋位的39，在全暗的条件下，有可能会搏旗成功。而腰位的空炸，往往能够炸到较大的子粒。布局镀金就是利用这些位点的特性，布置奇兵，使敌人上当受骗。

2. 不动镀金

面对敌人的攻击或追逼，我方某棋不卑不亢，既不主动逃跑，也不主动攻击，使敌人摸不着头脑。敌人一般估计到两种情况：一是该棋很大，待敌撞死后逃走；二是该棋很小，不值得逃跑。当我方令子不明而敌方为中大时，敌方常会疑惑，暂时停止攻击。若持续时间较长，敌人甚至会想法空炸该棋。我曾利用此法，结果敌人空炸我方工兵。运用此法时，若估计己方与敌一样大，而我方后面非炸，则可在敌方兑掉后，得到先行机会，反撞敌方后面的棋子，以求破炸。比较特殊的不动镀金，是暗40可以吃敌军长时，不去主动吃掉，而是相峙若干步，好像吃不过敌人的样子，敌人推断为同级或较小子粒，在查明四处无炸弹和令子威胁时，一头撞死。

3. 走位镀金

在掌握棋盘位点特点和棋局时机的基础上，在适当时机，将某棋走到合适的位点，从而实现伪装的方法。走位镀金并不必须撞击敌人，而是通过敌人舍不得用大子打明的特点，进行伪装的方法。

（1）大棋小走

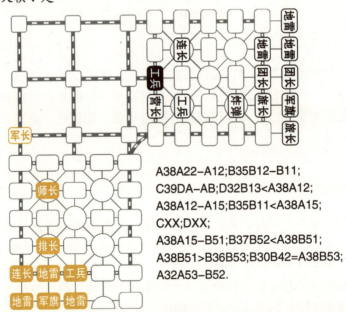

A38A22—A12；B35B12—B11；
C39DA—AB；D32B13<A38A12；
A38A12—A15；B35B11<A38A15；
CXX；DXX；
A38A15—B51；B37B52<A38B51；
A38B51>B36B53；B30B42=A38B53；
A32A53—B52.

图 5-22　大棋小走

本来是大棋，但是走得畏畏缩缩，好像生怕被敌人吃掉的样子，诱敌来吃。可在需要工兵的时候，先装成是工兵，诱敌飞撞。敌人一看不是工兵，又以为是小棋，于是再用营连撞吃。撞死后，我方在大棋的掩护下，去敌人旗角，敌人决定用中子吃掉，结果撞死。从而实现了大棋从小变大的过程，获得较大利益。如图 5－22 所示，蓝方明军控势，我方师长装兵入左眉，诱黑飞撞，发现不是兵，认为是小子，营再撞，挂角后，绿方心中气愤不已："一个小棋还敢来！"于是旗台旅长主动暴露撞死，红方师长再杀台中，敌方知大子，连忙投炸，红台中兵突然起飞，至此敌人防线全面瓦解。正是由于采用走位镀金，使绿方总认为是小棋，所以上当受骗。

（2）逃跑镀金

某棋在敌棋追逼下，虽然明知能吃过对方，但是为了伪装棋子大小，主动逃跑躲避追击。如伪令子躲避敌方伪炸，伪兵躲避敌方连排的追赶。又如我有令子而敌方没有，敌次令子暴露，为探明我方令子，用中大追击我出来的子粒，以图打明我方令子。我方为吃到敌方次令子，令子不与纠缠，而主动逃跑。当敌方认为我方为小棋后，在适当时机，突然出击或让敌人主动攻击，灭敌次令子。这种镀金方法，常可以诱使敌人多次撞吃，直至次令子被灭。在敌人的追逼下，棋子逃到非炸子粒旁边，特别是营中子粒旁边，可以很好地使营中的棋子镀金为炸弹。后期当炸行棋，常掩护真炸出击，炸到敌方大棋。又或威摄敌人、诱死敌人工兵。

（3）出位镀金

若敌畏我出工兵，我方前营伪兵出到眉位，诱敌来飞兑。又如，友军一棋杀敌若干后撞死，我从营中拉出伪炸，诱敌来飞。而用一个更大的棋（或同级子粒）伪装成炸弹，或者是一个更好的选择，这常可以使敌人上当。此时，如果敌人是令子，惧我炸弹，会逃跑或小子撞吃（即使撞死，敌仍然认为我方不是大棋，亦也起到很好伪装作用，可算作镀金一次）；而如果是中级子粒，有可能会主动撞吃以求破炸，正好可让其撞死。即使该棋子暂时未谋取到利益，但仍可在后期装炸行棋，常可骗到多个中级子粒。并保持该棋全暗，在适当时机，利用该棋子进行挂搏，常可一举夺敌。有令方伪令子对无令方的阻挡，也能起到镀金作用，常会使无令方举步维艰。

（4）追逼镀金

主动去追逼敌方子粒，从而使敌人产生错误推断的方法。在我方有大棋未明（如有暗令）的前提下，小棋走出气势来，杀气腾腾，敢于大胆面对敌人中级子粒，特别是吃过棋的子粒。在九宫中大胆"控势"，适当对敌棋进行驱赶，见到不明子粒（疑似炸弹），就避让，甚至不惜用工兵飞死。敌人有时会用团长、旅长来试，我方大胆砍杀，从而使敌人确信，于是错误推断。开始于一侧控势，当敌人确信后，故意露出破绽，诱使敌人大子攻击另一侧，真司令在另一侧伏击。工兵装令子追逼敌方次令子，在适当时候挂角，常可出奇制胜。工兵装中大追逼敌方小棋，是残局阶段的好方法。而用炸弹追逼敌方中大，特别是我方炸弹对敌人两个中大形成了吃双或十字捉时，常可以诱使敌方暗令的撞击。先期对敌人追逼，后期当敌旗底为空时，直接下底，常可骗到炸弹。暗工兵去追赶明工兵，可以很好地伪装身伤，关键时刻挂角奇胜。再如排长等小子追逼明令子，可干扰敌人控势或诱死工兵。

（6）挂搏镀金

在敌方或我方已有一急的情况下，对于旗侧雷型半明的敌人，突然的挂搏能极好的误导敌方。

3. 撞吃镀金

（1）反吃镀金

这是一种最常见的镀金方法，主动击杀敌方已经吃过我方子粒的棋子，从而使敌方误认为我方是令子。即使反吃该敌的棋并不大，如 38 反吃一敌 36 的中路进攻，该敌也许并不立即认为我方为令子。但是在四暗中，由于信息的非对称性，这种反吃镀金常可使另一敌人产生更加强烈的错觉，仿真程度更高，利用该棋对另一敌常可以起到更大的威慑和欺骗作用。多次反吃后的棋子，其吃子历史背景，具有战略级的利用价值。如 39 的多次反吃，为真 40 捕获 39 创造了有利条件。

（2）撞死镀金

故意撞死也是一种重要的镀金方式，它以子粒的牺牲为代价，实施苦肉计，使敌人产生错误推断，效果较佳。比如，我方旗底为 37，敌伪兵挂角，我方飞兵撞死。敌方常会推断我方旗底为地雷，于是旗底 37 被镀金为地雷。又如，我方伪令子面对敌方伪炸的追赶，用工兵或排长去主动撞死，让敌人更加确信我方为令子。

4. 炸兑镀金

（1）打兑镀金

中大加兵进行攻击，敌人飞掉我方工兵，误以为抢到我方炸弹。几次飞兑后，敌人误以为我方炸弹用尽，从而大子直接来攻，我方真炸出动。又有明明可以炸而不炸，而忍痛采用打兑装炸，给真炸镀金。如我方唯有一炸，

中大较多。面对敌人令子控势，次令子攻吃我方中大，我方采用营中次令子打兑，使敌人误认为是使用了最后的炸弹，从而诱骗敌人令子来攻，从而炸掉敌令子。

（2）空炸镀金

通过追逼工兵或小棋镀金，然后立于营中有伪炸的腰位防守，使敌误以为是中大，采用杀大舍令或中大求打兑，从而空炸到敌方中大，而敌方以为是打兑。我方因为未明显使用炸弹，即使我方已无炸弹，敌方令子亦不敢轻易进攻。随着棋局发展，我方同级子粒变成令子。残局阶段，当敌人次第攻击时，撞死次令子，胜算大增。

5. 小结

镀金是建立在逻辑基础上的谋略，具有很大的心理战成分。使用时，需要胆大心细，心里一定要把希望镀金的棋子当成就是该棋子，并在行棋中不断强化。镀金程度有高低，对于高水平的对局，往往需要多次镀金后才可能成功骗得敌人的信任。所以持续和坚持假棋真走，才能最终达到战略目的。由于信息的非对称性，镀金具有对象性的特点，即对某一敌已镀金的棋子，对另一敌并不一定也是镀金的。镀金的子粒只有对已产生错误推断的敌人使用，才能发挥最大效率。镀金其实完全可以算作是一种战术思想，只是使用方法较多，故以招式方式罗列。各种镀金方法，综合运用，特别是配合双急等手法，常可取得很好的效果，熟练掌握，是成为军棋高手的必经之路。

第六章

战术篇

　　战术是指至少包含一个招式的若干连续行棋的组合。它是比招式更高一级的概念。战术是一种具体的作战技术，即为达到某一个局部目的而进行的一系列行棋。很多不同的招式往往能够达到类似的目的，因此一种战术往往可以由多种招式分别或组合构成，它使招式之间有机联系起来，使战术成为一种达到同种目的的招式的组合。

第一节　关门打"狗"

1. 定义

　　将敌方子力封锁在自己家中，不让其发挥作用或相机消灭，称为"关门打狗"。关门打狗法一般分为引狗、锁狗与灭狗三个步骤。

2. 引"狗"

　　将敌人子粒引诱至自己家中，有时往往需要付出一定代价，牺牲一些子粒。如用小子装炸，出来吓唬40。敌人小子挡，我杀之。40杀我，另一敌飞我后面假炸，敌40再杀至我家中。又或飞到我雷，我小子吃兵，敌40杀来。有时，狗也会主动送上门来。肘位、膝位是引狗最佳位置，敌人一旦进入后，气向很小，容易封关。此外，立角、腰位有时也是较好的诱敌深入的位点。总之，敌人中等以上子粒，孤军杀入我家中，此时可进入下一阶段。

2. 锁 "狗"

用子粒挡住敌人归路。敌人进入后，可视情况从肋位一线封关，也可以从底营、前营进行封关。视情况而定，可采用不同子力。若疑敌为40，可中路用小子装炸封关，另一敌若吃我小，我大子再封关；若认为是中等子粒，可大子封堵。在双明中，若得友军协助，常常事半功倍；四暗若封关子粒不明，友军封关，有时候难以凑效。加强锁狗力度，才能保证打狗的成功。一般先用后面的子封关，这样可以多锁几层。直接用第一排的子粒封堵，有时容易使狗挣脱。

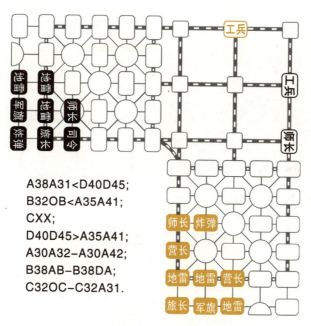

A38A31<D40D45;
B32OB<A35A41;
CXX;
D40D45>A35A41;
A30A32—A30A42;
B38AB—B38DA;
C32OC—C32A31.

图 6-1　封关令子

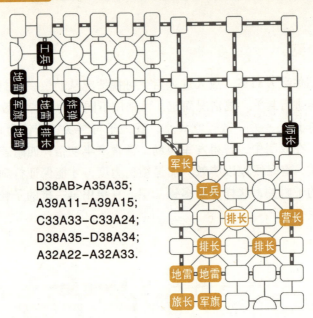

D38AB>A35A35;
A39A11-A39A15;
C33A33-C33A24;
D38A35-D38A34;
A32A22-A32A33.

图6-2 封关中子

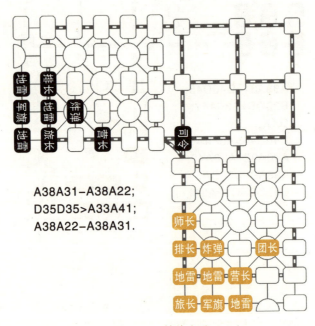

A38A31-A38A22;
D35D35>A33A41;
A38A22-A38A31.

图6-3 封关小子

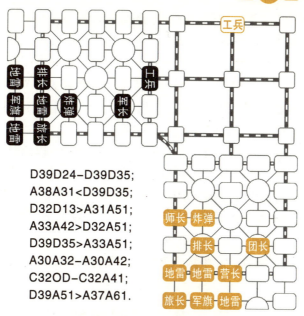

D39D24-D39D35;
A38A31<D39D35;
D32D13>A31A51;
A33A42>D32A51;
D39D35>A33A51;
A30A32-A30A42;
C32OD-C32A41;
D39A51>A37A61.

图6-4　狗急跳墙

3. 打"狗"

估算敌方子粒，用炸或大子灭狗。如果是小狗，敌方会惶恐不安，害怕被我大子吃掉，会乱冲乱撞，很快死掉。如果是中狗，敌方为避免损失，不敢直接撞我雷区，会用大子来解救。此时，可以炸掉来犯大狗，以后再相机吃掉中狗。如果是大狗（如40），敌人也会用大狗（如39）来破炸，以求救援。我方可根据情况，利用敌人子粒自我阻挡的不便，炸掉40，然后再吃39。当用较大子粒吃狗时，也容易暴露子粒。因此可根据情况，尽量用大一级子粒吃狗。在吃狗的同时，也能麻痹敌人，达到隐藏大子的目的。当然，也尽量应避免吃不过，或者兑掉的事情发生。

4. 打"狗"须知

（1）引狗时，须要看准时机，让狗心甘情愿或为利所诱，大胆前来。

（2）关狗须严。要尽量多几层门，使敌不能轻易破门。一般需要炸弹的配合，以便确保门的安全。关门时，不怕被吃，常怕炸兑，而使狗逃脱，自己子粒也因此暴露。

（3）狗被关后，需要相机灭狗，不要操之过急。

（4）须防狗急跳墙，敌人可能为了避免被炸掉或吃掉，直接继续向我方阵地深处改击。因此，在关狗时，就要考虑敌人跳墙的可能性。避免打狗不成，反被狗害（常见于四暗，友军不明情况，帮助封关时）。如图 6 - 4。在一般情况下，不处绝境，狗不会跳墙。因此，关门初期，不要害怕。关门后，迅速配合地雷，巩固后防，使敌人无法跳墙。

（5）永远记住，打狗本身不是目的。围而不打，可以给敌人造成巨大的精神压力，特别是敌人的最大子粒被关在家中，即使敌人已进我行营，也会行动受阻，大子力量无法发挥，形同没有。我们反倒会在子力上显示出优势。若敌人疯狂进行解救。我方正可利用此机会，围敌打援。将来犯敌人消灭。待敌人子力耗费较大，已无力再进攻之时，我一炸可守，同时发起反攻。

（6）炸（困）大狗，吃中狗，灭援狗。是打狗棒法的一般原则。

第二节　狐假虎威

以令子为"虎"，以中小级子粒为"狐"，中小子粒在令子控盘的情况下，借助令子的威慑力，深入敌方阵地，进行攻击和封锁，称为"狐假虎威"。它是"根"的实战运用，常见于残局兵力绝对优势时。

1. 控盘

常发生在后半局，此时敌方炸弹、棋子大小均已初明。敌方进入防守阶段，龟缩怠战。我方采用令子，守住重要关隘，雄视四面八方，产生巨大的威慑力量，敌方中大棋不敢正视。我方中级子力在大棋的保护下，深入敌方阵地，使我方控制的势力范围从主要铁道线延伸至次要公路线，形成天罗地网。敌方大棋由于畏惧我方令子，不敢轻易出击；而行营有限，部分子粒处于无保护的状态，为我方下一步的攻击创造了条件。同时，"狐"的存在，使敌人炸弹不敢轻易露面，保障了"虎"的安全。

2. 攻击

避实就虚，我方中大子力绕开敌方重兵把守的要塞，深入各个角落，追杀散兵游勇。当敌方游勇已肃清，在中级子粒的协助下，小子便可深入敌方后两排，开始探雷。至雷型已现，便可针对雷型布署致命打击。若中级子粒进袭途中，有阻拦者，不必强攻，可绕道而行，并暂将其假定为大棋，留待以后伺机消灭。通过这种试探性攻击，可以最大限度地消灭敌方游离的小棋，探明雷型以及敌方重要兵力部署。在追杀敌方小棋的过程中，敌方一般不会束手待毙，甚至会拼死抵抗。我方可根据敌方逃跑方式（如死小保大）、抵抗情况（拦击），推断出敌方大棋、炸弹和小棋的位置，调运适当的子粒进行封锁。如在敌人有大棋的位置，可用炸弹或大棋去控制，在敌人小棋边上，放些中小级子粒，从而不断缩小包围圈，使敌人最终完全被困死。

3. 须知

（1）大棋控盘需要扼守要道，处于势数大的位点（如铁轨的交叉路口），才能产生最大威慑效果。

（2）必要时，大棋可稍作移动，以协助中大追杀。但仍需要处于要道。同时注意保护好己方军旗。

（3）大棋控盘，可用小棋或工兵防炸。疑有炸出，可挡而不攻。

（4）若非为了逼杀敌方大棋，一般情况下，我方大棋切忌深入敌区。否则，极有可能有去无回。虎既失，威何来？

（5）中大追杀小棋过程中，避开敌方重要防守区，注意保护好自身安全，能杀即杀，不能杀则避开。

（6）可将小棋护送至敌区，占领敌方行营等重要位置，协助追杀。

（7）若我方大棋一直未明，可明狐于前，暗虎于后。先期诱炸，或捕敌最大，待成明棋后，再控盘。

（8）"狐"追时，要狡猾，欺软怕硬；"虎"威中，要坚挺，攻守兼备。无狐无以明敌，无虎无以假威。

第三节　围敌打援

将一敌方围困，待另一敌来救援时，消灭来援之敌方棋子，称为"围敌打援"。

"围敌打援"的基本方法有：

1. 围敌

进攻方采用绝对优势兵力，将一敌方团团围困，使其行动受阻，甚至有生命危险。此种情况常常是发生在"二闪一"（两家迅速攻击一家）的时候。由于进攻方力量强大，受攻击方兵力明显不足，又常顾此失彼，导致一定兵力损失；同时军旗受到威胁，若防守不力，进攻方就可能直接扛旗，随时有死亡的危险。

如果存在以下情况，进攻方可采取围敌打援的方法：

（1）守方已经十分弱小，不值一扛。由于先期强攻，进攻方死伤比较惨重。此时被攻击的敌人已经十分弱小，直接搬掉，就需要面临"二弱抢一强"情况的发生。而若另一强敌闭关自守，难有胜算。此时，围困敌人的目的，就是将该弱敌作为诱饵，诱另一强敌来救，从而消灭另一敌方有生力量。

（2）一时强攻不下，只好困住，相机灭敌。闪电战失利，虽在主战场仍占绝对优势，但斩获不大。敌人虽然已经受到较大损失，但若继续强攻，亦难有胜算。此时，为了保存实力，将该敌围住，等待时机，希望能以最小代价获取胜利。

2. 打援

打援可以发生在二闪一的初期。此时，进攻双方应形成强大攻势，以磐石压卵之势，攻击一方，大有一鼓而下之态。从而给另一敌方造成强大心理压力，出于"道义"或友军求救的压力，另一敌"被迫"救援。进攻方令子控势，中级子粒配炸，多棋纵横强拦。一棋既死，另一棋又拦。援敌小棋出则撞死，大棋救则换炸。敌方救援的子粒，尽量撞击过，以初步确定敌人子粒大小。若有子粒突破第一道防线，则迅速阻断其归途和救援之道，使其首尾不能相连，成为"孤军"，围而歼之。若该棋侥幸到达救援目的地，则利用守方少炸的特点，直接击杀。小援被灭，守敌必然责怪救援不力，两敌顿生嫌隙，间而破之；大援被灭，则守敌必然失望至极，可能投棋认输，援敌也因大子殒命，势力大减，信心尽失。故对援军之打击，必须先灭之而后快。若援军强大，击杀未果，此时，两敌初合，弱敌多会调防，而强敌立足未稳，难以协调，即可瞅准空档，给予重创。特别是四暗之战，救援子粒未必是弱敌所需，难免有误解之时。往往援军未到，久攻不下；援军一到，势如破竹。

否则，敌方援军已备，调配停当，信心大增，而进攻方则因损失较大，难有胜算。如若仍能抓住机会灭掉被救援之敌，则敌人的强援成为孤军，我方用炸困住，使其不能回救自家。强援既出，则家中兵力变弱，然后大举进攻它的老巢，攻之变易，胜算大矣。

3. 须知

（1）围敌必严：给被围之敌以强大军事压力，出一个消灭一个，不出来，就被困死。若有漏网之棋至另一敌家游走，则降低了打援的成功率。

（2）围而不搬：给敌方以希望，让敌人感觉还有救。从而给另一敌以强大道义压力和心理压力，最终另一家强敌被迫孤军深入，进行救援。

（3）暗布精兵，守株待援。针对敌人可能的援军，占好位点，布好口袋，务求歼灭。

（4）来援必灭，以挫其锐，以削其力，以间其心，以乱其谋，以丧其志。

（5）围敌是手段，打援是目的。非围无以诱援，非打无以灭援，非灭援无以胜。

（6）围敌打援亦用于一强打二弱时。若同时攻击两敌，力不从心，则可盯住一家攻击，迫使另一敌增援，从而使敌人主动暴露兵力。

第四节　追虾捕鱼

追逼敌方相对较小的棋子（虾），让敌方大棋采取措施，从而达到灭掉大棋（鱼）的目的，称为"追虾捕鱼"。

1. 追虾

根据敌方行棋方式等，判定敌方小棋（或已经走明的小棋）。然后我方暗棋故意避开敌方大棋，开始追赶小虾，穷追不舍，死死咬住不放，哪怕一直追到敌方家中。比如用40或炸追赶小兵或排长。

2. 捕鱼

敌方为避免损失，找大棋以护佑或大棋来救，主动撞死或被我攻击而亡。

如40追赶敌方小排或工兵，一直追到敌方家中，眼见敌方小兵无处可逃，敌方为避免小兵死于小棋之手，虽略有疑惑，但终于忍耐不住，用38或39吃我，从而撞死。又或用炸追赶小兵，敌大来挡，我炸敌大。又如，我方被敌方伪令子所骗，中级子粒（如师长）撞击敌令子而亡，敌真令子暴露，于是我方立即出空炸装成令子复仇，紧紧追逼敌人伪令，骗取敌方令子拦截，而后炸之。该法避免了直截追逼敌方大棋容易暴露我方暗棋的特点，让敌方愿者上钩，隐藏性强，成功率高。特别是空炸追虾，往往有奇效，想不炸到大的都不行。

3. 须知

（1）要准确判定虾米，一般越小越好。最好追赶已经暴露的工兵。工兵棋子虽小，价值连城，是首选目标。

（2）穷追猛打，坚持不懈，不厌其烦。即使敌人逃至家中，也不要放弃。要逼得紧急，无路可逃，才能为捕鱼创造条件。

（3）40追虾，需要预先想好归路，捕鱼成功后，迅速撤离敌区。

（4）空炸追虾时，所出炸弹起始位置应隐蔽，要注意避免其它的小子来撞。追击时要大气，为炸令子，可以先直面敌人中级子粒（镀金），而后追逼其它子粒（有令方对无令方可以采用），从而使另一敌令子来挡。最好用于残局阶段，此时子粒较少，避免误炸，成功率高。

（5）可先期用中大追虾，敌方小子撞死后；再行空炸追虾，敌方吃一堑，长一智，下回空炸再追，鱼就自投罗网。

（7）空炸搬（追）旗是特例。空炸上敌空立角（旗底为空），伪为上棋，敌惧，若无炸，必主动用最大撞之。

（8）40追虾，行走路线应似中级子粒（如师旅），追击时似谨慎（好像怕令军的样子），可能诱骗敌人军长来撞。

（9）未明子粒追得敌人无路可走时，中虾有可能反咬。

（10）追虾要紧，捕鱼要准。追虾是手段，捕鱼是目的，非追无以成捕。

（11）一捕易，再捕难。暗大捕小鱼不值。

（12）亦可追鱼捕虾。如伪令子追逼敌人中级子粒，另一敌可能会用小子拆挡，我方伪令子吃掉，继续追逼，从而更好地伪装成令子。又或假炸（连营）追令，逼敌小子（排连）拆挡或撞死。假炸小子捉令时，可假炸诱兵。

第五节　芝麻开花

人们常说："芝麻开花——节节高。"弹子说："芝麻开花，个个大。"芝麻开花战术是利用敌方令子死亡或误判我方令子的特点，根据情况，不断调出大棋，让敌棋一个一个接连撞死或被吃掉，敌方越走越小，我方越走越大。它是高一级吃子原理的实战运用。

1. 装令

芝麻开花前，较大装成令子十分重要。比如敌有中大（如37），从中路突入，我不用令子杀之，而用较大（38）反吃。或者杀敌之伪40，或主动击杀另一敌之中级子粒。给敌方造成我方令子已经暴露的假象。一旦成功捕获中级子粒，令相毕露，此后，按令子行棋路数，立九宫中控势，避炸追逼敌方中级子粒，使敌信以为真，为芝麻开花创造条件。感觉我方伪令已达到以假乱真的境界，便可炮制芝麻开花之法。

2. 芝麻开花

此法类似田忌赛马之术：用我之较大装成令子，虚张声势。然后令子吃敌之次令子，次令子吃敌之较大，较大对敌之中大，中大对敌之小棋。是以敌方每攻必败，屡败屡战，屡战屡败。至敌反击结束，我方已芝麻开花——个个大。此时，敌方才明白我棋力真相，然大势已去。

最经典的情形，就是有令方对无令方。敌方令子死亡（如被炸），于是敌方令子小于我方令子，可轻松使用该法。如我方有40和39而敌方无40时，敌方为打明我方40，常只敢用37或38来试探进攻，为我方39和38装令创造了有利条件。我方先期38击杀37后，敌38出击，我方39出击成功捕获38，敌人认为我方40和39均暴露，我方暗40静候敌39现身，待敌方39出击，暗伏40一举击杀，敌必投棋认输。即使高手，有时也真假莫辨，常在关键时刻，损失惨重。

若敌我子粒一样时，我方亦可运用此法。关键是先期有子粒成功装成40，或成功推断出敌方40位置（特别是当敌人尚未意识到40已经暴露，还想装时），于是成竹在胸，运用高一级吃子原理，逐级吃子，炮制此法。

3. 须知

（1）装令要慎重，需要有比较准确的判断力。有时候敌方突入的棋子是令子，自己反撞撞死。又若只吃敌小棋，敌必只疑而未必信。故一般用次令子吃敌较大，这样装令比较容易成功。

（2）装令要假戏真做，要达到以假乱真的效果。装令成功后，行棋方式等要装模作样。敌方一般不会用暗令来攻兑，故即使敌令位于前，我方亦可不动摇。既不走，也不攻。让敌以为真是令子，不愿兑掉而避开。但若敌令已吃大棋，则可考虑避开，以免敌方认为令子已明，可以兑掉，反而被吃。

（3）每个人的判别能力不一样。虽装成令子，但未必两敌都信，因此要明确哪个敌人已上当受骗，对该敌用此法，而对另一敌则慎用。

（4）令子一旦暴露，假令便需要回防，以免死于非命，否则偷鸡不成反蚀一把米。

（5）芝麻开花时，要设法激怒敌方，特别是敌次令撞死后，可点击闪动伪令和真令以戏之，使敌失去理智，诱使敌方狂攻不已。

（6）敌虽伤亡较重，但可能仍有大棋。因此，当敌我乱攻之时，随时注意防止敌方大棋挂角，以免混乱中判断失误，反被敌擒。

（7）暗军长不幸被敌司令吃掉，不动声色，敌人不知司令已经暴露，可能39仍装司令，我方真令击杀，找回损失。

第六节　起死回生

也许叫"启"死回生更合适。对于攻击方来讲，他开启了一个"潘多拉魔盒"，跳出来一个死亡魔鬼——敌方大棋，同时被攻击方行将就木的棋局得以生还，而攻击方却被这个魔鬼杀死，是谓"起"死回生。

1. 雷下死棋

将已方大棋故意布于雷下，形成死棋。如大棋布于旗底，地雷布于同侧立角，因无法行动，成为"死"棋。常布于军旗同侧（大棋布于旗底，地雷布于旗角）。当敌方想搬我方军旗时，常需要挖雷以开道，故易被敌方开启，死棋变活，成为后期大将，成活率极高。亦有布于两大本营间或非军旗侧者。但成活率下降，风险较大；若能成活，却可出奇制胜。布于雷下的棋一般为36＋，37、38比较常见，40和39也屡见不鲜。

2. "启死"回生

当我有大棋（特别是40）布"死"时，前期应有大棋装作40，以诱敌之炸。我方40不出，敌方见大棋便疑为40，故炸，使其损耗过半。费敌炸越多，我方大棋愈安全，"启死"后大棋愈易发挥，威力愈大。由于我方有大棋未动，故我方炸弹，可先行全部投掷，炸敌大棋，从而为残局死棋成为令子铺平道路。

"启死"常发生在中后局，敌方攻至旗下，以兵开雷。于是，我方大棋成活。由于棋局过半，各方大子均损失较重，炸也损耗不少，此时即使只是37，也已是大棋。因此，当死棋成活后，极具杀伤力。死棋初期成活，可佯装成雷，待诱死敌兵后，可投入反击。由于此时对敌方子粒（大棋和炸）位置已经基本明确，因此可以轻车熟路，如走明棋一般，发挥出最大效率。初出时，敌方不知底细，求胜心切，大子一路，连环而进。我方可先期装小，待敌大子撞死后，再反吃过去，常可吃到两三个大棋。由于此时各方棋子本已不多，排长便为至宝，故每多杀敌一子，胜利便多出一分。当然，也需要掌握分寸，注意保护好自身，避免一出来便被炸。

即使成活，是否一定杀出也可酌情。如果战局不利，敌有令子而缺炸无兵，此棋即使开启，亦不能动，而是装成地雷，然后求和。敌有令子，必不愿和，从而只好逐一探雷。至除令子外中级全部撞死，仍未探得地雷，可成功和棋。若敌人推断失误，误将旗底算成地雷，令子可能最后攻击地雷，从而反败为胜。

3. 须知

（1）雷下布死棋，可避免直角雷双飞之虞。先期装雷，可诱敌双兵，避免后面杀出时，敌兵双飞。

（2）若埋死大棋（如40），前期必须有大棋伪装成40，以诱敌之炸。否则，我大不出，敌炸不耗，后必为患。

（3）前期因无大棋镇守，需要双炸并用，以抵御敌方进攻。

（4）当死棋为38或37时，若敌仍有更大棋时，即使雷已破，亦不可妄动。可用旗底营中的小子杀兵，以装为旗底雷，使敌不敢冒进。否则，性命堪忧。

（5）瞅准时机，待敌撞死，而后杀出，可多杀敌大，奠定胜局。四暗时，常常一敌撞死，另一敌不服又撞，然后反吃，常一举可灭敌三员大将。

（6）注意防炸，前期须摸清敌方炸弹位置，暗伏工兵，以绝后患。

（7）掌握时机，一旦"死"棋已成大棋，当思诱敌飞雷。须知，我大不出，敌大不死。

（8）敌若困而不挖，为我方大患。可将角雷想像为炸，中大沿线狂砍，敌以为我后方为炸，而飞开我雷。

（9）敌若亦弱，不敢进攻，可一子装大，外出追逐，同时放空底营，诱敌来飞我雷。

（10）为活先死，死为鬼雄，生当豪杰！

第七节　守株待兔

敌方子粒在我方攻击范围内，我方不是主动去攻击敌人，而是让敌人一头撞死，称为"守株待兔"。它是撞死原理和先后相对性的战术应用。

1. 株守待兔

"株"者，等待"兔子"（敌棋）撞死的大棋也。包括大棋、炸（有时也可是雷）。株守，要求你的棋要像一颗树桩一样，牢牢钉在那里，一动不动。面对过往小棋、中大、炸弹等，视而不见，浑然物外。敌人已经都吃到跟前来了，它不像一般的小棋一样闪让，也不像大棋一样主动吃敌。玩家全然不顾这里火烧眉毛。让敌人都觉得，这个棋也太小了，小得不值一让（免得浪费一步棋）。于是毫不犹豫地一口咬下去，结果一头撞死。

"待"者，时机也。这里需要的是一种超常的忍耐力，凭借的是过人的胆识和智慧。因为，等待的毕竟是那些狡猾的兔子啊。

为什么不主动攻击呢？

（1）兔子狡猾，一有风吹草动，他跑得特快，难以追上。

（2）如果我们直接去追赶，明目张胆，反倒暴露了子力。冷不丁半路遇个炸弹。

（3）即使能吃到了，你也不能保证后面没有炸弹。

（4）即使吃到了且没被炸，也会因此暴露了你这个大棋。因为你主动去吃，那只能证明自己子粒足够大。你似乎是在告诉敌人："我大得很，吃你那还不是小菜啊！"其实敌人听到的声音是："我大得很啊，来炸我吧！"

（5）也许你精于推断，已经认定敌方的大小，认为用较大就可以干掉。但是，万一搞错了呢（芝麻开花战术除外）。特别是主动去吃吃过棋的棋子，但没吃赢。这等于告诉大家，你损失了一员虎将（38或39），以后敌人就会防着你炸弹，炸他就难了。

（6）撞死可以尽可能使棋子处于半明，更好地保护子粒信息。如果敌人撞死到我40的是中等大小（如37）。敌人就会犯嘀咕："太霉了，撞到38身上了。"因为在一般情况下，40能白吃中大，会主动干掉的。不吃，只能证明这棋不大，所以主动吃的信心不足。撞死，那只是因为运气不佳。这样就可以使其处于37＋的半明状态，在后期某些情况下，敌人有可能会用39再来吃我，以期报仇雪恨，结果越发仇深似海。而主动吃掉吃过棋子的37，常可近似断成为38＋，更加接近全明。

（7）争取到了先行。如果敌人后面跟炸，敌人撞死后，该我方行棋，我方抢炸或直接逃走，从而避免了主动吃棋后被炸的危险。如果认为敌人为强攻型，也可以反吃，吃到多个大棋，或者撞死后再主动打兑渔利。

（8）最大限度地迷惑另一个敌人。特别是四暗中处于非锋线的大棋（如肋位40）。一敌中大（如38）撞死后，知道我方子粒是大棋（如40）。但另一敌可能会以为是友军子粒过小而撞死。这种信息不对称性，可以在后面再攻击另一敌时谋利。

2. 常用技巧

守株待兔要想成功，与棋子的位置（特别是布局阶段的位置）和机遇十分相关。

（1）炸弹

将炸弹布于交通枢纽位置。如腰位的炸弹，此处常为大棋（如38、39）。小棋不敢攻，只好用大棋（求兑或强攻）。特别是营中有伪炸时，常可空炸到38及38＋。不巧露空的炸弹（比如碰巧炸弹前面的小子兑掉了）。

（2）大棋

将大棋布于眉位，敌吃掉盖头后，不敢直进，拐吃撞死。肋位，敌吃我腰位小棋后，膝位棋子躲进营中，敌拐吃肋位撞死（如弹子第一式中右肋军长）。大棋布于后两排装雷。常见于立角、旗底、中台、中底。

（3）诱兵

启死回生战术中，旗底非雷，前期装作雷来防守。后期敌人双抢，可诱死工兵。

（4）雷

比较特殊的一种。在非雷大棋装雷成功后，敌搏旗，可灭敌大棋。特别是非旗侧大本营不埋排长，而埋团营，敌用连排来探，撞死后，错误推断我方雷型，常会用大棋来旗侧搏旗，从而撞死。

3. 须知

（1）株守要有良好的心理素质，稳健、沉着、冷静。甚至有时为了达到目的，要付出一点牺牲。

（2）守株待兔时，需要找到另外的焦点，使敌人误认为我忙于另一方而无暇顾及此处，从而使敌人敢于撞。否则，明显让敌来撞，将会招来空炸。

（3）株守并非一点都不移动。有时为了处于某一有利位点，可以移至此处。如大棋装小棋一直帮友军挡炸，等敌来清理。但是一般不一直移动。待到兔子出现后，也可以移动，如角炸、角令等，突然出击。

（4）战术是死的，人是活的。千万不要拘泥于此法，该出手时就出手。特别是友军需要你营救时，切不可在那里守株待兔！

（5）守株待兔是以静制动的战术型防御。

第八节　东成西就

"东成西就"是指成功在东家赚得子粒后，再到西家谋取利益。它是信息不对称性（详见棋理篇之明暗相对性）结合撞死原理在战术中的应用，常用于四暗。

1. 东成

从东家成功赚取大棋后，成功撤退，称为"东成"。主要是利用撞死原理的方法，主要有：

（1）暗令装小，去一线兵位骗吃，吃后便准备"逃"走，敌猜度为小棋，又不想直接暴露令子来杀，于是用38来杀，结果撞死。

（2）令子封住一家门口，敌小子撞死后，令子不动，于是38、39来杀。

（3）友军攻击后，令子挡，敌方认为小棋挡飞兵，38砍杀。

（4）令子直接攻击二线等看似炸弹的棋，敌方认为我方竟敢吃伪炸，必然不大，于是反吃撞死。常见于敌攻友军，我装作要去抢他后面的伪炸，敌不理，继续进攻友军，我杀敌后面的伪炸，敌回吃，撞死。

（5）敌撞死一大，我令子挡于敌大可攻之炸旁。敌方认为我怕他双炸，所以不抢，于是用大棋来开路，撞死。

（6）敌为38＋✕＋30，我杀敌38，敌✕进营，我退，友军挡。可用于攻击上家左线。

（7）敌38进攻，我令军株守不动，敌撞死。

（8）将令军布于不显眼位置，如肋位、眉位、立角，敌攻击撞死。

（9）我攻击下家小棋，上家之敌攻击我撞死。

（10）友军团长撞死，敌未动，我上令子装炸。敌想用师旅抢炸，撞死。

2. 西就

可以分为两种情况：

（1）东知西迷

四暗下法中，东家由于撞死大棋，对我方令子心知肚明。但西家却只知道东家撞死了一个棋子，至于具体的大小，无从得知。从而使东成的令子对于东家是明的，而对于西家却是半暗，将信将疑。这就是东西家信息的不对称性。

利用这种信息不对称性，我方成功骗取西家后，先暂时至安全地带，行走其它子粒，以削弱西家的警惕性。待若干步后，我方不经意将令子重新改头换面地出现在西家附近。先期仍装小棋，进行偷桃摘李式地小买卖，追追兵啦，吓吓炸啦。西家半信半疑，终于忍不住，"看你一个小子还这么嚣张"，用大棋来杀，撞死。对于没有经验的玩家，常可屡试不爽。"东成"的第8种、第9种情况时，特别适合于该法。当然，为方便简洁，也可直接用令子击杀西家大棋，杀两大一炸而亡，也值。

（2）东知西晓

东家撞死后，西家已猜度到我方为大棋。如"东成"中的第2种情况，即使在四暗中，也已经很明了。而"东成"的第6种情况下，有时难以逃走。但此时，尚在同一个回合之内，下家前一步并未意识到其友军死掉大棋。至友军退营露炸时，方才明白，但此时该我方行棋，于是就势砍杀西家大棋，西家炸我令子，友军抢敌炸弹。或者在双明中，敌方能直接推断我方大小，亦可直接就势砍杀西家。

3. 须知

（1）吃东家时，要谨慎，特别是东成第4条时，防空炸。

（2）东家撞死时，要尽量判别其清楚意图，是排除炸弹？想吃小棋？还是想用中大吃掉？要确定是吃到了大棋。

（3）运用第6条吃东家二线时，友军有时会挡。敌露炸，令子无法逃脱，活活挨炸。

（4）东成时，西家有可能会攻击我，应在东成时，不致形成双急。

（5）东成西就也可用于双明，如西方已有一38或39在线时，也可立即西就。

（6）东成西就，利用了信息的时效性，它使对敌方有用的信息迅速消失。有些玩家东成后，被两敌伪炸追得团团转，十分被动，最后被空炸，反倒不如立即西就，一了百了。

（7）西就时，最好能够打兑。是我四暗常用之法。从而使东成子粒，成为"纯利润"。如预料敌方令子会打兑我方令子前，抢先杀另一敌，另一敌正欲炸掉，结果，敌方攻击打兑。

（8）西就前，要推断敌方对我方已东成棋子的反应，如若已有觉察，可暂时不要西就。等待时机成熟时，再西就。对于善于控盘的玩家，亦可不立即西就，而改为控势，对敌人进行压制。

（9）东成常常是守株待兔的结果，西就可用作守株待兔的后续手段。两者既有区别，又有联系，相得益彰。

第九节　虎口拔牙

敌方有大（虎），而我方无炸或少炸的情况下，不顾自身子粒安危，在敌方虎口可及的范围内，吃掉敌方小棋，而己方棋子被虎吃掉，这种看似自杀式的攻击，称为虎口拔牙。该法常用于以减少敌方子粒个数为目的行棋中，如二弱抢一强时。

1. 爪牙

狐假虎威中的狐，即为本篇的爪牙，它依仗虎威，胡作非为。我方虽有中大，但摄于虎威，不敢轻易出击。此时敌方子力较多，如若立即出炸，则可能被抢掉。而若任敌横行，则我方会逐渐被敌方围困，越围越紧，动弹不得。很有可能被逐渐蚕食，届时子力逐减，雷型探明，最后敌方杀大舍令，一鼓而下。为避免这种情况的发生，我方可采取虎口拔牙的方式，将敌方的尖爪利牙歼灭，剪其羽翼，使其成为"无牙孤虎"，疲于奔命，有威使不上，最后一炸或双抢可胜。即使无炸又不能双抢，也可占底（营）守和。

2. 拔牙

拔牙的方法较多，可根据实际情况选择运用。

2.1　根炸法

我方外出棋子，后面均有"根"。借后面的根（真炸或伪炸）的威慑力，行于敌大前而不惧，如有所倚。也可以直接主动攻击"虎口"旁防炸小棋，使敌愈信，不敢妄动。同时恐吓敌方小棋，使敌不敢来我方阵地。若敌方已知我方炸弹较少时，此法慎用。若无多炸（包括友军共两到三个），根炸法不宜用真炸。避免被敌兵飞掉。故虎口旁宜用小棋，吓唬敌方，为心理战法。该法常可诱死敌兵，即使诱敌不成，不幸"羊入虎口"，亦无大碍。

2.2　调虎离山法

敌方为控盘，虎狐并用，形成势力网。然虎虽威，却是独虎。虽处交通要道，左右兼顾（如一虎守两狐），但是一旦移动，便无法四顾。敌虎旁常有小狐防炸，因此，可中小装炸出击，攻击此弱狐，诱虎出击。然后暗伏中大出击，再灭另一中狐。如此，虽死一中等小棋（如营团），可灭敌两棋。即使只是对掉了中狐，也同样可以达到减少敌方兵力的目的。通过不断威协敌方小棋等，使敌虎疲于奔命，从而掌握主动权。而若两弱杀一强时，此法常可舍一子，而灭敌两子。通过不断的"交换"，使敌人子粒个数亏损。

2. 3 阻拦法

需要友军配合。我方中大主动出击，可在虎口旁攻击敌方。友军用伪炸、兵或小棋阻拦，使敌虎吃不到我方中大，只能吃友军小棋。这样不断"换棋"，友军死一，敌军死一，可使敌兵力不断减少。排连是阻拦法常用的"替死鬼"。飞兵虽神速便利，但工兵金贵，非不得已，不要挡。

2. 4 双吃法

常见于闪电战后的二弱抢一强。我与友军虽无令子，但军力强盛，中大颇丰，可双人主动攻击，杀入敌阵。吃敌一子而死，又出一子，由于我与友军可行两步，敌只能行一步，如此，不断进攻，可大量消灭敌人。甚至由于威胁到敌方军棋，而使敌只有防守之力。可迅速消灭敌军。

2. 5 自杀法

友军子力强盛，但不宜冒进。我方棋虽不大，但个数明显占优，无炸无雷守棋，避免敌方控盘逐杀、一子夺命，我方主动出击。敌出一子，我攻一次，使敌小棋尽失，中大尽显。不久敌方棋强但个数少，搬我又亏（或者因友军助守搬不到），不搬我又扰。进退两难。又或突入敌阵，抢营、抓小、探雷。该法需要友军助守，以防敌方小棋搬我。后期只有连排时，可配合对家，采取阻拦法，攻击敌方。当只余一小棋（常为工兵）时，可游走行营间等安全地带，保命要紧，须知一命可当一令。若得存活，关键时刻，配合友军，制造先手，一起灭敌。

3. 须知

（1）虎口拔牙是消耗战，是基于减少敌方棋子数目的战术；常用于二弱战一强。敌方即使最后余有两大，亦难以胜我两家；而敌方子少时，却易被我方炸大、双抢。

（2）虎口拔牙必须有后期战术配合，即炸掉敌大后，我们有把握胜棋或和棋；

（3）拔牙时，按估计敌方大小的平级进攻，兑掉即可；避免配合不当时，

我方大棋吃子后身亡，敌方大棋反倒增多，导致炸弹不敷使用；

（4）大小并用，扰敌以疲敌，击敌以弱敌；

（5）若一旦发现敌方另有一大棋，可不必炸敌最大，直接炸该大即可（大小相对性），且要避免被芝麻开花。

（6）无炸棋，兵为至宝，可为双抢创造机会，提高胜算率；

（7）炸须留好，待敌成为"光杆虎"时，一炸定胜负；

（8）为避免不测，可一中大留守不攻，待炸敌大后灭敌。

（9）虎口须勇，拔牙需准。先谋而后拨，有勇有谋，才能拔尽虎牙。

（11）虎口拔牙一般需要对家配合，才能威力尽显；

（12）虎口拔牙与狐假虎威是对立面，但两者相互依存，各取其道。

第十节 投石问路

采用棋子进行装炸、追逼、试探性进攻等方式，以求达到摸清敌情之目的，谓之"投石问路"。一石激起千层浪，投石问路，常常是残酷激战的导火索。

1. 投石

投石，既可以是将兵力运送至指定位点，也可以是直接的攻击。

石有大小：小石一般用于装炸、追炸、追疑兵、探雷；中石可吓小、试探攻击；由于投石问路属于试探性的，故大石一般不会轻举妄动，以免暴露兵力；但一旦使用，常可在关键时刻出奇制胜（如大石挂角）。

敌吃我小棋后，我可小石装炸，看敌方是否逃避，以确定敌方是否为大棋。敌方若为大棋，可能会用兵来飞而诱死工兵。或者敌方用小的来攻伪炸，对掉后，敌方有时会以为抢到我炸，在一定程度上迷惑敌人。小石装炸，宜从似炸位（如行营）慎出。有时装炸，敌有棋可"抢"我伪炸而不攻，可以初步断定该棋不小，常为中级及以上子粒。因为敌人害怕我方大棋装炸，撞死可惜。小石也用来吓唬敌方，看棋后是否有炸弹。小石吓炸，只挡不攻。如敌大撞死，我小石挡。若攻，有可能会遇到叠炸，或者不幸正好对掉，而被后面的真炸炸到。敌出一棋，我疑为工兵，可用小石压之。小石亦可用于攻击非军旗侧大本营周围，先杀虚底，再杀假旗，以求探雷，一般用35（营长）比较合适。由于棋小，即使失算，损失不大，为常行之法。偶尔遇到"空城计"，实属意外收获。虚旗侧若遇到抵抗，常表明该处有工兵或暗炸。

中石试攻，具有一定攻击力，后面可配合伪炸，因此自身相对比较安全，是常用之法。可以通过中石的试探险性进攻，初步掌握敌方防守情况，探测到敌方兵力部署。由于中石攻击力有限，宜选择自认为较弱的一侧开始攻击，这样死亡的几率变小，作用较大。若敌方兵力集于一侧，则中石可以较易得到敌方主力方向。中石攻击中，适可而止，见势不妙，便可回撤。否则，一出击便死亡，中石大小有限，即使死亡，亦不能确定敌方真正大小，十分可惜。因此，中石攻击以势为主，摆好架试，一副要攻的样子，看敌方的动静，再决定是否进攻。

盘棋手常常采用这种方式，通过敌方应对的方式，寻找敌人棋子的蛛丝马迹，从而后发制人。

2. 问路

投石问路中，以挂角（投送兵力到空的旗角）最为著名。挂角一般代价小，而收益大。无论成败，均能起到很好的探测敌情之目的，是投石问路之经典战法。由于旗角关系玩家生死，必然谨慎处理，常根据自身防守特点，采取不同的应对方式，通过敌人的应对常可推断出敌人的雷型等相关信息。弹子曰："急时棋乃现。"关键时候，敌人会被迫走明。

大石挂角：采用暗的令子或次令子，以工兵偷袭的行棋方式，悄悄行至敌人旗角。若敌旗底为雷，旗台或旗底营将会撞吃，撞死后，我方可根据情况采取以下措施：

（1）撤回：若为令子，赚取子粒后，常退回。

（2）杀台中：旗底为雷时，旗台常小，防守主力在台中，可立即杀台中，友军飞旗台。

（3）占旗底营：若敌人旗底营撞死，则可进占旗底营。

（4）行至旗台：当友军可飞兵时，可直接行至旗台，友军飞兵挂角，形成双抢。

（5）不理：若敌方为优势方，则可以直接击杀旗底。若敌方为劣势方，则另做打算。

大棋挂角，若有令子（或伪令子）控势情况下，效果更佳。该法用者甚众，常能出奇制胜。

工兵挂角： 紧急时刻，可采用飞兵挂角，效果极佳。如友军受到威胁，需要缓解一步，我便飞挂敌军旗角。若敌方旗底为雷，敌必吃兵以防守，耗损一步，从而为友军争取时间；若非角雷，敌不理我，我可飞回。待机会成熟时，伺机暗大搏旗。

挂角需要择准时机，一般是敌方或我方（包括友军）受到严重威胁之时。如友军出炸（不知真伪）欲炸敌 40 时，我工兵挂角，若能成功，常可炸到 40；敌 40 若逃，说明旗底多半不是地雷，我工兵可安全返回。

空炸挂角： 是对付旗台雷的经典战法。挂角后直接炸旗底，常使敌人难以应对。空炸下空立角，常会迫使敌人投炸或用最大攻击。

其它挂角： 在对敌人主线连续攻击之中，面对敌人非雷旗台，气势汹汹地直接挂角，常会迫使敌人投炸。如敌人令子回救不及时，拼命的进攻，常使敌人慌乱投炸。

3. 须知

（1）投石问路可用于对局的各个阶段。投石问路主要是为了探路，而不是为了吃棋，无需恋战。攻与不攻，以获取重要信息为原则。

（2）投石问路时，不管大小，后面均可备"根"（伪炸、大棋），给敌人以威胁，以提高成活率。

（3）小石问路，多行罕攻，游走之际，观览敌情。

（4）中石虽不大，但亦需要十分珍惜，要结合个人判断进行攻击，能战则战，不能战则避，不可鲁莽行事。

（5）明兵挂角为争时，暗兵挂角求奇胜。将飞明的工兵挂旗角，是为了争取进攻的时间，暗的工兵不拐直角弯，大张旗鼓地摸到旗角，是为了奇袭旗底的地雷而取胜。

（6）大石挂角，宜择时机，必在危急之时。挂角用全暗棋，从常见的工兵位出，潜在威力最大。若非险无以胜时，大石挂角，不失为转败为胜的重要法宝。

（7）石不在大，投准即可；路不在多，明确便行。

第十一节　借尸还魂

"借尸还魂"源于《三十六计》，原意是说已经死亡的东西，又借助某种

形式得以复活。在四国军棋中，则是指利用已经阵亡或者假装死亡的子粒，通过某种形式"复活"，而发生重大作用的策略。

1. 炸与兑

当两个子粒相撞，按规则同时除去的时候，单从一步棋来推断，往往是难以分清到底是炸掉还是兑掉（40除外。若40被炸，则一方亮旗；若兑，双方亮旗）。一般都是通过前面几步棋来推断。比如，敌吃我左前锋后，我左前营攻击，双方同时消除。一般认为我方使用了炸弹。这是通过经验来进行的推断，但结果并不是一定的。在实战中，兑掉的事情也时有发生。

这种炸兑的歧义，使借尸还魂之术的利用成为可能。

1.1 炸弹

如前所述，若敌吃我左前锋为军长，而我营中为军长，想利用军长装令，结果打兑。敌人就会误认为我已使用一枚炸弹。于是，两敌可能会立即采用双40连续进攻，以求闪电成功。有经验的玩家，就会利用双炸，炸到双40。这就是运用了军长这个已经死亡的"尸"，使第二个炸弹，得到了还魂。四国军棋，经常会碰到这种"假炸"的现象，结果导致对炸弹推断的失误，有经验的玩家常可利用这种"歧义"，使敌人遭受重大损失。

1.2 大棋空炸

将空炸装大棋行于要道（如九宫）控势或摆于要道防守（如腰位），诱敌人大棋直接砍杀，被炸后，敌人以为大子已经打兑。从而次大上阵，结果，碰到真大撞死，才发现原来是被"空炸"。在残局或接近残局的阶段，这种错误推断往往是致命的。

1.3 装炸

由于某种原因，在未明显使用炸弹的情况下，炸弹损毁。如使用了空炸，本想使敌人大棋自投罗网，结果不幸被敌人小子"抢"掉。但是敌人往往并不知道我方炸弹已经损毁，还以为是兑掉了。此时，我方可以利用一个未暴露的棋子，冒充这个已经死去的炸弹，进行防守。往往可以对敌人起到威慑作用，从而实现我方在敌有令子条件下的无炸防守。在无炸的条件下，装炸的要点，必须死守，不要经易出动，以免由于某些原因而被打兑。结果敌人会误认为我方炸弹已被抢掉，从错误的信息得到正确的结论，令子直接来夺军旗。

1.4 工兵

工兵飞炸对于初级棋手来说，认为是一件十分畅快的事情。而对于有经验的棋手来说，往往是不得已而为之。工兵的珍贵，在子粒篇《工兵》中已有一些简略的叙述。38＋32＋30，是一种经典的"借尸还魂"方法。在 A 方40吃 D 方38后，C 方飞兵想抢炸弹，结果工兵正好打兑，于是 D 方正好炸掉 A 方40。该法借用了工兵这个尸体，使敌人误以为抢到炸弹，从而使真炸得以还魂。在实战中，工兵装炸也比较普遍，诱敌飞抢，兑掉后，敌人误以为抢到炸弹，从而在炸弹个数推断上产生重大失误，导致后面的重大损失。

1.5 其它子粒打兑

在吃掉某方一子后，另一友军帮助抢炸，结果正好同去，这种巧合往往会推断为抢到炸弹，从而在计算炸弹个数上产生重大失误。

以上方法，都是通过炸弹或同级子粒，造成某种打兑或被炸的假象，用已经死亡的子粒（尸体），使敌人推断失误，从而使真正的子粒发挥重大作用的方法（还魂）。

2. 夺军旗

在一般情况下，没有人会特意去弄清夺取真旗或假旗上的子粒确切的大小。特别是当夺旗子粒较大的时候，夺旗子粒常会成为一个看似明了但实际未明的谜团。敌方一般都会产生一些推断，而有时这种推断却是错误的。夺旗子粒不能移动，仿佛已经死亡的尸体，利用这种错误的推断，使子粒成功还魂，往往具有极大杀伤力。

2.1 令子夺旗

在某方尚有40、军旗位置不详的情况下，由于敌人的巧妙伪装或为了投机取巧，往往会有夺假旗的现象发生。特别是在危急情况下，有时甚至会用令子夺敌假旗。若不幸用大子（如40）夺敌假旗，仍不必过于沮丧。因为敌人往往无法确切知道我方已损失哪一个较大子粒。因此，即使实际上已损失了40，但是我们仍可利用39甚至更小的子粒，在成功镀金的情况下，装扮成40，使已经损失的子粒得以还魂。如当我方运用已镀金成40的子粒追赶敌方39的时候，敌人为以防万一（一般情况下，他是不肯用39来验证我方是否为40的），仍然会逃跑。在敌方无炸的残局情况下，可以在劣势下，游走追赶39多次，最后和棋。

有时，运用真40夺到一家真旗，另一家仍无法断定我方是否为令子夺旗。对我方是否存在令子仍半信半疑，可能会采用38进行试探进攻。一旦暗39成功捕获敌方38，则此39对敌人的作用，往往可以达到40的效果。

2.2　非令子夺旗

实战中，二闪一的时候，防守方往往炸弹很快耗尽。有令方往往会产生巨大威慑作用，即使防守方有39防守，仍不敢轻易杀出。从而为有令方采用非令子夺旗创造了条件。若另一敌认为敌人已40夺旗，结果39大胆控势防守，结果被暗40狙杀，直接导致崩盘。

2.3　假旗

最经典的40大本营，就是极端的假旗。它运用了40不易打明的特点，使敌人长期困惑于40的威慑，大子均有"令相"。从而使不能动的尸体，得到了还魂。

3. 地雷

将大棋装成不能动的地雷（装尸），从而使真地雷（第四颗地雷）发挥作用，是地雷"借尸还魂"的方法。地雷是不能动的子粒，但是却比40还大。在残局阶段，若无令无炸，地雷防守就是不二法宝。将某大子装成地雷，龟守不动，其它棋子游走，当敌子无法将我方困死时，往往为和棋铺平道路。当敌人子多但仅有一令，而大棋较少时，成功率极高。若敌人冒死进攻，将可能导致失败。假如敌有40、2个37和少量小棋，我有二雷一师呈封闭雷型（如三角雷），加若干小子。若敌人已明挖一雷。敌为求胜，以一37搏我38撞死；接着另一37搏另一雷撞死。于是敌人认为我方雷型已明，用40搏最后一雷，撞死。我方38反击，反倒可以反败为胜。

在二打一的后期，若两方中较弱的一方进行探雷行动，我方某大子龟守装雷。弱敌撞死，从而被误推断为雷型，导致和棋或失败。甚至有部分初级棋手，用连排去试雷，结果撞死，害友军用最后的一个工兵开路撞死，结果导致优势兵力下，因封闭雷型而被迫和棋。

4. 死里还魂

我有40，旗底雷对敌不明。我令子被一敌追赶，另一敌飞兵挂角。我令子若逃，则工兵挖雷下底，将可能夺旗；若吃兵，则40会被炸。在一般情况下，棋手都会忍痛割爱，痛失40而灭兵。理由是：追我40者未必是炸，敌下底必夺我旗。但另一种情况也时有发生：40选择逃跑，特别是在确信追赶者为炸弹时。理由是：40死，无大棋，仍必死；40逃，敌不一定挖雷。这就是运用了心理战。在飞兵方看来，既然敌人40逃跑，棋底必然不是地雷。否则是不可能让我一个小工兵飞死的。而留好工兵，还可以在后期紧急时使用。因此，有经验的棋手，反倒会选择工兵飞退，然后当机会合适时，令子挂角，直接撞旗底，结果撞死，方知是雷。这种以整个棋局失败（尸）为代价，诱导敌人的方法，往往会在危急时使用，虽然十分危险，但在某些极端的情况下却十分有用，从而使自己成功死里还魂。

5. 装死

我方子粒较少，敌方强大。敌方令子攻入，我方虽有暗令子守棋，但打兑后同样会失败。于是决定放弃打兑，令子逃跑。敌人认为我方已无实力，舍不得用令子夺旗。我方阻挡敌方小棋来夺旗。敌人小棋受挫后，次令子想吃掉我方令子，撞死，始知是令子。我方立即打兑令子。或者敌方令子被我友军灭掉，我令子防守，敌次令子来攻，始知我有令子。

借尸还魂，就是运用好"尸"，使敌人在逻辑推断上产生重大失误，从而谋取利益的方法。作为"魂"的棋子对敌人来说，就像是一个幽灵，一定要在关键的时候，突然出现，给敌人致命一击！

第十二节　搏旗

1. 搏旗定义

搏，即拼搏。旗，指军旗。搏旗就是采用大棋直接攻击敌方旗旁不明子粒，以求夺掉敌人军旗的行棋方法。

搏旗的理论是由暗棋的性质决定的，它是一种基于概率的行棋。由于军旗旁边可能有地雷，在敌方子粒未明（未碰过）情况下，采用大棋直接攻击

有可能会触雷撞死，因此，具有一定的风险性。但若搏旗成功，则可以一子夺命，使敌人所有子粒消失而失败，因此，具有极大的诱惑力。常会诱发在这种极大利益驱使下进行的赌博心理，是劣势下翻盘的常用方法之一。也是在无兵无炸又无法困死敌人的情况下，采取的极端手段。

2. 搏旗的分类

按照搏旗的情况，一般可以分为以下几类。

2.1 碰运气

由于某些原因（如求胜心切），在未获得任何有价值信息的基础上，直接采用大棋去攻击，企图一举歼灭敌人。这种方法冒险性很强，纯粹是一种赌博。

2.2 狗急跳墙

子粒进入敌方阵地，被敌人追逼，走投无路，于是决定搏旗。一般若令子被疑似炸弹追逼，往往四周会是地雷。因此，若直接搏棋，极可能撞死，损失太大，且敌人未必真是炸弹，故令子被追逼，一般不搏旗，而是想法破解或回吃，即使被炸，也耗费敌人一个炸弹，为后续行棋提供确切信息。在极端的情况下，也有少数人冒险，在40四周非雷的情况下进行炸弹追逼，也是基于这种心理。次令子则视情况，有可能搏旗，也可能会反吃。因为次令子若被吃，则会很亏，而撞死，同样亏损。若被吃，可以断定敌人的令子；若撞死，则有些可惜。故被明令追逼时，只好搏旗，打明地雷；非明令子追逼时，则两者都可能。其它较大子粒被追逼，一般都选择直接搏旗，以求打明地雷。

2.3 拼命三郎

棋局明显劣势时，"非搏无以胜"，选择搏旗，以求反败为胜。此时，一般敌人大棋已明，为数众多，若采用常规消耗战时，必败无疑。因此只好采用极端的做法——搏旗。常采取隐秘的方式，突然挂角或杀下，欲出奇制胜。也可以在适当时机，大棋装炸，逼开敌人令子，然后下底。常用于只有一个大棋时的冒险行棋。此时，需要极强忍耐能力，大棋蛰伏，似炸似兵，关键时刻，出其不意。此外，双人炸＋大棋组合，次第攻击，前赴后继，直接强力攻击最强的那个敌人，也是常用方法。

2.4 临死一搏

已方眼见守不住（如炸弹耗尽），于是大棋迅速冲向敌方，能吃一个算一个。即使撞死也能为友军指明道路。此时，一般留少量子粒防止敌人小子夺旗，其余子粒，以最快速度向敌人发动攻击。即使明知吃子后会被吃，也攻击不止。是一种自杀式的攻击方法。在残局阶段，有时临死一搏，常常使敌人在信息上处于十分被动的局面。

2.5 概率

雷区（后两排）十个位置，一个摆军旗，另九个位置中有三个地雷，地雷的几率高达 1/3。但若已破一雷，则地雷概率大大下降，至 1/4。在棋局行进中，地雷的破损以及后两排的破损，均会给搏旗成功创造更多机会。当敌人雷型已基本明了，虽不确切，但通过推断，胜算较大时，部分人也会选择搏旗。如三雷中已破二雷后极有可能会采用令子直接搏旗。

2.6 逻辑

大部分的搏旗都应该是基于逻辑的。常是通过敌人的反应行棋，推断出敌人的雷型，然后进行有目的的攻击。如已挖一雷，敌人三子护旗，我方有三个令子，此时次第搏旗，一定可以胜利。基于一些定式和经验，推断出敌人的雷型分布，从而在敌人尚未意识到我方会搏旗的情况下，利用信息优势，一举灭敌，是高手区别于一般选手的重要标志。而很多一般选手却认为敌人只是运气好而已。

2.7 心理

基于敌人的防守心理，进行的搏旗。如敌方占优势，我方暗军长，从肋位出，直接挂角，敌人若不理，则可以直接杀旗底搏旗。因为，敌人兵力占优，若旗底为地雷，必然害怕被工兵偷袭，一定会撞。反之，若旗底非雷并较大，则会以为敌人想工兵偷袭而不理。一般情况下，无论是否为地雷，若遇暗旗挂旗角，有经验的棋手都会撞吃或飞撞，不易起到应有作用。但若一家用炸追逼该方 40 时，另一个暗军长挂角。敌人若旗底非雷，常会抱侥幸心理，选择 40 挑跑，我方即可军长下底。很多时候，可以利用类似的原理，获得搏旗的重要信息。

3. 注意事项

（1）全明下法无搏旗。若已明确非雷位置而攻击，如敌三雷已破，令子直接杀上，不是搏旗。工兵试挖，也不称为搏旗。

（2）反对第一种搏旗方法。它损害了军棋的健康发展。很多人一搏不成后，就强退或投降。把胜棋完全建立在买彩票中奖的几率上。

（3）四暗勿追逼，避免友军非地雷，而逼敌人搏旗成功；双明追逼，常会暴露友军防守，追逼前要审时度势，权衡利弊。适当掩护对家，迷惑敌人。如明知敌人挂角者非工兵，担心敌人搏友军旗底，而故意用工兵飞撞挂角的不明子粒，使敌人误以为旗底是地雷，而放弃搏旗。当敌人或其友军可以对我方大棋进行封关时，却不封关，说明敌人害怕我方搏旗，旗底或旗台非雷。

（4）搏旗的重点，是对敌方雷型的把握。对地雷的推断，需要注意虚旗是否一定是地雷，防止大棋埋在虚旗中装雷。增加逻辑能力，提高推断能力，基本招式和雷型熟练掌握。但同时，也要防止怪阵。需要有敏锐的观察能力，特别是另一个敌人的行动。需细心大胆，去伪存真。

（5）对弱方，非不得已，不搏旗。因为敌人已抱必死之心，行棋不再符合一般心理和逻辑，要防止敌人故意诱导我们推断错误，搏旗产生重大损失。此时，可改让较弱的友军挂角，使敌人被迫应答，再作处理。

（6）防止高手的逻辑搏旗，当自己尚未意识到敌人已明确我方防守时，进行的搏旗；防止低手碰运气搏旗，"空城计只对司马懿才有效"，空城计对弱敌却无效。

（7）虚阵时要注意，当已获得利益时，应立即转入实力防守。若一时不及防守，要在一定回合内暂时隐忍不吃敌人，使敌人误认为自己有实力顽抗，从而不立即搏旗。提高警惕，及时发现和防止敌人的疯狂搏旗行为。

（8）不搏原则：能正常胜利的棋局，而搏旗失败会输时，不搏旗。

（9）优势兵力下，立角不空，避免敌人挂角，逼自己作选择，而暴露防守。

（10）无兵无炸无法困死情况下的搏旗，需要注意搏旗顺序。一般宜采用令子守和，次令子搏旗最可能不是雷的位置，然后再攻击其它位置。特别要防范敌人有一暗大装雷的情况。若已明确雷型，最后令子攻击时，需要注意先后次序和步数，防止工兵偷袭。

（11）"棋局劣势，心理优势；棋局优势，心理劣势。"将敌人害怕搏旗的心理，用于实战中，常可获得非常利益。如挖旗底非雷后，暗子挂角，有可能骗到炸弹，或空炸下角，敌人会用最大棋撞吃空炸。

4. 结束语

搏旗是一种极具杀伤力的行棋，里面既蕴含着智慧，也暗藏着运气。优势兵力条件下，要防止搏旗；劣势兵力下，要制造搏旗机会。将逻辑、概率与心理方法三者结合，成功率很高，是高手常用的搏旗手法。以积极的心态运用搏旗手段，可以使胜败更加扑朔迷离，使军棋更加充满乐趣。

第十三节　空　炸

1. 空炸概念

空炸：作为名词，指没有已方或友军子粒遮挡，而能够被攻击或主动去攻击的炸弹。它是指炸弹的一种状态。作为动词，指用炸弹主动攻击一个未明的子粒，或者被一个未明的或只吃过小棋的大棋所攻击。是一步行棋。

作为名词的空炸，常处于容易被攻击的铁轨上。作为行棋的空炸，"空"有"空投"的意思；空炸，即空投炸弹。主要分为两种：（1）主动去攻击认为重要的子粒（主要是大棋）；（2）被敌人的重要子粒攻击。主动去攻击，无论大小，都可以称为"空炸"。

2. 空炸的地位

2.1　空炸是一种战略思想

空炸逐渐已发展为一种战略思想。假如空炸掉一个中级子粒时，并不容易引起敌人的警觉，一般认为会是打兑，敌人的计算也是建立在打兑的基础之上。然后逐级打兑至空炸子粒，当敌人撞死次令子之后，才会发现我方多一个令子的现象。依此类推，我方将可能保持有令子的优势。如果敌方无法

炸到一个大棋或令子吃掉一个次令子而被炸，敌人将会出现亏损。比如，我方空炸敌方38，40和39打兑后，敌人认为子粒仍然平衡，至第一个38打兑后，敌人会认为双方均会37为令子，37会勇于撞吃我方在外的38，结果撞死。若我方38能再吃一个36或37被炸，将能保持较大子粒优势，同时我方多出一个或2个37令子。空炸40当然具有较大的子粒优势。然而实战中，被空40后，敌人往往会谨慎死守，反倒难以见效。空炸40也会暴露自己缺少一个炸弹，若配合不好，有时候也是致命的。而空炸中级子粒，因缺少该子粒而处于劣势，却浑然不觉。特别是关键时刻，这种计算失误是致命的。损失一个炸弹并不致命，即使没有空炸到大棋，只要注意行棋，完全可以在后续阶段补救回来。鉴于此，空炸成为投机取巧的重要方式，甚至引起部分棋友的蔑视和非议。空炸将"炸弹是改变子力平衡的重要力量"发挥到极致，通过这种有意识地打破平衡，使原本相同的子粒构成发生变化，力量对比甚至发生逆转。比如一炸空投，一炸防守，令子守旗，是藏40战法的基本思路。

2.2 空炸与战术紧密相连

炸弹的作用，完全由炸弹的性质决定的。其100%的消子能力，有时候40也相形见绌。很多时候，我们也许需要的并不是吃掉对手，而是要消除阻碍。此时，炸弹方显英雄本色。在对付缺角雷，空炸挂角具有强大威力。空炸上空立角，也足以令敌人左右为难。空炸制造出的空位，紧接着的双抢或飞挂，往往使敌人防不胜防。空炸是一个暗棋，可以扮演任意的角色。在心理战中，敌人39和40同时面对非炸即（暗）令的追击，必须作出抉择时，更是痛苦不堪。当危急时刻，从营里突然一跃而出的那个"家伙"，常可以使自己或友军化险为夷……

2.3 空炸突破了炸弹防守的局限性

空炸突破了一般将炸弹作为防守的思维，将炸弹作为主动进攻的武器。利用这种逆反心理，炸弹常常成为大子的梦魇，甚至心甘情愿"饮弹身亡"。

2.4 空炸使小子弥显珍贵

空炸让大子不再是无所畏惧，大子变得也需要小子的保护。大子与小子的辩证关系得到了充分的体现。次令子面对非炸即令的追逼，也许最好的方式，就是一个陌生的子粒（空炸或小子），挡住敌人追逼的子粒。

3. 空炸的用法

3.1 空炸的露出

由于炸弹"遇子双消",极易损毁。因此,空炸也十分脆弱、危险。比如38＋炸绑定进攻时,若38撞死,后面一般都容易被小棋"排炸"。可见,形成空的炸弹,就需要适当的伪装,使其从逻辑上不被认为是炸弹。即,空炸的露出要自然流畅,理所当然。当空炸出场的时候,给敌人一个充足的理由,它应该、一定不是炸弹!神不知,鬼不觉,才能出奇制胜。

3.1.1 小子＋炸

炸弹一般与中级子粒构成堡垒,如38＋炸或37＋炸,可攻可守。而连排＋炸,则难以形成有效之攻击和防守。因此,从常规逻辑上讲,连排兵后面一般不是炸弹。

图6－5　撞死小子露空炸

如图6－5所示,右前锋连长,进红中宫,撞击红色下家或上家中锋,故意撞死(去撞一个认为不大的棋子),空炸就自然露出来。由于连长很小,故一般不能推断出我方右肘位为炸弹。但不要用连长去撞一个可能的大棋,比如,连长撞红色右前锋,否则会招致敌人来抢炸或推断认为我方可能是炸。

3.1.2 伪炸

通过一个可能的伪炸,来转移敌人视线的焦点,从而使真炸得以保护。比如图6－5中,师长进营,装作炸弹,就能在一定程度上淡化真炸的身份。开局若敌人先攻灭右前锋连长,若认为敌人为师长或较小,可用营中师长反吃,若吃过,可装令;若打兑,敌人会认为我方投炸,其它子粒进营补为假炸。此法常可诱敌大棋撞空炸。敌人若小子,一般不敢轻易吃右肘位,若为师长敌人会认为打兑。

又如图6－6所示,前面中级(38)打兑后,后面的伪炸(35)不动,而真炸作为另一个中级子粒补位至右腰。在敌人看来,会是来遮挡露出的空炸,

而实质上是出空炸。敌人撞炸后，以为兑掉，从而顺利空炸敌人38，而敌人浑然不觉。同时伪炸（35）退进右底营，成为仿真度极高的炸弹，可以发挥强大震慑作用。

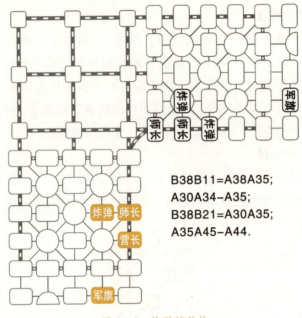

B38B11=A38A35;
A30A34-A35;
B38B21=A30A35;
A35A45-A44.

图6-6　炸弹挡伪炸

3.1.3　根枝互换

"38＋炸"是常见的组合，但有时，却可以改为"炸＋38"，从而使敌人的中等大棋被空炸或伺机炸掉敌人大棋。如图6-5中，连长撞死后，炸弹前进一步至右前锋。构成了常见的"中大＋炸"（前锋装中大，营中装炸）的形式。敌人小子不敢来犯，中大会被自空炸。在中大缺失或与敌人子粒相当的残局，通过这种方式，来获得子粒平衡或优势。

3.1.4　第一排的炸弹

按照军棋布局规则，炸弹不能摆在第一排。但是可以采用"障眼法"，在一阵游走之后，特别是有意加快行棋节奏或局势有些紧张的时候，将炸弹偷偷地运送到第一线。图6-5中，右肘位炸前进一步后，就形成了位于第一排的炸弹。若敌人注意力分散，将会忽视这个本来布于肘位的炸弹，而以为这个棋本来就曾布第一排。

3.1.5　紧急时拆挡

在敌人认为紧急的时候，炸弹前的小子主动伸出去拆挡，然后露出空炸。

敌人会认为我方的主要目的是去拆挡，而忽略我方的真实意图。然后拆挡的子粒故意离开此线，形成空炸，通过后期补伪炸至营中，空炸自然在线。

3.1.6 角炸

另一种经典的情形，就是角炸。角炸前不摆大子，小子被吃后，敌人认为都是小子，没有主力，不会放炸。当敌人离开时，角炸成为空炸。角炸需要防止敌人可能的飞兵或试撞，最好在敌人主力不在此线时，已自然形成。

3.1.7 打兑露炸

"×＋炸"形式，×打兑后，炸弹自然露出。这是一种最常见的情形。利用这种方式，结合先后相对性原理，可以制造出空炸机会。比如 B 敌令子控势，C 师长在其掩护下准备进攻，我 A 方"师长＋炸"，立即将炸弹行至线上。C 敌攻击后师长打兑，我顺利投炸。叠炸也是常见的形式。

3.2 主动空炸

空炸露出后，如何推断和攻击敌人大子，相机灭敌是关键。

3.2.1 盖头打兑

二线令子是一种比较常见的布局，令子前面常放一个 36 或 37。若敌人主动进攻，结果打兑。而此时我方正好露出空炸，则可以主动投掷。一般可炸到令子、中级或炸弹。炸到令子是好运气，兑炸不亏，炸到中级，则后面可以谋利。若撞到小子，敌人会认为你抢他的炸弹，而不能立即推断出你空投了炸弹。

3.2.2 走位

通过走位，来推断敌人的大小。特别是在比较关键的时候，如可能遭受损失时或失败时，大棋的走位特征比较明显。一些有明显控势意图或救援目的的未明子粒，也是打击的目标。正所谓"急时棋乃现"，想不走明也难。走位的推断，需要注意当时的情形，避免被小子走位的气势所欺骗。

3.2.3 敏感位点

部分位点，在防守和进攻方面，具有十分重要的地位，是防守的咽喉，常布中大及以上。特别是腰位，常见军长或师长，是空炸的首选目标之一。立角也是令子藏身之地。特别是敌方 40 一直不见，但在某一侧有小子活跃，想引我方上勾时，常有角令子，可空炸之。此外，常见的师炸组合，其师长也是受空炸的目标。

3.2.4 空炸副线

一侧被友军攻击，虽投炸后仍节节败退，可空炸另一侧。此种一般为主

线双炸防守，副线令子防守。又或主线装令子控势，右侧不动，亦可投空炸。特别是我方无令，敌有令的情况，常有军长或师长装令控势一侧，另一侧40暗伏，守株待兔，等待我方撞死。此令子常处于膝位等不紧要处位点，可空炸之。或者常见的左军右令布局，左侧友军师长撞死，我方也可直接空炸右侧。

3.3.5　反撞死原理

锋线被吃后，同侧眉位进营，则中路可能是大棋。被中级进攻后，敌人退回营中，似乎逃跑，但实则露出令子，准备让我方撞死。可空炸拆挡炸之。

3.3.6　不撞伪炸者大

明明有棋可以排炸，却派来一个工兵飞我伪炸，则面对者为大棋，可空炸之。攻击中打兑，而敌人不来抢我后面可能的炸弹，可空炸之。

3.3　自空炸

3.3.1　走位镀金

将空炸行到外面，对无令方进行压制，或追击无令方中大，逼之愈急时，诱使另一敌令子寻求打兑而被空。或用一个假炸放在后面，真炸装作中等大小，在假炸的掩护下，进入前线，对弱敌压制、追逼。该敌拆挡后，可诱另一敌令子攻击。追虾捕鱼中，炸弹装作较小棋追兵或小棋不止，诱敌来挡或来攻，炸之。

3.3.2　攻其必救

兑子战中，在依次打兑后，敌人旗侧子粒较少，出空炸，意欲搬敌，敌必大棋杀炸。若时间充许，可行至旗台，逼敌最大杀我。若敌人旗底旗角为空，空炸下旗角，可逼敌人最大攻击或投炸。

3.3.3　非大即炸

敌有令军同线，我方空炸追击，有经验的棋手，常会逃军或令子击炸。适用于有同级暗令子，对付敌人令子与次令子的情形。

3.3.4　双消空位

利用炸弹双消的原理，制造出空位，从而实现双抢或先手。空炸装兵挂角，迫使棋台小子试兵，双消后，露出旗台和立角，双飞可胜。一兵一炸，炸挂角后，不直接炸敌令子，而是多走一步至旗台，逼敌撞我，然后飞兵。

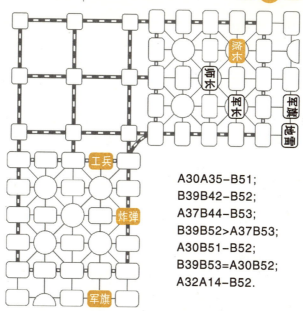

A30A35—B51;
B39B42—B52;
A37B44—B53;
B39B52＞A37B53；
A30B51—B52；
B39B53＝A30B52；
A32A14—B52．

图 6-7　空炸上旗台

4. 注意事项

4.1　空炸不双投

在一般情况下（除非优势比较明显），特别是敌人有令子的情况下，双炸的损毁将导致自己防守的被动。这就需要进行兑子战，必须逐级打兑令子，而这往往是困难的。一旦一级未能打兑，时刻都有性命之忧。敌人可以通过配合、不同方向进攻、双急、吃我方次令子等方式，使我方完全陷于被动，从而导致失败。

4.2　空炸不乱投

空炸的投掷，是建立在逻辑的基础上的。炸弹过早的损毁，在关键时候，将使自己的防守力不从心，左右为难。

4.3　空投后的防御

要加强空投炸弹后的防御。除空掉 40 外，大部分时候，都应该让敌人认为是兑掉了，而不是投的空炸。而一旦采用进攻的架式，空投到一个工兵或排长，敌人就会意识到我方炸弹的缺失。从而暴露我方信息，需要警惕这种不利情况的发生。若无炸弹，一般应该令子防守，以防不测。

4.4　想做空炸莫早进营

为了使空炸不像炸弹，一般不宜过早进营。否则，从营中出来的子粒，很可能会诱被敌方小子来试探，难以达到空炸的目的。

4.5　不要只想炸令子

根据空炸的战略思想，空炸并不需要一定炸到令子。但要求大子打兑，而不能被炸掉，直至被空炸的同级子粒成为令子。实际上，处理得当，即使只炸到 37 或 36，仍然有可能在兑子战中取得优势。

4.6　明炸诱兵

残局中闭合雷型防守时，为谋求和局，有时甚至有意识地用空炸去诱敌人的工兵飞抢。

4.7　莫让空炸暴露

在双明中，常见友军帮挡我方故意露出的空炸，这将极容易暴露炸弹。也不要在敌人明显的令子前面，用中大去攻击，这种明显违反常规的情形，将会引起敌人的警惕。你这是在告诉敌人，你友家有空炸在掩护。该炸到的，迟早会炸到，何必急在一时呢？

4.8　劣势下用空炸

在劣势下，伪装得好的空炸，常可以成为翻盘的利器。要掌握常见的空炸方法，特别是双抢中的运用。空炸的目的，并不见得是炸掉敌人的大棋，有时候，炸雷、让敌人撞空炸可能更有效。

4.9　大棋的推断

并不是气势凶的就是 40，关键要看吃过什么子，是在什么情况下吃的。是否吃过伪令子。也许，外面那个假 40 的目标，就是把你 39 赶到另一边，而那边，那个真正的 40 正阴险地站在某一个阴森的角落，等待你 39 真的出现。特别要注意一些反常的行棋。

5.　小结

与 40 大本营一样，空炸也是四国中的一朵奇葩。它比 40 大本营更普遍，更实用。无论是娱乐还是比赛，都可以看见它靓丽的身影。空炸让炸弹从防守走到进攻的前沿阵地，更加主动地改变了子粒平衡和构成，赋予四国军棋以更强的动感与变数。虽然空炸任何一个子粒，都不能算是军棋的最高境界。但由此而产生的战略战术思想，却是硝烟弥漫的四国战场上瑰丽的火光。

第七章

战略篇

　　战略是指在特定形势之下，制订出的作战方针和指导思想（策略）。它是比战术更高一级的概念。战略往往通过具体的招式和战术去实现，往往表现为若干招式和战术的有机组合。常见的战略如二抢一、一敌二、兑子战、谋和等，一般是在开局后（中局或残局阶段）采取的基本策略。

　　从手筋到战术到棋理，它们之间往往存在着复杂的有机联系，有的相互促进、有的互为补充。四国军棋是在布局阶段就可以开始筹划的谋略棋。在布局阶段，就将这些手段有机组织起来，形成或防守或进攻或攻防兼备的布阵。战法是比战略更高一级的概念，它在开局之前就站在整盘棋局的高度，它不仅考虑自己还考虑队友，不仅考虑顺利而且考虑不利时的基本策略。它往往不局限于某个子粒、某个局部的得失，而注重考虑整局的流畅性、连贯性、致命性，以谋取胜利为目标，进行通盘策划并付诸行动。它是一种贯之整盘棋的基本策略和思想，主要行棋都以体现它而进行。典型的战法有闪电战、盘棋、司令大本营等。由于战法以往提及较少，为方便起见，归于战略篇。

第一节　二抢一

　　四国的精髓是配合，而配合的威力在二抢一中得到集中体现。本篇主要论述我与友军双方总兵力弱于一个敌方兵力（二弱抢一强）时的基本策略。

1. 基本情况

　　"二抢一"常发生在闪电战灭掉一敌之后。由于前期疯狂进攻，先消灭一

敌。清点兵马，我们发现，令子和次令子尽失，中大不全，炸有缺损，整体兵力弱于余下一敌。敌方军队整饬，阵法森严，又有多个令子、炸弹防守。如若仍以闪电战攻击该敌，必是以卵击石，惨败而归。所幸该敌救援时略有损失，个别大子已明。而我们整体子力虽弱，却是中大不少，小子更是多如牛毛。加之二三个炸弹，三四个工兵可备紧急之需。

2. 形势分析

首先，我们假设敌人仅有双令子，而我们败北，会是什么原因呢？当敌方一令子攻击我方或友军时，我们无法制造双抢；而一家被灭后，敌方能先一步搬我。只要配合恰当，制造双抢或留一兵，就不会输。因此，敌有双令子想胜，是很难的，需要冒很大的风险。最大的可能性就是和棋：敌方双令子占住旗下三个位点游走。若敌方有三个令子，先两令子守，用一令子搬一家，然后一令子守，一令子再搬一家。由上分析可知，敌方若要确保胜利，需要三个绝对令子；要和，也最少需要两个绝对令子。（为了方便讨论，此处假设了敌方台中和旗底为空或可破，我或友军单令子可破。此处敌方令子为绝对令子，绝对令子是指对于我和友军而言，没有任何子粒能和它们打兑或炸掉的大棋。）可见，二抢一的关键，就是如何避免两个或三个绝对令子的产生。而二打一，有双步优势，主动性强，敌方稍有不慎，即被双逼、双吃、双抢，处处被动受制。二打一，有子粒个数优势，可以探雷吃小试撞，搅得敌方不得安宁，敌方还得时刻提防万一，心理压力很大。进攻方只需要在关键时刻，一次进攻得手，就可以胜棋。故即使双方整体兵力 A + C 方弱于 D 方，取胜可能性仍然很大。

3. 基本方法

3.1 保和法

先求不可被战胜，而后胜。这是我一贯的指导思想。故防止敌方多个令子的产生和双令胜，是重中之重。

3.1.1 备炸留兵

防止敌方多个绝对令子的方法，要求我与友军，至少留一枚炸弹。防止敌方双令子胜我，只需留一枚工兵（不暴露）即可。

3.1.2 防止被芝麻开花

正确估算敌方总兵力，要舍得用大子打明。如敌有40、39和38，不要指

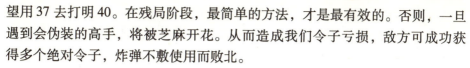
望用37去打明40。在残局阶段，最简单的方法，才是最有效的。否则，一旦遇到会伪装的高手，将被芝麻开花。从而造成我们令子亏损，敌方可成功获得多个绝对令子，炸弹不敷使用而败北。

3．1．3　慎用虎口拔牙

虎口拔牙中，一定要注意选择子粒。特别是残局前期，慎用大棋虎口拔牙。防止敌方吃到我方令子和次令子。即使有炸弹跟随，也要注意。因为前期，敌方兵力多，炸弹被抢的机率比较大。残局后期的炸弹威力，其作用可以发挥到极致。前期可以侥幸炸到，而残局后期，敌方甚至会被迫用令子主动抢炸弹。最后总攻时，属于搏棋式攻击，招招夺命，常需要多个大棋搏杀。

3．1．4　防空炸

敌方令子、次令子走明后，攻击方开始大胆避开敌方令子、次令子，常会用己方令子或次令攻击。防守方若有双炸，有时会利用攻击方这种心理，直接行空炸于要道，等待攻击方进攻。后期敌令子吃我令子被炸后，空炸令子成为绝对令子。这种令子出现时，攻击方常会多次撞击（四暗尤甚），至攻击方损失次令子，方才确认身份。而攻击方次令子的损失，进一步导致敌方令子增多，形成恶性循环。

3．1．5　雷型防守

作为最后的屏障，旗旁暗棋常是防守的重要法宝。因此，二抢一时，不到必须，不要露出军旗。这样即使进攻失利，雷型常常可以保和。因为敌方兵强而少，撞死一个就可能失败。因此，被攻击方即使反扑，也是不敢随便撞雷区的。然而，一般旗旁若非雷，则多为大棋。若不露军旗，将可能无法进行有效进攻。基本原则是：能不露，就不露，能晚一点露，就晚一点露，不要急。遇到强敌时，要特别小心。

3．2　谋胜法

二抢一的优势，一是子粒个数多，二是两步打一步的双步优势。

3．2．1　子粒个数优势

子粒个数优势原理：子粒个数优势不仅取决于子粒个数的比例，更取决于子粒实际数目。比如说，敌12子我24子，子粒个数比例为1：2。敌12子我20子，子粒个数比例为3：5。后者比例较大，但由于棋子基数大，回旋的余地大，两者差别并不十分明显。而一旦到了残局阶段，敌3子我6子，比例同样的1：2，但此时，子粒个数多的一方，占有明显的优势。而若敌1子，我2子时，对胜负的影响更为明显。可见，子粒基数越小时，子粒个数优势越明显。残局阶段，多一个子，就是多一条命，多一次取胜的机会。特别是二抢一时，残局后期子粒基数小，优势更加突出。

二抢一的基本战略思想之一，就是消耗战，主要是以减少敌方子粒个数为目的的兑子战和虎口拨牙。实战中，敌方往往会将小子围于大棋四周，以保安全。若直接用大棋攻击，损失过大，得不偿失。而打兑，既能消灭敌人，自己损失又最小，是消耗战中的不二法宝。由于我方的子粒个数优势，打兑后，我方子粒个数优势更加明显。先期估计敌方子粒大小，然后以同等子粒攻击，寻求打兑。兑子战法要求准确估计敌方子粒大小，实战中很难做到。为了达到既消灭敌人，又损失最小。可采取高一级吃子原理的方法，在伪根炸保护下"虎口拨牙"攻击敌人。由于吃掉的子粒比较小（如35），敌人不愿意用40来灭口，伪炸能起到很好的震摄作用。既使敌人真的反咬，损失也不大。该法适合于残局前期，攻击敌方小棋。因为前期敌人可能有暗兵，若因此损失炸弹，实在可惜。如若封死，虽无飞炸之忧，敌人却可以直接炸我中级子粒。当小棋灭尽，雷型已明，就可以用中大攻击，进行实力打击。若A方攻击成功，则C方出真炸保护。若打兑，则不用出炸，打兑后也不亏。这样既保证的中大安全，又有效消灭敌人。该法常用于残局后期，决战之前。（当然，若中大很多，可封死后，用中大加炸直接攻击。不过本处主要讲解二弱抢一强，我方大子十分有限的情况。）

3.2.2 双步优势

二抢一时，我与友军先各行一步计两步，然后敌方行一步棋。每一回合，敌方均少行一步。这就是通常所说的"落步原理"。为叙述方便，假设B方被灭，A方与C方共同攻击D方。

一吃一逼：适合于敌方大棋在外控势的情况。A方吃掉D方家中棋子，C方出炸（真或伪）威胁敌方外面的令子。

一吃一护：适合于敌方大棋龟缩的情况。A方吃掉D方令旁子粒，C方出炸，D方畏于C方炸弹威力，不敢用令子攻击A方。

十字捉：若敌小在外闲逛，可双方各出一大，一子位于垂直线，一子于平行线，使敌子无法可逃。若敌令子在外，可十字炸令。该法实战中，时机性很强，有时不易实现。敌若在外，常有暗兵。亦可假炸十字捉，以求灭兵。

一吃一挡：适合于敌方大棋在外控势的情况。A方吃掉D方，C方若出炸，恐敌兵飞炸，故用连排挡住送死延缓。又如，一方攻击，眼见要被敌子吃掉，飞兵挂空旗台，形成必应步，可救友军于水火。然实战中难挂到空旗台，则可挂台中、挂角，敌若放弃眼前利益应对，则可初步推断雷型，敌应对则损步，友军得救。敌若不理，则可推断为非雷，飞兵回来，兵未损而路已明。敌方一般会估计到飞延一次，而实战中，经常可以制造多次飞延，使敌人计算失误而取胜。特别适合于调虎离山后，将敌大棋调离底线时的攻击。

一挂一占：旗底营常为兵家必争之地，事关生死存亡。进攻方若占得旗底营，则已胜利一半（至少可和）。常预先挤占中营或旗肋，然后可利用子粒行至旗台送死，使底营大棋被迫吃旗台，进而挤占旗底营。又或暗棋挂角，后有炸弹，敌恐为工兵，大不敢吃，用底营撞吃，我占敌旗底营。又或敌大于旗台，A暗棋挂角（即使敌方旗角非雷，一般亦会吃出，不吃会暴露雷型，导致搏旗），C方跟进，敌恐为炸，底营撞吃，C占底营。

一飞一炸：残局后期，旗台为空，敌令在线上。A方飞兵挂旗台，形成必应步，C方出真炸逼D方40，D杀兵，C炸D方40。

双吃：A先吃D，C也吃D，D只能应一步，吃A或吃C。从而A与C吃得两子，D只吃得一子。但会损失一个稍大的棋子，此法适合于营团联合灭敌小棋，一般不适合灭中大。它是虎口拔牙的战法之一，不断双吃可以使子粒个数优势增加。

双抢：双抢是二弱抢一强的核心（详见配合篇之双抢）。制造双抢机会，是二抢一的关键。经典战法有：

（1）多弱抢一强

D方一弱占底营，一强游走于旗角和旗台，旗底和中底为空（或可破），另一侧有雷防护。A方先期飞明工兵（告知C方），于铁轨上候命，C方一大棋占另一底营，另一小子于主线候命。C方挂台中，D方令子吃，A方飞兵旗台，C方小子挂角。敌方若小棋于旗角，C方小子占底营，大棋主线候命，A方工兵游走于另一底营和腹位伺机。C大棋杀D小，D令子杀C大棋，A兵挂台中，C小棋挂旗下，形成双挂。又D敌旗底非空，中底空。A、C中有最大子者占旗底营，飞兵挂角，敌若吃兵，A、C双抢。敌若不理飞兵，依然挖底，若非雷，最大者挂角，另一棋挂台中。若敌旗底和中底均非空，一般底中为雷几率较小，旗底为雷几率相对较大。可先占底营，小棋装兵挂角，敌杀，次大挂中，底营挂旗台，敌杀旗台，次大搏底中。若撞死。令子占旗底营，兵游走腹位与虚底营。令子挂角，兵挂台中，双抢可成。

（2）炸兑

两大守旗时，一般会令子守角，次令子在旗台和台中游走。炸弹进旗底营，另占腹位和虚底营，先上炸，敌攻击被炸，双抢。敌若有三大，我方一炸，小子若干。敌两大坚守，自认为万无一失。我方宜用炸占其底营，另一子于中营或肋位，随时伺机进底营。同时采用延缓的手筋，在敌方搬我方军旗最短路径上，放几个小棋，设置重重障碍（子粒个数优势），争取时间。敌一大出击，一路杀来，欲搬一家，瞅准时机，炸弹挂旗台，方法同上。又或炸弹行至其主线，敌认为吃掉后仍可防双抢，故大胆来吃，不料被炸。立即双抢。可见，炸弹在残局阶段，不是用来炸大棋的，更重要的是用来制造双抢机会的。当我方令子与敌次令子相同时，也可采取此法，关键时刻，让敌主动打兑，为双抢创造条件。如暗大挂角，敌攻击打兑，然后飞抢。敌方"意外"的炸兑，是决定胜败的关键。常可在敌方尚有较多子粒时，一举破敌。

3.2.3 平衡性原理

平衡性原理：两家（我与友军）的总兵力相同时，两家兵力相当的平衡兵力优势高于一家多一家少的非平衡兵力优势（如 A38 + A37 + C38 + C37 优于 A38 + A37 + A38 + C37）。炸大不同在一家，优于炸大同一家（如 A38 + A37 + C30 + C35 优于 A38 + A30 + C37 + A35）。平衡兵力能够有更多机会制造双先机会，A 方和 C 方可同时攻击，或 A 方攻击，C 方出炸，可获得更多利益。差异过大的非平衡兵力将使弱方难以制造先手。特别是 A 方弱时，A 方不能有效发动进攻，而 C 方攻击后，该 D 方行棋，使双步优势减少。

该原理告诉我们，攻击 B 方时，要为后期二抢一做准备，A 方和 C 方要形成互补。特别是 A 方，要注意留好大棋，若没留住，至少要留工兵。C 方应留好炸弹和工兵。而闪电战中，不巧的是攻击 B 方时，A 方多为主攻方。故 A 方宜多留兵，C 方宜留炸。在继续行棋的过程中，也要依照平衡性原则。谁子多，谁先上；谁有大，谁先攻。保持整个进攻阶段的平衡性。否则一方过强，一方太弱，就没有多少双步优势，和单挑差不多了。

前面双抢的三种方法，都是 A 方为非平衡弱方时的应用。此外，A 方若实在无兵无炸无大，还有挤占行营、探雷、追兵、装炸等辅助手法。

4. 常用步骤

4.1 封关围困

将敌方封关在其家中，防止敌方"渡"出棋子，否则会增加围剿难度。凡出子粒，必追必撞打明，先灭之而后快。如果敌人令子已明，则可以采取一个攻击，一个追赶的方法，不断占取便宜，直至敌方退回老巢。敌令子不能控势，其运动空间变窄，作用变小。敌令子一旦进营，则可以在另一侧一方用己方次令子（可能是敌方第三大棋子）发动攻击，一方用炸掩护（可为伪炸）。若敌大在外行营，二小加一炸，封关于外，加紧进攻，使其不能回援。敌小若"渡"出，营连困之。敌若有工兵渡于外，必先将其赶进行营中，控制起来；以免影响炸弹机动。

4.2 投石问路

主要目的是灭掉敌方小棋，攻击可能的薄弱之处，侦察敌方主力。四处开花，先期多个营团挤占喉、肋等位使敌难以游走，同时封住工兵路线，主力加炸封关铁轨使敌不能动弹。攻击方依照平衡性为原则，谁子粒多谁攻。敌若对峙，先小杀，后大杀，加炸掩护。出真炸时，必须注意行棋次序，若敌大未明，先攻击方不必等炸掩护，直接打明，若攻击得手，则另一方真炸掩护。若撞死，亦不必马上用炸，可先期记住大小，避开此棋展开攻击。四暗中尤其如此，否则，容易错炸，导致后期炸弹不敷使用。若侦察的营团被吃，先不必攻击，宜另一棋占营。再用营团装炸追赶，敌若主动撞吃，大棋打明。若小棋撞伪炸，可再抢占行营。同时可先暗定为大棋，再小营团试之。直至敌不胜其烦主动攻击为止。但亦无需立即用炸。当然，若炸多，亦可先投准一二枚。前已述及，在炸弹个数很少的情况下，特别仅余唯一炸弹时，更要珍惜。炸弹可作威慑之用，但并非必须用作炸令之物。如若敌方相对我们有三个令子，即使炸掉，也于事无补，最多早定和局。但若敌方尚有其它棋子，则很可能会输棋。而若留用，则可在残局阶段，制造出双抢。胜利比炸一个令子更重要。而见令不炸之炸弹，会在临门一脚时作用发挥到极致。到时候，敌令子会主动来抢你炸弹，并被我方制造出双抢。再说，实在不行，敌要搬一家时，再炸不迟。

4.3 探雷与打通副线

若敌旗未明，可通过前期行棋进行推断，并假设即为旗侧，进行攻击。若稍费周折即攻破，则不必急于搬旗，可大棋退回，再用小连小排试搬。副线一般相对比较容易突破。破副线立角后，营连先杀虚底，再杀虚台，最后连排杀虚雷。打明副线，杀明虚台四周，也许子粒略有损失，但对最终确定雷型并制造双抢有很大帮助。同时，打通副线，可以使进攻方向由单线（主线直接进攻，往往比较困难）变成双线进攻，增加了攻击的灵活性（双飞、双抢）。特别是主线久攻不下时，从副线进攻，将是一个好的选择。好在有子粒优势，只要不是子粒过少，一般打通副线的损失是可以接受的。如若二打一时，敌方明明前期损失较少，而主线较易便被打通，则在虚台、台中、中底等位置会藏匿大棋。（营长杀虚台撞死，飞兵亦撞死后，则基本可印证。）

而此时敌方常会用雷主线防守，可以主线进攻为主，副线为辅，占住旗肋位，挖雷开道。敌若旗底营灭兵，则可抢占底营。若旗台吃出，则敌方主动暴露雷型，可采取挂角战法，迫敌应对。总之，通过以上步骤，找到进攻的突破口，提高攻击针对性和准确性，胜算增加。

4.4 虎口拔牙

小棋灭尽，迎来攻坚时刻。敌只能游走于底线。如先用36杀之，不敌，再用师长杀之，打明敌人令子和次令子。若炸不多，不必即炸，可用小棋装炸，敌吃我小棋，我中大再虎口拔牙，打兑（或吃掉敌方），如此反复，仅留一大一炸多兵和少量小子，其余中大全部上阵，杀至敌方仅留令子和次令子止。同时另一方挤占行营，使敌仅能游走于旗旁。

4.5 双抢

若攻击顺利，采用双抢方法攻击，特别是利用最后一个炸弹和工兵，制造双抢可胜。

4.6 功败垂成

万一虎口拔牙时，发现敌方大棋甚多，则停止进攻，挤占敌营，同时已方旗侧不动，同时"渡"子至B区游走，守旗谋和。若敌不想和棋，必组织反击，可根据前期获取的信息，随时准备制造双抢机会。常常敌人反击之时，就是敌方死期之日。

5. 小结

二弱抢一强，以工兵和炸弹为两大法宝，以双步优势和子粒个数优势为基础，以子粒平衡性为基本原则，以避免敌方有两个及两个以上绝对令子的产生为关键，以减少敌方子粒个数为手段，以制造双抢机会并双抢为核心。如果说，"一敌二"是个人水平的极致，那么"二（弱）抢一强"，则是双方配合水平的极致。而后者，在四国中应用更为普遍，更为重要，不可不察。

第二节 一敌二

在实战中，常常会碰到先期友家被灭的情况，尽管自己也曾奋力救援过，但也无法避免这种悲剧的发生。部分棋友一见友军败北，便毫无斗志，即使

明显有兵力优势，也只会胡杀乱砍，过完一把瘾后，点火投降了事。作为一个优秀的棋手，应该把这种情况看作是培养和检验自己品质和水平的机会。在友军失利的情况下，以一敌二，在兵力占优或者略微劣势的情况下，力争战胜或战和。

1. 前期准备

友军不幸被提前攻灭，常见于二打一（包括闪电战）。在前期一旦发现敌军有二打一的企图，我方不能坐山观虎斗，力争破封开口。特别是在关键时刻（如友军要被双抢时），甚至应不惜用40直接破封，为友军争取时间。如果不能如愿，应采取"渡"的手筋，迂回至友军家中，防止双抢；关键时刻帮挡，延缓时间，以便友军得以片刻喘息。在友军生死关头，还可采取挂角战术（见《投石问路》），迫敌应对。在友军即将被灭之际，常是我战机最好之时，可以采取非常之手段，以求谋取利益。若友军确实已无大子，自己又无力救援，可以用小棋助守，以防敌军小子搬旗。此时，切忌再派大子深入友军阵地，否则将很难生还。被攻击之友军亦应垂死挣扎，攻击防守至死前只有一个活子。总之，双方防守应达到这样的目的：即使友军被灭，也要使敌方搬旗付出最大代价。这将为一敌二创造有利条件！后期无力救援时，我方还可"围魏救赵"，对敌人后方进行骚扰式攻击，一则可以占敌行营，同时可以攻灭敌方小子（特别是兵位的子粒），为后期地雷防守作铺垫。

2. 客观评价

仔细观察两敌子粒的运用情况，记住关键子粒，并基本推断其大小，为防守时有的放矢奠定基础。正确估计敌军兵力损失情况，初步推断敌军余下兵力，主要包括：38及以上子粒情况、炸弹情况、工兵情况、雷型等相关信息。推断应准确一点，在不能准确时，宜采用上限估计法，对敌方兵力略多估计一点（如不能确定为39还是38时，假定为39）。避免低估敌方实力而造成防守损失。在一般情况下，只要不是友军及我方配合特别不善，二打一后，敌方损失将会比较惨重，我方兵力至少可以与敌方相当。此时，敌明我暗、敌兵力虽多而不强。因此，只要我方不急不躁，奋力拼搏，完全有胜利的可能。

3. 坚壁清野

俗话说"双拳难敌四手"，我们应以退为进，全方位做好防守工作，收兵遁形，以逸待劳，避免主动出击，使敌方不知我方兵力部署。敌方气势正盛，虽大子损失严重，但很可能有四师四炸（一般认为，闪电战双令双军可灭一家），甚至有可能还有40。即使我方子粒明显占优，也不应轻敌大意。须知，此时敌人兵力较多，又是二打一，有双先优势（详见棋理篇之先后相对性），任何一次小的疏漏，都可以导致自己的重大损失甚至失败。由于敌方损失严重，一般不会再采取前期二打一时的大开大合、强行猛攻的方式，而常采取围困蚕食的办法，追击我方小子，以期在我方防守救援的过程中，锁定我方主力，再利用二打一的优势，乘机获利。为避免不应有的损失，防止过早暴露主力，我方宜坚壁清野，将小子全部转移至安全地带。须知，每多一子，便多一份胜利之希望。否则，即使最终自己大子占绝对优势，也因子粒过少，攻守不能兼顾，而导致和棋。

4. 浪迹天涯

在前期采取"渡"手筋时，潜入敌军或友军家中的棋子若还存活，便又是和棋之砝码。潜入敌军家中的子粒，友军被灭后，应立即停止行动，占好行营（最好是中营）。此棋无论大小，将是敌人眼中钉、肉中刺，使敌人因时刻担心后院起火而不能全力进攻我方。而友军家中之子粒，应游走于行营中，迫使敌人分兵围剿。自己还可相机出兵在铁轨上游走，扰乱敌注意力，使敌疲于奔命，兵力分散，军不成形。在外面子粒未被困住之前，家中可以按兵不动。

5. 作茧自缚

当敌方已困住我方外面的子粒以后，我方可以在已方安全（敌人暂时无法深入的）地区游走。前期游走于后方（前沿阵地有子粒阻隔），前沿阵地丧失后，可游走于两底营之间的空隙处。后两排的子粒，一般切忌主动移动，从而使敌人无法知道雷型。总之，尽量造成后两排都是雷的假象。前期军旗方向主线，宜重兵把守，敌若强攻，都必须让他付出惨重之代价。同时也要

防止敌方空炸我方大子，可以第三大子粒加炸防守。防守过程中，尽量灭掉或"兑"掉敌方工兵，抢掉敌方炸弹。在防守过程中，可以多次"求和"，以麻痹和骄纵敌人。

6. 选择性攻击

根据平衡性原理，一敌二时，防守方需要有选择性的打击某一个敌人，使敌人子粒越来越不平衡。若我方为 D 方，则优先打击 A 方，这样可以使敌人 A＋C 的双步优势变弱。将以上两点结合起来，使敌人强者越打越强，一枝独秀，而弱者疲弱不堪，几乎不能发挥作用。将一敌二向一战一转化。

7. 诱敌深入

主线失守后，敌我损失惨重。敌人久攻不下，心绪急躁，常会采取非常之举措，如撞角、炸角等。为避免敌方孤注一掷，应给敌方让开一条道路，以便减轻正面防守压力。敌方最常见的是侧线攻击，因为一般侧线防守比较空虚。容易突破，且可以破除我方在两底营间游走而和棋的可能。我方可以偶尔在侧线（非军旗侧）出没，主动提供一条到达我方军旗的死路，挑逗敌方，使敌人来攻我侧线。

8. 反戈一击

敌方最大子被灭后，进入防守，逐渐主动撤退到各自家中。一般情况下，我方要想取得绝对之胜利，往往需要三个令子。否则就需要注意行棋次序和奇袭。在我方有多个大子时，敌方一般尚有炸弹。大子反击时，宜装小子（如兵）让敌撞死，然后反吃，即使被炸，亦要多耗敌一子。只有废掉敌方炸弹，自己后继的大子才能安全，后方也才安全，这常是取胜必须付出的代价。如果实力绝对强大，可以迅速闪电攻击力量较强的一家，另一家不战自败。比较稳妥的方法是，追杀无炸的一敌，迫使有炸的另一敌增援，利用两者协调不利之时，乘机消灭一家。只要一家被灭，另一家常不攻自破。

9. 先和后胜

一敌二的成功率并不是很高，乃不得已而为之。玩家应尽量高估敌方兵力，在无确切把握能胜利时，先尽量采取和棋下法（见战略篇之谋和篇）。须知，只有保证不败，才可能谋求胜利。

10. 小结

一敌二以保和谋胜为基本指导思想，以分兵游走、坚壁清野、作茧自缚为基本手段，注意防止困死和双抢，相机消耗敌方兵力，实力变强后，反戈一击，谋取胜利。

一敌二毕竟是以弱胜强的战法，由于笔者经验和水平有限，难有万全之策，错讹之处，在所难免。希望大家在实践中不断总结和提高，丰富和推进军棋水平的发展。

第三节　兑子战

兑子是指两个相同的子粒相碰。兑子几乎贯穿于下棋的整个过程，也许部分棋友并不认为有什么神秘的地方，或者认为兑子充其量能作为一种战术。然而，在很多情况下，通过主动打兑棋子可以谋取巨大的利益或避免重大的损失，从而让兑子战成为战略级的行棋方法。

1. 前仆后继

敌我子粒相当，双方均无炸，且旗路洞开，谁先出最大棋冲入对家大本营，谁便取胜。于是双方次第（依棋子大小次序）争分夺秒出大棋，前仆后继。由于棋力相当，棋子不断打兑。此时，胜负取决于出子速度。行棋速度快，子粒顺畅者胜；拖泥带水，出棋慢，棋子大小青黄不接者负。棋手若不能提前意识到这一点，想以次大或中大棋子进行突击，将会造成损失。虽在前期仍能打兑，但次大或中大便很快成为最大棋，造成因中大缺失而失利。有时，或许双方均有炸弹，若将炸棋变相认为是兑子，仍然具有相似的效果。

2. 兑强弱敌

同为40，在水平较低玩家和水平较高玩家手中，其使用价值是不一样的。

能力越高的人，大子的使用价值越高。反之亦然。因此，即使是打兑令子，水平低的玩家的损失其实小一些，而水平较高的玩家损失要大一些。四人对战中，若发现敌方某个玩家水平较高，而另一敌水平稍差，则可以主动打兑强敌的大棋，使该敌因缺少大棋而导致能力得不到发挥——有劲使不出。从而有效削弱敌方的整体攻击能力。即使在寻求打兑的过程中，子粒略有亏损，也会在敌军弱方的进攻和防守失误（或不力）中得到补偿。四国常见师父带徒弟，徒弟常主动出击，攻击水平较高的一家，消耗敌人的实力，同时可以打明敌人的子粒，师傅则保留实力，至敌情已明时，师傅便可如走明棋一般，有效发挥大棋的作用，其原理是相近的。

3. 兑子贬令

敌方有已明令子控盘，但我方唯有一炸防守，故不敢直接用令子灭我。又知我之令子为敌之次令子。于是，敌方用次大棋杀上，我方明知敌方为大棋，由于畏惧敌方令子，不敢直接炸敌大棋（否则敌令子可直接灭我）。我方只好用最大棋底线防守，于是敌我双方不断次第打兑。在打兑过程中，敌方令子不断贬值，敌方始终不敢令子上底线，可以至少谋取和棋。在此过程中，切忌大棋直接面对敌方令子，以防敌人杀大舍令，导致我方大棋青黄不接而失败。同时也不要采用我方次大棋防守，否则，次大棋有失，我方将面对炸也不是，兑也不是的两难处境，导致失败。

4. 兑令救友

我与强敌旗鼓相当，均有本局令子，而友军无炸，仅有次大（或中大若干），为防止被强敌以令子夺命，我方主动不断打兑强敌之令棋，使友军次大（或中大）棋变成本局令子，从而使友军实现无炸防守。

5. 兑子开路

为简化战局，扰乱敌方部署，瓦解敌方防守，通过打兑敌方防守子粒，从而找到攻击敌军的突破口。最常见对付师炸防守型的敌军，可采取主动打兑师长的方法，破坏敌方前沿防守。利用敌方后继不及的空挡，谋取利益。这种兑子开路对于三角雷型等，有时将是致命打击。若能得友军配合，效果更佳。

6. 虎口拔牙

在虎口拔牙战术中，主动以平级子粒打兑虎之爪牙（中等子粒），削弱敌方狐假虎威的攻击力，减少敌方子粒个数，有效保护我方小棋，为和局（或胜局）创造条件。

7. 兑子破势

敌用令子控势，我方用令子打兑，再用我方令子控势，实现换势。或者友军子粒被敌令子控势，压制打击，友军展不开，无法配合作战时，亦可打兑。如发现敌方令子，且该令子直接威胁友军次令子，为防止友军次令子被白吃，主动打兑敌方令子，从而避免损失。敌方令子位置较好，我方令子位置不佳，打兑。明令子赚取利益，追逼敌方大棋，迫使敌人邀兑令子，也是常用方法。局部战役中，敌以一大子保护多个小子。我方次第大棋归为一路，采用打兑敌方大棋的方法，冲入敌阵，取得局部优势，乘机消灭敌方有生力量。在雷型防守时，兑兵也是常用手段。对付藏司令者，当己方无炸但子粒优势时，可用38＋40组合封关，以师长为代价，强制兑令，以防奇袭。

8. 兑子装炸

明确敌方大小后，以炸位（如底营等）平级子粒攻击敌方，特别是在敌方吃我小棋后，立即攻击，造成我们投炸的假象。多次打兑后，敌方误以为我方无炸，大棋肆无忌惮，空炸灭之。与第3条配合使用，常常是转败为胜的法宝。若我方无令子无炸，则不宜使用。否则敌方见我炸（伪炸）已用，必来灭我。

9. 炸中取胜

敌我子粒相当，均有一炸，兑子战在即。我方直接空投敌方中等大小子粒，兑子战发生后，至我方空炸子粒为令子时，用我方该令子杀大舍令，最后敌方少一大而败。比如敌我均有38、37、36、35、34、30各一，我空炸敌

36，38、37 打兑后，我方 36 为令子，于是 36 直接杀敌 35，敌炸后，我方用 35 取胜。

10. 小结

虽然主动打兑并没有赚棋，且看似浪费一次行棋的机会，但由于兑子造成的后续优势或平衡优势，使兑子成为战略级的行棋方法。

第四节　信息战

网络四国其实就是信息的交换和较量，是在一定规则下关于信息的战争。孙子曰："知己知彼，百战不殆。"这里的"知己知彼"就是对战争信息的掌握程度。对棋局（敌我）信息掌握得越多，越准确，越容易取得胜利。可见信息对于四国军棋的重要性。

1. 信息的类型

信息按对象类型可以分为二类：①玩家的情况（如水平高低、性格特点）；②子粒的情况（如大小、位置、移动等）；也可以按隐蔽性分为私有信息和公有信息。私有信息是个人或部分玩家（如友军之间）拥有的信息；公有信息则是所有玩家（包括旁观者）共同拥有的信息。

2. 信息的基本特点

信息的准确性：由于推断方式、信息传递方式等的局限性。导致获取的信息并不都是准确的，有时甚至是错误的。玩家一般都会信任友军传达的信息（情报），因此，向友军传递情报，一定要保证信息的准确性，以免造成友军的损失。实事求是，任何夸大和缩小都是需要避免的。错误的信息有时候是致命的。比如将吃过 38 的子粒称为 39 +，是不合适的。这可能导致友军采用 39 进行攻击其它的敌棋，结果撞死在 40 身上。对于不明确的棋，可以加上"大概"、"可能"等字眼。有时候，也可以故意公开发布错误信息，从而达到迷惑敌人的目的。

信息的时效性：棋局随着时间不断变化的，信息也在动态变化的，机会稍纵即逝，从而导致某些信息失效。比如40已经被炸，再告诉你是炸弹，为时已晚。

信息的有用性：并不是任何信息都对下棋都有益。比如友军示意我炸掉攻入我家的敌方40，但我方却没有炸弹，这样我方即使获得了信息，但却不可用。又比如说"刚才猫逮了一只老鼠"，也许对我下棋并没有影响。当然也有部分信息表面上看似与关系不大，但实际影响却很大。比如：参加军棋比赛的选手比赛前刚才吵了一架，结果导致棋手心情浮躁。敌方棋手可以利用这个特点，采取相应策略。

信息的对象性：信息常为某一个或一些玩家所拥有者，这就是信息的对象性。常分为私有信息和公有信息。比如，我方40吃一敌38。我方拥有的信息是，40吃掉了一个子，至于吃了什么，并不知道。而对该敌而言，其私有信息为我方为39或40，吃掉了他的38。四暗中，对另外两家的私为信息为，我方吃掉了敌方的一个子。这个信息其实是公有信息。此外，在信息的传递过程中，主动传递信息的玩家和接受信息的玩家，也是信息对象性的表现。

3. 信息的获取与传递

3.1 玩家信息的获取

可以通过直接查看在线玩家的资料，或登陆相应游戏平台服务器搜索查询，来获取玩家的基本信息。这些信息包括玩家账号、昵称、游戏心语、下棋盘数、胜率、掉线率、逃跑率、游戏分数、下棋盘数和级别。

昵称（或账号）：部分昵称（或账号）能反映玩家的性格特点。比如昵称为"杀我上家"的玩家，有可能开局就希望友军一起攻击它的上家。而上家看到这样的昵称，应提前做好防范二打一的心理准备。

游戏心语：字节数较长，有时更能体现玩家性格特点。与昵称有相似之处。

胜率、下棋盘数、胜利盘数、游戏积分、级别：几者之间关系密切。胜率等于胜利盘数与下棋总盘数的比率。胜率是一种比较客观的评价指标，某个玩家胜率高（除刷分玩家外），通常该玩家的个人水平较高，可能有固定友军，容易出现联手棋。对这样的玩家行棋时应攻防有度，谨慎小心，特别注意防范这类玩家的闪电战。光胜率高也不能说明问题，还要参考下棋总盘数，只有下棋盘数多、胜率高的玩家，才有可能是高手。下棋盘数特别多，分数却不高（甚至很低）的玩家也要注意。这样的玩家水平一般不会很差，因为他们久经沙场，经验丰富。部分高级玩家对分数并不在意，常隐匿其中。对于游戏积分特别低的小兵，不宜与它同桌，因为他往往没有责任心，或者水平实在太次。游戏积分低但胜率高的玩家，可能是老玩家注册的新号，通常可以从行棋中很快发现，对这种玩家，应根据行棋情况来确定军棋水平。副团及以上级别的玩家，一般都具有相当实力，常有成熟的行棋套路。初级玩家与之对阵时，谨防奇袭。判断一个玩家的军棋水平，不应只根据以上中的某一项，而需要综合以上因素进行具体分析，确定玩家军棋水平，从而在开战前就对玩家有一个大致的了解，并在布局阶段采取相应措施。

和棋盘数：一个和棋盘数高的人，是值得尊敬的。他往往具有坚韧不拔的战斗意志和临危不乱的优秀品质，往往善于防守和盘棋，和这样的玩家做友军，将是一大快事。

掉线率、逃跑率：掉线率高的玩家，大部分是网络不稳定，比如学生使用校园网登陆，常会发生掉线的情况。特别是在优势棋局中掉线，常可断定为物理故障。而在明显劣势下掉线，则有可能是玩家故意断开网络。一般不要和掉线率高的玩家一起下棋。否则大家经常会处于难耐的等待中。不要和逃跑率高的玩家做敌军，因为一旦这样的玩家失利，通常会强退，自己费了半天劲，得不到分不说，还不能享受胜棋的乐趣。而逃跑率高的玩家作为友军，则可以在失利时因友军的强退而不失分。尽管如此，有鉴于四国军棋的目的，仍建议你不要和逃跑率高的玩家对局。如果你QQ有钻石，可以进行设置。

对于随机房间，游戏前无法直接获得玩家的相关信息，能有效防止作弊，相对比较公平，这也是随机房间越来越受玩家喜爱的原因。在这里介绍一种作弊方式：当一盘对局完毕后，马上坐下，很快相继有玩家入坐，开局不久，你会突然发现，最快入坐的玩家中，有人是上一盘一起下棋的某位玩家。你可以通过上盘对该玩家布局、行棋路数的记忆（复盘），采取相应的对策，下棋如有神，适时采取致命打击；而该玩家却浑然不觉，甚至不知道自己如何失败的。如果养成复盘的习惯，你会耽误一些时间，就不容易与刚才下棋的同桌了。

复盘研究：通过对战、旁观、下载等方式，均可获得复盘。在游戏界面设置存盘参数可以获得随机房间的复盘。复盘包括布阵和行棋路数，能较好反应玩家的信息。

狙击特定玩家：先获得特定玩家的复盘，研究该玩家的布局和行棋路数，而不让该玩家知道。然后，不动声色地坐到玩家旁边（成为敌军），由于对该

玩家已了如指掌，便可对该玩家进行致命狙击。即使高手，也常会被打得一败涂地。采取旁观来获取特定玩家最近的盘，既避免了交战，又很好的隐藏了自己。而通过对战来获取复盘，由于对方会对自己有一定了解，效果相对要差一些。但交战获得复盘后，换号再进行狙击，避免对方产生防备心理，也是一种常见方法。

3.2 子粒信息的获取

子粒信息不仅仅包括棋子的大小，更包括子粒在布局中的位置、行棋的时机、行棋方式、吃子情况、活动范围等。通过碰撞后的推理，来获知子粒的大小。采用小子作为"间谍"，试探敌方子粒的大小。比如某子吃掉你 38，该子便是 38 +（39 或 40），若再吃掉你 39，那便可以断定是 40 了。这种通过严密的逻辑方法，推断子粒大小，属于正当的信息获取方式。信息虽然准确，但是往往也会付出惨重的代价。高级玩家常常可以根据尽量少的信息，便能正确推断出子粒的确切大小或大小范围。比如兵位全暗令子挂角，敌人若置之不理，便可直接杀棋盘角，从而奇胜。看似运气，其实里面深含逻辑推理。另外一种常见的说法是"大胆假设，小心求证"。先猜测大小，再用小子验证一下。这样代价比较小，但因逻辑不够严密，准确度相对比较低。对子粒的推断越准确，取得胜利可能性越大。但有极少数玩家，会通过特定软件作弊，偷看其它玩家的子粒信息，或者将地雷布置到前面几排，这是非常可耻的行为。随着游戏程序的不断完善，相信这种情况会得到有效抑制。

3.3 信息传递与共享

每个玩家都会在对局中逐渐掌握一些信息，由于这种信息只有某个玩家自己知道，因而属私有信息。四国军棋是一个需要配合的游戏。因此，如何与友军及时交换信息，互通有无，从而制订战术战略，协调作战，是事关成败的大事。信息传递的核心是隐蔽性，即将信息传递给特定的目标玩家，而不让非目标玩家获取。

信息传递中最简单的便是将私有信息发布出来，使其成为公有信息。最常见的是在游戏发言框中说棋，通报子粒情况。但这种信息传递方式比较公开，为所有玩家共知。当敌军知道子粒已经暴露后，会采取相应防范措施。部分熟悉的玩家之间，也会利用发言框，采用事先商量好的暗语传递信息，好比球赛中的手势。外人看不明白，友军才能懂，从而达到隐蔽传递信息的目的。小喇叭等，也成为公共信息发布的重要平台，其发布范围更广泛，但经常不能引起特点玩家的注意。更可悲的是，经常看见的小喇叭，只是一堆无聊的广告和谩骂。

通过与友军 QQ 交谈（或 YY 语音）来传递情报，敌军一般无法获取，是比较隐蔽的信息传递和共享方式。QQ 对话不仅可以通报子粒情况，还可以共同商讨策略。它是 QQ 平台熟悉玩家之间的主要作弊方式。虽然双明和全明能有效克服说棋的弊端，但是无法克服玩家商定战术战略等。这也许是 QQ 平台玩家虽多，但水平不被公认的原因之一。YY 的出现，使这种作弊方式流毒甚广。对于重要棋局，甚至可能有参谋团，在一旁助战。所以决赛，往往需要实地进行。当然 QQ 对话功能在玩家交友等方面，具有不可替代的优势。相信现在大家认识的许多棋友，都是通过 QQ 认识的吧。

闪棋：某棋被点击后，在屏幕上会闪动。它是系统在提示玩家，可能即将移动的子粒，方便行棋。闪棋也已成为一种信息的传递方式。比如闪动后两排子粒，示意不是地雷。或者已方棋子被友军档住，通过闪动希望对家让开。有时因为误点，也会泄漏信息。如后两排雷型，或点棋过快而暴露自己的子粒（如营中炸）。部分玩家对闪棋持否定态度，认为有作弊嫌疑。闪棋是公开信息，玩家均可以看到，并不一定会给闪棋玩家带来利益。闪棋在心理战中，可以作为一种招术。有鉴于此，本人对闪棋并不反感。

延时与战术等待：由于玩家行棋需要时间思考，信息的网络传递需要时间，因此系统允许每步棋有 30 秒的等待时间。当等待时间超过后，系统自动跳转至下一玩家，此时上一玩家即为延时一次。系统规定延时最多 5 次，否则判负。延时也被作为传递信息的方式（有时也是招术）。它可以反映对棋局友军的不满、期待友军增援等。部分游戏客户端没有"跳过"按钮，当不便行棋时，必须延时一次，可称之为"战术等待"。但是有的玩家在形势不利时，要无赖，故意拖延，使其它玩家无聊等待，是可耻的行为。允许行棋时间过长，将导致了一盘棋的游戏时间过长。随着网络速度的提高，缩短等待时间，可以提高行棋速度，节省玩家的保贵时间，快棋将是大势所趋。

行棋暗示（棋语）：将要传递的信息，通过正常的行棋来表达。它是一种正常的、提倡的信息传递方式。它的表达方式比较隐蔽，要求友军有一定理解能力和默契。有时候也会发生误解；或者友军没有理解，而敌军却理解了，造成损失。行棋暗示是一种军棋技能，需要不继培养和加强。

这里提出一些常用行棋信息表达方法，简要加以介绍。

（1）大棋：已方大棋（如39）被暗吃后，四暗中为避免友军再遭毒手，需要告知友军敌方棋子为大棋（如令子）。营中一般是炸弹放置的地方，可用营里的棋子追击敌棋。该法最常用，但也容易告知敌军，自己损失了一员大将，使敌军警惕，从而难以空炸到；若友军想用令子攻击该棋，我方需要提前再用小子攻击一次以补打示大，或者主动再用小子（甚至不惜用工兵）挡，表示希望友军避免兑掉，否则已方会白白损失一个39。友军不断送死（包括飞兵延缓），顶住攻入我方的敌棋的退路，是为了拖延时间，好让我方炸掉敌棋。友军某子撞死后，立即又从另一侧发动了对该敌人猛烈的进攻，表示前面撞死大棋，而敌方往往为令子。面对敌方的某个棋子，友军棋子纷纷逃窜，表示该棋很大。友军放弃进营，而要用营中（或似炸的）棋子将攻入他家的棋子逼进营中，表示关入营中的是大棋。

（2）小棋：友军用已经吃过子的棋来追击敌方吃过棋子的棋，表示敌方棋子较小；面对攻入友军家中的棋，友军的棋虽处旁边，却既不逃跑，也不攻击，多半表示死去的棋小，友军因惧怕敌军后面的大棋或炸弹而不敢吃。面对敌军的进攻，友军无动于衷，表示友军损失不大，不以为意。

（3）次令子：我军不幸被"芝麻开花"，明显撞死两员大将，39撞到40，38撞到39。友军难以区分39和40，此时，我方可采用小棋，三次或三次以上死撞次令子，希望友军用令子吃掉。追令子是追而不击，追击次令子则是不断进攻而又攻不过。

（4）工兵：友军棋子出到兵位（眉位），或在兵位游走，表示希望友军出兵或者注意提防炸弹；友军工兵飞来飞去，可能表示想飞敌雷，或者惧怕敌方出兵（或出炸）；友军不断用小棋死撞敌方新出的棋子，表示友军畏惧工兵；友军不断挂敌方棋角，而又不进攻，表示希望有工兵破敌旗底；友军不断死撞（特别是飞撞）挂他家旗角敌方子粒，表示友军惧怕敌方是工兵。

（5）炸弹：友军用工兵飞撞追击的敌棋，表示惧怕敌方为炸；友军可以攻击追击我方令子的敌棋，但却不进攻，表示友军认为敌棋不是炸；我军跑到友家行营旁边，友军让营，特别是次令子被敌令子追击时，表示友军营里没炸；敌军面对追击，跑到我行营边，表示希望得到我方炸弹的保护。

（7）进攻：友军占住宫角，且将大量棋子排在相关轨道上，表示友军要发动进攻，棋子都能够到达的相交点即为进攻点；

（8）求挡：攻入敌军的友军面对敌人新出的棋子，退到九宫中，表示希望友军帮忙挡一下；

（9）清雷：友军用棋去攻击非军旗侧的后两排棋子，表示友军在确定敌方的雷型；

（10）封顶：友军用棋子顶住我方的棋子，不让我出棋，表示友军能应付得了目前的局势，希望我方不要插手，更无需焦急。

（11）不详：友军将攻入他家的棋子关在家中（未进营），既不攻击，也不让开，表示未确定敌方棋子身份。

迄今为止，行棋暗示尚没有标准统一的表达方式。由于对表达方式的理解各不相同，有时候容易产生误解。同时，行棋暗示属于公开的信息表达方式，若友军对牛谈琴，没有理解，而敌军却理解了，反而误事。行棋暗示是一种军棋技能，需要不继培养和加强。

表情：表情丰富了下棋环境，但同时也可以是信息传递的手段。在随机房间中，发言是被禁止的；但有趣的是，并不禁止发布表情。玩家可以根据棋局变化，通过发布表情，表达自己愉悦、困惑、愤怒等，从而达到传递信息的目的。

叛徒：QQ平台中，友军战败后，可以看到我军的棋子。而在联众军棋中，却无法看到。能看到棋子，可以消除友军失败后旁观时的无聊，（QQ游戏中，某玩家失败后可以自由正常退出，联众则必须全部下完，才能正常退出）。但是在某些情况下，由于友军对我军的不满（如忌恨我方没有增援等），友军卑劣地进行报复，将我方子粒信息公开告诉敌军，沦为可耻的叛徒。这样的信息传递是必须谴责的。

4. 信息的作用

一个棋手获得有用信息越多，则获胜的几率越大。关键子粒的信息，往往成为胜败的关键。如令子、炸弹、旗旁雷型和工兵。当得知敌方为令子时，可以避免己方中级子粒再撞死，减少损失，甚至在敌人尚未意识到令子暴露的情况下实现空炸。当知晓敌人为非令子时，对敌人中级子粒，往往容易使用"芝麻开花"的方法，精确打击，使敌人损失惨重。当发现敌人双炸投尽无令子时，往往可以一令灭敌。对雷区信息的获取，往往可以通过奇袭而一举灭敌。在配合中，对敌方重要子粒信息的掌握，极易形成双先、双急、双抢，使敌人应接不暇。在四国中，常常见到某些玩家在开局时节节败退，至关键节点（如进攻方40或炸弹被灭）后，形势陡转直下，被攻击方全面反击，进攻方一败涂地的情形。这就是因为被攻击方，在前期的损失中，获得了更多敌人子粒的情报，从而能够精确打击的结果。这也是后发制人的常见方法。经验丰富的玩家，往往可以通过这些信息，在优势下，以最小损失击灭敌人；在劣势情况下顽强守和甚至翻盘。又比如二闪一成功后，残余的被攻击方，往往具有较好的信息优势，成为一敌二成功的关键。

5. 信息的处理

面对同样的信息，不同玩家处理方法会不一样。首先，应分清信息的真伪和准确程度，确保信息无误。特别对于敌军发布的信息，要谨慎处理。在一般情况下，敌军是不会帮助你的。而对友军的信息，也不可全信，需要结合自己的经验和当时的实际情况确认，以免友军推断失误而导致自己的重大损失。其次，对友军的信息要及时回应，以保证通讯通畅，即使不采纳友军传递过来的信息，也应有所表达。这样可以创造良好的合作环境，以备不时之需。对于具有时效性的信息，应迅速做出判断，如果的确有利可图，应立即采取相应措施，从而使信息发挥应有的作用。否则，机会稍纵即逝，悔之晚矣。此外，若友军对己方发出的信息无（自己期望的）回应，应采取宽容的态度，友军毕竟也是一个和你一样的玩家，有自己的判断和行棋方式，不可将自己的意志强加于别人，否则有可能适得其反。即使这次信息传递不力，还有下次嘛，只要精诚合作，自然会有回报。另外，要善于分析和发现友军或敌方发布的暗示信息，与友军形成默契或料敌先机，给予敌人以致命打击。自己也要善于通过正当途径发布信息，起到与友军良好沟通或迷惑敌人的目的。

6. 信息的保护

避免将私有信息公开为公有信息。如暗39被暗40白吃，要以隐讳的方式告知友军，而避免让敌人察觉。否则，敌人会知道40已经暴露，炸掉就困难了。四暗中，部分棋友就是"小小播报员"：司令！军长！叫个不停。本来敌人还不知道吃了什么子，这下好了，敌人知道自己暴露了可以打兑或杀大舍令了。当必须暴露信息时，尽量暴露较少的信息，或者误导敌人。如高一级吃子，就是信息保护的方式；而芝麻开花战术，则是将暴露的信息作为保护信息的手段了。如大棋小走、小棋大走、伪炸、反吃等。看似是在暴露信息实则是在掩藏信息。在双明中，可以通过配合来进行伪装，友军配合可使伪装看起来更真实。而在四暗中，过度的伪装有时会适得其反，伪装往往会欺骗了敌人，也欺骗了友军，有时，四暗还必须走明，如敌方假令控势，我方暗39被40白吃，有时不如直接出一个看似炸弹的棋来进行追赶，以防友军失误。

7. 小结

四国军棋重在信息的获取和传递，正当的信息获取和传递水平的高低，是一个棋手水平高低的重要参考。而非法的信息传递是每一个正直的玩家应该摒弃的。因行文需要，在信息战的阐述中，介绍了一些非法的信息获取方式。正所谓"知道罪恶并不是罪恶"，只有对这些非正当方式有一定的了解，才能有效进行防范，使军棋对局变得更加公平和有益。信息的传递是配合的基础，常见棋语的使用，能使自己与友军有更多的信息共享和沟通，"心有灵犀一点通"，享受下棋的乐趣。

第五节 心理战

孙子曰："上兵伐谋。"认为用兵的首要是挫败敌人的计谋。通过伐谋，料敌先机，步步领先，不断使敌军屡战屡败，导致其心理防线崩溃，从而达到"不战而屈人之兵"的目的。战争的情况瞬息万变，面对风云变幻的战场，玩家心理状态也是跌宕起伏，如何把握和控制住敌我的心理状态，并加以利用，是心理战研究的内容。

1. 优势心理

1.1 求胜心

在一般的情况下，任何一个玩家都希望自己和友军能够取得战争的胜利。因此求胜心是基本的心理。

玩家实际兵力即使并无优势，也渴望取得胜利。对局初期，敌我兵力相当，可以避让循形，通过少量的牺牲，让敌方的兵力显现出来，而敌军会误以为我军防守不力，反倒更加胆大妄为，我方便可适时轻易狙击。在中局阶段，让敌方认为自己的兵力占优势，从而自不量力，主动进攻。我方便可将深入我方死地的敌军诱而歼之，逐渐蚕食敌军的中级子粒，不断积累兵力优势；在残局阶段，我军故露破绽，兑子装炸，敌方求胜心切，大棋直接下底，我方空炸等候，常可一炸定胜负。当敌军兵力明显占优势时，常会不惜代价，疯狂进攻。我方可守株待兔，不主动进攻，而是让敌不断撞死，变后手为先行，既消灭了敌人，又保全了兵力。当敌军用"闪电战"不幸轻易取下我友军时，我方宜坚壁清野，骄纵的敌方有时会用中大（甚至令子）主动撞我雷区，损兵折将。贪心的玩家往往不会满足于普通的胜利，还奢望能够大胜敌军，在明显优势时，骄傲轻敌，不是直接搬旗，而是斩尽杀绝，追求"吃光"。在残局失利时，利用敌方想"吃光"的心理，宁死隐忍，至敌方挖开我方地雷后，"启死回生"，杀敌一个措手不及，常可以和棋，甚至反败为胜。优势兵力的敌人往往轻敌，全线出动围困追杀，家中空虚，雷形毕露，我方常可出奇制胜，如旗台兵突然起飞。

1.2 表现欲

在同样可以取得胜利的情况下，玩家往往希望是通过自己而不是友军，来取得胜利。"旗是我搬的，子是我吃的"，都是这种思想在作祟。当两敌子力均占优时，会出令子，争相夺食，甚至"竞吃"。我军宜舍小炸大，专灭敌大棋。当敌军认为胜负初定时，即使某敌兵力并不强大，也会不甘寂寞，倾其所有，希望多吃几个棋子，使自己的贡献大一点。我军则专门"捏软柿子"，对弱敌进行反击，消灭其有生力量。从而避免一敌二的劣势。

1.3 谋胜

玩家不仅希望能胜利，还希望不是通过肉搏战，而是靠自己的聪明才智、谋略取胜。因为这样更能证明玩家自己，更能满足玩家的"好胜"心。死打硬拼，这种愚蠢的力气活，常是有一定水平玩家所鄙视的。谋而后定、不战而屈人之兵是玩家追求的境界。因此，灵活掌握一些出奇制胜的方法，在实战中将计就计，棋高一着，设计圈套，使敌人损失惨重。常先推定敌人的水平，根据敌人可能使用的方法（如假令、空炸、叠炸、搏旗等），见招拆招，达到使敌人认为我方有"偷棋"嫌疑的水平。而在弱势条件下，常可以利用敌人的漏洞，一招致敌。

1.4 惧败

每个玩家都害怕惨遭失败。特别是当自己明显占优的时候，往往希望能够理所当然地、不出意外地取胜，而特别害怕突然被奇胜。此时，我方往往有"赤脚的不怕穿鞋的"心理优势。子粒优势则心理劣势，子粒劣势则心理优势。当敌方取得某种优势时，会希望这样的优势得以保持，我方可利用这种心态，威胁这种优势，而从中谋利。当友军大子有可能被白吃时，我方可以采取突然挂角、伪炸挡等方法，敌方为避免万一，常会暂时放弃眼前利益，"从长计议"，而回应、避让，从而使友军摆脱困境。当敌有令子时，我方可

用伪炸威胁它，即使敌军亦有 80% 的把握认为我方非炸，但由于心理害怕，为以防万一，也会避让。我方可以利用这种心理，进行反击或占据有利地形。特别在看似危急之时，出伪炸常可诱死敌方工兵，从而为地雷防守提供保障。

1.5　速战速决

玩家总希望早定胜局。特点是胜利在望时，常常拿出压箱底的守旗兵力，进行持续实力攻击。常见的兑子战中的次第出棋便是这种心理的反映。在这种情势下，进攻方可以"夹兵夹炸"（在次第出棋中夹杂工兵或炸弹），常可出奇制胜。劣势方则可以利用敌人求胜心切的心理，想方设法延缓敌人进攻的节奏，直到敌人忍无可忍，采取极端的手段，如撞雷或舍令攻击，从而反败为胜。

2. 劣势心理

2.1　损小损少

若必须损失一子，劣势方总是希望被吃的子粒更小。伪令子追杀敌军时，敌军大棋纷纷避让，或者用小子挡，倒使我伪令子势如破竹，敌人更加深信其为令子，从而使敌误判，为芝麻开花做准备。从敌方的避让中，也可推断出哪个更大，哪个小。在劣势情况下，少死一个是一个，特别是中等子力，生怕被白吃。攻击方可利用这种心理，用暗子胁迫，占领有利地形，为给予敌方致命打击做准备。敌有多个大子时，将敌方次令子和令子诱至同线，我方全暗令子从炸位突出，看似想炸双，部分玩家会因惧怕令子被炸，而用次令子主动攻击，撞死后，我军打兑，从而使敌军损失惨重。

2.2　一朝被蛇咬

"一朝被蛇咬，十年怕井绳。"当敌人上过一次大当之后，面对血泪史，大部分玩家常会"闭门思过"，隐首遁形，坚守不战。如若强攻，则可能造成重大损失。面对这种玩家，宜重点攻击其友军，同时留部分子粒阻断他与友军的联系。由于害怕再遭损失，往往不敢出大子相救。这种情况必被其友军指责甚至谩骂，其友军若防守不当，甚至早早投降。待只剩这一家，再将兵力运至他家，将其围困，然后进行剥茧抽丝，一点一点蚕食，直到最后胜利。有时，也可以在一些回合之后（待其心理创伤恢复），"好了伤疤忘了疼"，再设诱饵，引其上钩，再予重创。

2.3　狗急跳墙

当敌方已经胜利无望或马上就要失败时，往往会选择孤注一掷。故在要

对敌军发动最后攻击时，宜采用实力防守，切不可唱空城计，否则，敌军有可能会突然玩命一搏，悔之莫及。比如敌军大棋占我旗下底营，前期不敢搏旗，但一旦见胜利无望，就会拼死一搏。因此，欲灭敌军时，必须实力防守（大子或炸），以防不测。而用地雷防守，有时候会因为敌人工兵与大棋突破，再双抢突袭而失利。当友军可能有致命威胁时，对敌军的致命打击要注意时机，一般可待敌军刚撤去威胁，准备回兵增援时，发动袭击。否则，较弱的友军反倒可能因此而命丧黄泉。若实是采用地雷防守的方法，不能让敌直接飞到地雷，而事先用小子挡隔，这样，敌方需要多耗一步棋，计算准确，可以先灭敌军。

2.4 破罐破摔

敌无大无炸防守时，往往会负隅顽抗，所有可动之子粒全部出动，只求能一撞，直至战至最后一子。此时再搬，食之无味矣。因此，除非是为了围敌打援，应快刀斩乱麻，迅速拿下一家。我方切忌一味急切想用小棋搬敌。如果敌方仍有不少中等兵力，我方宜直接用令子或者相当于该敌令子的次令子直接上棋。这样虽损失一大，但可以保存多小，且敌人剩余的子粒也没有发挥作用（特别是工兵）。如果实在想用小棋搬敌，先期宜大子装小去诱敌撞死，占好底营，令子挡中，再小子搬之。否则敌方必然会防守，吃掉我方小子，即使我方再吃敌子，但是需要损失很多中级兵力，耗掉大量时间和步数。在此期间，敌人还不断出小，乱撞乱碰，损耗我军小棋，打明我方防守。若敌友军配合得当，我方损失会更大。

3. 其它心理

3.1 勇猛无谋

"棋品是人品的反映"。很多玩家往往勇猛有余而谋略不足，常常大开大合，一往无前，谨防他使用闪电战术。对于有勇无谋的玩家，尽量不让其攻击我方底线。特别是我以非雷形式防守时，宜御敌于外。可以直接空炸防守。或者用空炸胁迫其大棋，敌方往往会直接撞炸。当其令子死后，可采用芝麻开花的战术，不断让其中大撞死。他们一般不会直接出炸，次令子可以尽力斩杀。主线可以反吃，连挫敌大。敌受挫后，将从其它战线进犯，我军中大伺候。一旦灭敌十余回合，常不战而降。此辈常只会进攻，不善防守。若兵力不及，可采用盘棋方法，避敌精锐，守株待兔，磨蚀他的耐心，最终按奈不住，常常会撞地雷。我方可暗渡大棋于敌家中，伺机一招夺命。切勿假装

试探，自取灭亡。

3.2 寡信多疑

多疑者，人数极众，特别以新手为多。40 吃个营长，便见排就跑。此类玩家，可不断采用疑兵之计，探查虚实。多疑者，常心思缜密，且不会冒险，守有余而攻不足。多疑者，常不顾其友军（见死不救），可分而击之。可以二人一起攻击其友军，用些小棋招摇阻挡即可。一家既定，敌小棋常闭守不出。可以派小棋渡入其家中，乱其心志，使敌心性恍惚，草木皆兵。若其 40 在外横行，则一人以伪炸胁迫，一人乘机吃子。诱死敌小（特别是工兵）后，适时双炸交叉，便可灭令。亦可逼其 40 逃跑，特别是逃至其友军营中。然后强力攻向其军旗，待其 40 准备回援，候而炸之。多疑者，旗侧多强，可在主线摆出一副要准备进攻的架势，使其不敢松懈。同时迂回包抄，先灭其副线，曲线进攻，打开通道，待雷型明确，伺机双抢可灭。

3.3 惯性惰性

人们思维常有惯性，以某种方式获利之后，常会继续以如法炮制。比如 40 连吃几子，便一时性起，见子便杀，最后常常直接吃到空炸。中大吃得几小，便不可一世，最后撞死令子之手。取得优势的玩家，常易产生思维的惰性，不愿意更多地去思考，容易草率行事，常常塞翁失马，才吃师立损军。在谋局布阵上，也经常只用几个相似的阵型，极易被狙击。风格变化多样，动静有致，才能鬼神莫测，出奇制胜。

3.4 逆反心理

先期用伪炸追赶令子，诱死敌小后，换子再追。如此反复，敌不厌其烦。敌人不断自问："这难道真的是炸吗？刚才前几个都不是，如果是炸，怎么会在我小子可以撞击的位置追赶？莫不是又骗我？"经过一番犹豫，终于以身试炸。

3.5 消极心理

部分玩家，心理承受能力有限，一旦遭受重大损失（比如 39 被白吃）后，便一蹶不振，方寸大乱，毫无斗志。或者从此焦虑不安，龟缩怠战，甚至直接推盘认输。即使对家有难，也不敢救援。若见有此种情况，可以先二打一灭其友军，而后蚕食之。

3.6 耐心

高手对局，"棋"鼓相当，比的常是耐心。未获实利前，谁先暴露，谁会处于劣势。常常是子粒随处可见但不相交，半天没有实质动静。但"不动则

已，一动惊人"。当某一方认为时机成熟时，会突然发动攻击。一旦交火，则势如洪流，汹涌澎湃，立即出现残酷的血拼，很快热拼至残局，胜负立现。玩家可以通过盘棋的学习，逐渐培养耐心和推断能力，特别是在胶着状态时，要有足够的耐心，等待时机的来临。

3.7　离间

由于水平、经验、习惯等原因，配合的双方难免在思路上存在出入。利用这种不一致，通过煽风点火，特别是当某一敌失误时，偏袒一方，使敌人内讧，离间敌人，常可获得非常利益。

4.　小结

心理战，重在对战场形势的把握和对各个玩家心理的把握。在行棋中，不断了解和熟悉敌人，根据战场上的形势，结合其心理特征，采取相应策略。

第六节　谋和

和棋指任何一方都无法消灭另一方，经双方同意握手言和，或者无法在规定步数之内吃子，系统自动判和。每个玩家都希望能取得战斗胜利，但敌我实力相当，使我们常常难以如愿。要想战胜敌人，首先必须保证自己不会失败。因此，学棋应先从谋和谈起。以下简要介绍几种常见的谋和方法。

1.　封闭雷型和棋

采用地雷（或配合行营和假旗）将军棋围住，敌方因无炸无兵，无法破雷，又不能将我方子粒困死，使敌人"望雷兴叹"，从而导致和棋。以三角雷、梯形雷、屏风雷、旗门雷、双角雷最为常见，还有一些其它雷型亦可形成封闭雷型。如图 7－1 所示。布此阵型时，残局阶段前应注意灭兵和抢炸。由于工兵和炸共有 10 个，应采取多种办法除去隐患。如果敌方有令子，可以经常用小子装炸胁迫，诱敌用工兵来抢炸。自己有工兵时，要于轨道之上待命，相机兑兵。最好能够占敌行营，用小棋攻击兵位子粒，阻拦或攻击疑似兵炸的子粒。适时阻挡地雷，以防工兵和炸弹。后两排子不要轻动，若未布三角雷，也可装成三角雷。特点是当师旅级子粒在旗旁时，更可将其当作地雷进行防守，敌人小子撞不过，大子不敢撞，甚至可造成敌人误判雷型而搏旗失败。当敌人有多个令子，而我方只有一炸时，不惜用炸弹去胁迫敌人令子，短视的敌人有时会用最后一个工兵来抢炸，从而和棋。

雷型和棋，常要求有游走空间。三角雷、梯形雷、屏风雷谋和，还需要有活子不被困死。子粒少时，最好留有一个工兵，飞行于铁轨之上，使敌兵力不足无法围死而和棋（要熟悉常见追兵定式，如 5 子捉兵、4 子捉兵、2＋2捉兵、3＋1 捉兵等）。四国军棋讲武堂论坛中有一些捉子定式，需要掌握和熟悉行棋过程中，不要走错，以防被捉死。

一敌二雷型谋和时，应避免行于九宫中被十字捉。宜行于开阔地带（如友军家中），或利用地雷掩护游走。防捉死时，兵力应尽量分开，到不同的区域，使敌人兵力分散，捉子要求的子粒变多。相对而言，一敌二易被捉死，故在防守时，宜攻兑弱敌，造成接近一敌一的局面（不怕弱敌，只怕强敌），简化棋局，更易谋和。

能够形成局部游走区域的封闭雷型更有利于和棋。双角雷由于容易受到攻击，至残局阶段，很难保证完整。而"旗角雷＋旗台雷＋虚台雷"，地雷相对靠里，更容易保持完整。同时形成的封闭区域有足够的空间供子粒游走，避免了捉子的可能。但需要配合行营，需要较多子粒（4 个）才能有效形成封闭区域并游走。

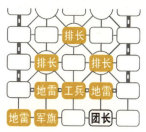

图 7－1　封闭雷型和棋

2. 强方步多和棋

敌方子大且先行，但要搬我方军旗需要多走一步，故不敢来搬，因而和棋。如敌我均只有一子，我兵敌非兵，敌不敢来我家，故和。又如我有一子于敌旗下底营，我旗在另一侧且有雷阻隔，敌搬我需要四步，我行于底营旁，搬敌只需要两步（或三步），如图 7－2 所示。从而和棋。或者我有多小，一小占底，一小（或多小）挡（延缓）于敌搬我旗必经之地，作为路障，从而使敌搬我需要多走一步，因而和棋。故无雷型保护时，宜早占敌旗下底营以相机谋和。

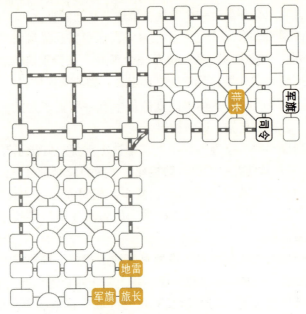

图7-2 强子步多和棋

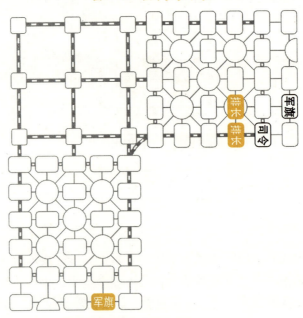

图7-3 延缓和棋

3. 同大和棋

敌我子粒相同或者一方是炸。宜避免直接面对或能被敌攻击。始终保持敌方不能先攻击，从而导致和棋。这是先攻先胜的规则决定的（详见招式篇之"先攻先胜"）。一对一同大时，攻方宜占主线或敌旗底营，勿占敌虚底；敌可下虚角，守方勿占己方旗底营。

4. 其它和棋

在对敌棋不明的情况下，在全明下为胜棋的残局，优势方为防患未然，不敢轻易冒险而和棋。例如虽不是封闭雷型，但怀疑敌方有炸而不敢直接去搬旗；或怀疑是工兵而不敢直接下底等。图7-4中，红方兵退旗角，黑方只好师长封挡。即使红方不是工兵，黑方师长也不敢轻易占底营，从而导致和棋。此外，通过游棋，特别是追逼敌人的关键子粒造成游走，使敌人在规定步数内不能吃子，从而造成和棋。

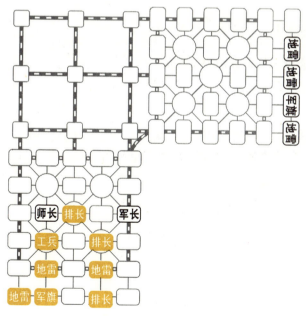

图7-4　畏兵和棋

5. 小结

谋和的关键，就是熟悉常见的和棋定式，根据实际情况，在劣势情况下，攻守时向和棋定式靠拢，乘敌大意，做成和棋。而当已方占优时，破坏敌方谋和的企图，早定胜局。

第七节　闪电战

闪电战，就是集中兵力优势，在尽量短的时间内，给予敌人以致命打击的方法。闪电战常常利用二打一的优势，利用强力快速攻击下，敌军和敌友军无法及时调集兵力进行有效防御的劣势，夺取一敌军旗，形成二抢一的局面。强攻时的兵力损失，从敌人无法使用的重要子粒或敌友军协防时的损失（或暴露信息）中得到补偿。

1. 战法分析：

（1）两家对一家具有绝对兵力优势

假设没有友军，两敌对一家具有明显绝对兵力优势。如果司令打兑，另外一令双军进攻，一般情况下，能余一令或一军成为绝对令子，直至夺取敌方军旗。故双令双军常可迅速杀灭一家。"均衡性布局＋旗侧略强"是一般棋手的布局特点，即在副线侧有一令或一师一炸的兵力进行防守。在这种情况下，双令双军足以闪电一家。在较理想的情况下，其它任何子粒几乎无损的情况下，即已夺取一家军旗（这从侧面也证明了配合的重要性）。

（2）雷型

在有绝对令子的前提下，只需要两个工兵，就可以打开通路，雷型已无法成为障碍。

（3）二打一优势

此时余下四师四炸四兵，在有"双步"优势的情况下，一师进攻，一炸掩护，常使余敌军长和司令形成必炸棋。余下四个37或四个36次第进攻，必成胜局。若被闪方副线有主力，将使敌人攻击兵力远小于预期，后期优势

更加明显。

以上是闪电战战法的基本思路，很明显，该战法没有局限于某一个局部或某一子粒的得失，甚至不考虑雷型，而是从全局的高度来进行的分析形成的基本作战思想。这也是它区别于战略的明显标志。

以上介绍的"双令双军"进攻模式也存在一定弊端。即搬取一家的兵力过强，同时余下攻击一家的兵力不具有压倒性优势。关键是司令的损毁，缺少对余敌的威慑。因此，如何既能有效进攻，又能节省兵力，是闪电战研究的重点。

为了节省司令，可在打兑一令的前提下，先用双军进攻。由于敌人受到强攻，不吃到师长，常不敢轻易使用炸弹。等双军损失后，在司令掩护下，采用双师进攻去夺军旗。若敌人军长尚在，负隅顽抗，就会被司令白吃。如果一军打兑，一军被炸，敌人余有一炸一师，则双师会炸兑。这是敌人防守比较严密的情况，实际上，由于敌人兵力分散，常常早已失败。在该种模式（令＋双军＋双师）下，余有一令两师四炸四旅。由于司令的存在，对敌人潜在威胁很大，具有较强的威慑力，也是常见的攻击模式。此外，常常配合一些其它技巧，如暗兵下角、空炸等，进攻的损失将往往小于预期。而若敌人虚守，或有部分主力救援不及，遇到闪电时，无法有效消耗敌人子粒，敌人将以较小代价搬掉一家。余下兵力优势将更加明显，另一家会很快失败。

（4）防止友军救援

上述分析均建立在敌人友军不救援的情况下进行的。如果敌友军一旦救援，闪电战就难以按预期方法进行。因此，闪电战还要求，对另一敌进行有效封堵，可直接用铁三角"师＋师＋炸"。这种封堵可以反复进行。敌人若强力救援，就会损失惨重，增加一敌二的难度。

可见，闪电战具有相当的威力，已经定型为一种基本战法。

2. 闪电战的特点

（1）闪电战对布局有明显要求。常以司令或军长首攻，强子归到一边（常位于副线），如图7-5所示，以便保证连续攻击。保持三兵在线，进攻侧眉位常备工兵，有时中锋亦放工兵。若弃令子进攻，则进攻侧三线可能有炸，军长常位于立角。若军长首攻，后面常紧跟双师，且40常位于立角。若令军进攻，则属于亡命型，后面常有双师，立角会有师长或工兵或炸弹用以奇袭。

为防止被攻击方反扑，有时会在进攻侧肋位摆放一炸。副线常用直角雷防守，多有小棋，为防一师穿线，主线常有一炸，不主动投掷（省步），而等敌人撞炸。

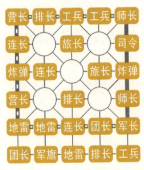

图7-5　弹子闪电阵

（2）闪电战始终采用二打一，将两家的兵力优势和步数优势相结合。前期主要利用子粒优势二打一兼双步优势，使被攻击方双拳难敌四手。双先、双抢、连续先手层出不穷。攻下一家后，主要利用步数优势二抢一。

（3）闪电战属于强攻型，为了达到迅速灭掉一家的目的，集两家之重兵（师长及以上子粒）攻击不断，咄咄逼人，前仆后继，不惜代价，直至闪电成功。强子突破可以不断制造先手（需应步），使敌军被迫应答，主线子粒迅速消耗，其它子粒经常来不及组织有效防御。

（4）闪电战对配合的要求较高，需要很好的默契。有时需要一段时间的磨合。为了提高闪电战效率，特别是在双明情况下，有棋手在布局阶段就商量好布局和进攻方法，因此闪电战常为联手棋阵，将闪电战发展到极致。

（5）防守方为组织有效防守，常被迫走明，调运炸弹或令子回防。这将有利于进攻方组织有效进攻。

（6）由于攻击方的绝对兵力优势，防守方只要一招不慎，防守方便造成重大损失甚至失败，防守压力大，常难万全。被攻击方及其友军遭受强烈的心理压力，部分玩家把持不住，在强压下失去理智，使攻击方乘利取便，轻松取胜。

（7）封堵敌友军：为了达到二闪一的目的，采用封挡等手段，用中等子粒加炸，或40等，切断或延缓敌军与其友军的联系。

（8）强攻往往造成重大损失，一种可在敌人余下子粒中得到补偿，另外可在二抢一的步数优势中得到补偿。

3. 闪电战中的注意事项

（1）攻击敌方和攻击路线明确。进攻谁，封堵谁，开始就必须明确。从哪面进攻，必须立即明确。切忌四处开花，兵力分散。

（2）分工明确。谁主攻，谁助攻，要明确。若必须进行角色转换时，要迅速进行转换。

（3）不以吃子炸令为目的，始终围绕拨旗进行攻击。只有为夺旗而进行的攻击才是有效的闪电行为。

（4）最好能炸兑被攻击方40。这样进攻方向更加明确，军长攻击更加一往无前，无后顾之忧。宁可损一师，也要打兑司令，这也是常见闪电战中手法。

（5）机遇稍纵即逝，损失不是靠炸一个司令得到补偿的，而是靠速度得到补偿的，迟疑不决是闪电战的大忌。闪电一旦失败，将死无葬身之地。

（6）再大的牺牲，能夺一家军旗就不算大。常抱必死之心，必达难成之事。

（7）封堵有力，切断敌人的联系。它是保证闪电战成功的前提之一。

（8）双明闪电战成功性高，四暗稍低。

（9）遇到友军想闪电时，一旦已经开始，只好尽量配合。如果不赞成，应早期封堵友军进攻。

4. 反闪电战要点

被二闪一时，被攻击方不要幻想单靠自己的力量就能够反击成功，要作好死得很惨的心理暗示。重点是加强防守，而不是立即反击。

（1）闪电的征兆。38＋主动攻击，被炸后，继续攻击，子粒大于36，即可初步判定为闪电。若敌人友军立即拆挡友军，可初步认为是联手阵。

（2）遇闪电时，牢记"拖"字诀，尽量延缓时间。能够吃敌人，也不要主动攻击，而守株待兔。闪电战的要求就是要快，所以你放心好了，他会撞死的。你的重点就是立即把其它的子粒调过来进行防守。闪电战有时就像程咬金的"三板斧"，只要顶住三次强力进攻，敌人的士气就会大大降低，甚至直接"自刎身亡"。

（3）节省步数。线上的子粒，即使是空炸，也不用主动投掷。吃子和投炸都会损耗步数，这将是敌人希望的。你要做的，就是尽一切办法延缓时间，时间就是生命。即使不断送死飞挡，也足已让敌人烦躁不已。

（4）你不能逼迫或指望你的友军立即进行救援，一般情况下，这将是困难的且有害的。你不断争取时间，坚信该来的友军一定会来的。否则，友军不仅救不了你，还害了他自己。

（5）不要让敌人轻易撞角或挂角。旗角一动，性命堪忧，宁可死子拆挡，也不让敌人轻易撞角。

（6）不要轻易暴露司令。40不死，敌人就不知道军旗的方位，使敌人有所顾忌。军长不敢轻易进攻，司令不敢轻易搬旗。锋位司令有时是对付闪电战时军长首攻的"杀手锏"。

（7）即使是副线，也尽量不要让敌人轻易搬虚旗。在可以接受的损失下，不妨假旗真做，增加敌人的损失。

（8）友军受到闪电攻击时，哪怕只是一步送死的挡，也能为友军争取宝贵的时间部署防守。

（9）破封：就近攻击封堵子粒。最好估计敌方大小后，就地取材，采取兑子战打开通道，迫使敌方补封损步。

（10）攻击主攻方的中路，杀中锋，吃进攻侧眉位，平吃敌方一线。这些地方常有工兵，防守薄弱。

（11）采取"渡"的手筋，不断输送兵力至友军家中，这些子粒无需一定是大棋，关键时刻帮挡，延缓敌方攻击速度。

（12）工兵飞挡、飞兑、飞延。敌人暗子挂角时，尽量用工兵飞一下。特别是双明时，即使友军不是地雷，也一定要飞，混淆敌人视听。

（13）救援时要把握分寸，不可全线救援，要保证自己不失的前提下，提供有限救援。

（14）可用已方暗棋挡住敌军，特别是失令进攻方，使敌人感到进攻风险，迫使敌人大子走明。

（15）当友军尚有大棋，将会被双抢时，关键时刻，杀大舍令，为友军争取宝贵时间；

（16）采用"围魏救赵"。但切忌用令子攻击进攻方的另一侧。若实在想进攻，师旅即可，且优先平吃一线。

（17）实在无法打通救援时，奋力攻击一家，或占敌行营。

（18）有机会可空炸进攻方进攻线的立角。

（19）采取一敌二的策略，充分准备，迎接双敌的围攻。

5. 闪电战的发展

为避免强攻的盲目性，减少损失，闪电战有了一些发展：

（1）不再一味强攻，而是在攻击时，掺杂工兵和炸弹，达到出奇制胜的目的；

（2）前期只投入有限兵力，能闪则闪，见利就收。以闪电架势开头，一旦获得重大利益，且又无法强攻下一家，则改为普通战，以获得优势战胜对手。

闪电战法思想运用于战略进攻，衍生出一些新品：

（1）突闪：不是开局便采用闪电战，而是在条件成熟时（发现敌方重大破绽时），突然发动闪点战，打敌方措手不及。由于此时对敌方阵型和子粒比较了解，事发突然，因此胜算增加；

（2）独闪：在中后局，利用己方兵力绝对优势，对某敌发动闪电袭击。

（3）间闪：以闪电为欺骗手段，发动突然袭击，谋取利益。

6. 小结

闪电战以"二打一"的子粒优势和双步优势（落步原理）为作战理念，以强力快速攻击为手段，以联手阵为常见形式，在四国军棋中得到充分的发展。闪电战与盘棋战法形成鲜明的两极对照，已成为战法的一个重要分支。

第八节　盘　棋

与闪电战的基本思想相反，盘棋不像闪电战一样大开大合地迅猛进攻，而是在局部不断的反复间歇纠缠，常采用小子或行棋但不接触的方式，来刺探敌情，当发现敌情后，猛咬一口。然后又重新开始酝酿，等待下一次进攻。盘棋常常耗费大量的时间，所以也有人称盘棋为"磨棋"，跟你磨，磨得你心烦，直到按捺不住，暴露实力或弱点，然后盘棋手再进行反攻。盘棋十分注重优势的积累，强调关键子粒的运用。盘棋类似太极拳，常常错落有致，外柔内刚，以柔克刚。盘棋不像闪电那么直截了当，因而布局特征不明显，注重子粒调运，变化较大。

1. 非常规布局

好的盘棋手，常常拥有良好的抗闪电等基本功，对常规的布局十分了解。在此基础上，常会布一些非常规布局。常会在一些非重要位点布置重兵，而在一些看似重要的位点布置弱兵或空炸。此外，师长后无炸、小子＋炸等。总之，以有效迷惑敌人，出其不易为基本目的。有时，甚至两线用完，但主力未损。如图7-6所示，中锋兵、连长＋炸、中台炸、腰位兵、肋位兵等。

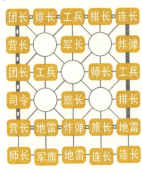

图7-6 弹子第六式

2. 后发制人

盘棋手只有在掌握你方关键子粒的动向的情况下，才会重拳出击。盘棋手初棋常送死一些小棋，很多时候，宁愿拆挡也不主动进攻，尽量让敌方主动攻击。盘棋手在此过程中，故意展开一些假动作，逼迫敌人应对，从这些子粒的死亡情况以及敌人的应对中，掌握敌人的排兵布阵。盘棋手非常注重信息的获取，宁愿少吃子也要让敌人暴露，从而获取有用信息。其心思缜密，观察敏锐，会记住你相关的行棋，并精密分析你的意图，从而推断出你的关键子粒。常会在你尚未意识到子粒暴露的情况下，发动突然的进攻。盘棋手初期优势常不明显，至残局阶段，始见其实力雄厚。

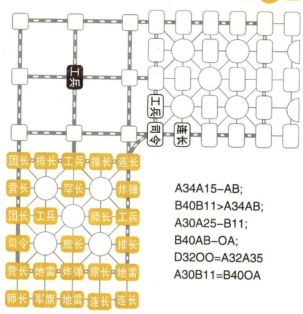

A34A15–AB;
B40B11>A34AB;
A30A25–B11;
B40AB–OA;
D32OO=A32A35
A30B11=B40OA

图 7 - 7　盘棋炸 40

3. 注重信息保护

　　盘棋手更加珍惜自己子粒信息的保护，不到不得已，决不暴露自己的关键信息。由于盘棋手推断能力惊人，因此不会浪费多余的信息。即宁愿打兑，也要尽量高一级吃子。如他认为你是37，会用38来吃你，而不会用40。有时宁愿不吃，也不去主动暴露，常常能而示之不能。若你40早亡，他40在线上，为了吃你军长，他会宁愿40逃跑来避开你37撞死。这些信息的保护及这种精确打击，常会使人产生误判，从而遭受更大损失。

4. 歧义与双关

　　盘棋手常常运用歧义和双关，制造假象，让敌人推断失误。如采用营中师长攻击敌人可能的师旅。如果吃掉，则装成令子；如果兑掉就伪装成炸掉，从而使敌人推断失误。将空炸布于腰位，伪装成打兑，紧接着后面的子粒装炸进营。如图 7 - 7，喉位军进左前营，可充假炸，使敌人司令不敢轻易直接打吃；又当敌人吃掉右锋连后，右肋师进营装炸，敌若大，常会退，然后投左肘位炸；敌若为中级子力，直接杀炸，我方工兵装炸退底营。

5. 常设陷阱

盘棋手能够很好地把握敌人的心理状态，熟悉棋盘位点与招式间的关系，在盘棋过程中，掌握敌人的性格特点，从而"量身定制"针对该敌水平的陷阱，最后"请君入瓮"。往往看似笨拙，实则奸诈，常常能狙击敌方大棋。如图7-7中，敌大棋占底营，另一敌飞兵旗台，敌大棋杀台中被炸，我方37吃兵。

6. 奇袭

盘棋手常有良好的心理素质，具有猎人一样超常的耐心。甚至走一些违背常理的行棋，在这个过程中，使敌人充分暴露。盘棋手很好地掌握了先后手的转化关系，守株待兔、撞死原理运用成熟，常以静制动。如图7-7，敌连杀左锋团营，我方左腰团长退底，敌会撞死到司令上，然后团长回腰位。将虚实与先后手结合，常可有效调动敌人兵力。当盘棋手处于劣势时，其行棋更加别具一格，常常会将有限力量充分隐藏，直至时机成熟，能够发动致命一击。如突然挂角、旗台兵，常因此而翻盘。

7. 小结

闪电与盘棋一快一慢，是两种典型的战法（或流派）。北方棋手常以闪电闻名，棋风凶悍快捷，以张硕为代表；南方棋手以盘棋著称，棋风细腻多变，以阿诺为代表。随着对闪电和盘棋研究的深入，单纯的闪电和盘棋已不多见，而两者有机结合，盘闪结合，成为当今四国军棋战法主流。

第九节　司令大本营

在布阵阶段，将司令摆放在大本营中，称为"司令大本营"。它是一种非常特殊的布阵，虽然在通常布阵中较为罕见，但研究这种布阵及其下法，对于理解军棋的本质，提高军棋水平，有很大的实际意义。

1. 布阵基本特点

司令大本营与军棋规则有着十分密切的关系。首先司令可以摆放在任何位置，包括大本营；但是摆放在大本营中的棋子不能移动，当"司令大本营"时，相当于损失了一个可移动的司令；司令在可移动子粒中，处于子粒大小金字塔的顶端，是令子，具有极强的攻击能力，司令大本营，意味着失去了一个具有最大攻击能力的子粒；大本营有两个，而军旗必须摆放在大本营中，因此，司令大本营时，一个摆放着司令，另一个当然摆放着军旗；司令死掉后，该方才会明军旗（军旗由暗变明），当司令未被消灭之前，敌人无法确知军旗所处的位置；军旗可以被任何可移动子粒消灭，搬军旗后，可移动子粒不能再移动，如果可能，敌人会尽量选择较小的子粒搬军旗，以减少搬军旗造成的子粒损失；如果采用司令来搬军旗，如果搬错，敌人将可能会损失一个司令，一般是难以接受的，同理，用炸弹来搬军旗一般也非必需。因此司令大本营，此司令一般不易被敌人打明，军旗和司令会一直处于暗的状态。

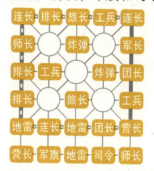

图7-8　弹子司令大本营布局

在子粒上，当司令大本营时，由于司令不能移动，所以首先相当于损失了一个司令。同时，假设敌人需要灭掉我方司令，比较经济的方法莫过于空炸40，而司令大本营，敌人不需要耗费一个炸弹来炸掉40，因此，司令大本营相当于敌方多出了一个炸弹。在子粒价值中，一般认为，炸弹的价值大约相当于师旅，因此，可以认为，相当于敌人多出一个师旅。所以，当40在大本营里，相当于损失了一个司令和师旅。因此，在开局的初始阶段，子粒上即处于绝对的劣势。这也是司令大本营不常见的重要原因。

2. 主要策略

尽管司令大本营有自身固有的缺点，但也有自身的一些优势，这些优势，成为了司令大本营的主要策略。

2.1　真假军旗

由于大本营中的司令不易消失（兑掉或炸掉），因此军旗一直处于暗状态，敌军难以确切知道我方的军旗位置，攻击目标不明确。

（1）空城计：由于军旗位置不明，为空城计提供了可能。敌军只好按照一般的思维来推断军旗位置，即主线（军旗侧）兵力较强。因此，司令大本营时，可适当有意识地将主线布置不太大的棋子，让敌人误认为非主线侧。而将副线布置重兵，诱使敌人误判我方军旗位置。在关键时刻，假装不慎（如伪令子回救不及），让敌人令子攻破我方副侧防线，在此"千钧一发"之际，用伪令或伪炸追逼敌方令子，敌信而用令子搬旗，从而达到消灭敌人令子的目的。空城计的要点是，假旗要当真旗来保护，甚至在搬假旗前，不惜用子撞死，从而使敌人深信不疑。

（2）过滤试搬：由于我方军旗未明，为减少搬旗造成的兵力损失，对于防守不严密的一侧，有经验的敌人会尽量采用较小的棋子，来进行试搬，这样可以减少损失，同时确定军旗的位置。部分棋手将工兵等放于旗台，以迷惑敌人，真旗假做。但是，这种布阵存在较大的被试搬风险，成为空城计的克星。防止试搬的方法有两条：①用营团级棋子对敌方棋子进行过滤；②适当的进攻和制造手筋，消耗敌方的小棋。而一旦敌人打入的旗侧的棋子在37及以上，则会因为我方旗侧防守不严，认为不是军旗，而舍得不搬旗，从而更好地保护了军旗的安全。

（3）双搬：对付真假军旗最有效的办法，就是"双搬"，即用两个棋子分别搬军旗。通常是两个敌人，从两侧分别来进攻军旗，通过我方防守的情况来确定最终搬哪一个；或者直接用两个棋子均来搬旗。我方两侧均可适当阻击，副线强烈抵抗，主线稍作抵抗（甚至不防）或留给友军协防，辅助地雷防守。双搬中，主要是避免敌人从一侧突破后造成的双搬。即当敌人从同一侧攻入后，能够造成双搬。其关键就是需要用地雷将两个大本营阻隔开来，比如台中布雷，切断敌人搬假旗后，另一大棋直接从台中下中底或吃旗台形成双搬。而台中雷常常成了重要阻隔，当双底营尚在我方手中时，进入左台、右台的棋子，可被我方直接困杀。

2.2　第四个地雷

由于布于大本营中的子粒不能移动，因此，通常将排长布于大本营中。部分玩家为了保护地雷，会将营长或团长布于大本营中。而将团长及以上布于大本营中，十分罕见。当诱使敌人大棋（非司令）搬虚旗撞死之后，敌人就会认为，大本营中必然是地雷。这样，敌方在计算地雷时，就会发生错误推断。即对敌方来说，其实出现了第四个地雷。虚旗被探前后，我方需要立即转移防守重点，将防守力量转移至旗侧。敌人往往在损失一员大将搬旗之后，恼羞成怒，利用大子强行突破。台中雷常会成为 38 甚至 40 的葬身之所。特别是在挖完两雷之后，敌人认为我方已经没有地雷（司令被误认为是地雷），第四个地雷成为敌人最后的令子的搏口，从而血本无归，心理打击足以使敌人直接投降。第四个地雷的运用，首先要保证自己仍有较强的防守能力，在主线需要有令子（伪司令）防止敌方突破，迫使敌人从侧面进攻。同时适当地引诱和逼迫敌人搏旗。中叠雷的中底雷，是较好的选择之一。

2.3　空炸

由于布阵上子粒的损失，适当地利用空炸，以改变敌我子粒平衡。空炸最好较不明显地使用，从而使敌人误判我方炸弹个数。特别是消灭敌方的中级子粒，使敌人中坚力量薄弱，为装令提供条件。空炸最好让敌人主动来撞，非不得已，不推荐主动投掷。利用炸兑手筋，尽量使敌人的棋子，非大即小，大的舍不得搬，小的搬不到。从而有效地阻止试搬，更好地运用真假军旗。当然如果直接能空炸到司令，子粒很快就可以接近平衡，从而优势会更加明显。

2.4　装令

正因为 40 大本营不常见，故可出人意料。当 40 未明时，运用"镀金"战术，任何子粒均可能扮演司令。而伪令的存在，能使自己防守不至过于被动，保持主动权，十分重要。伪令必须是强子（特别是初期），37 至 39 均可。首先，装令首先需要有胆略，即适当的攻击（如反吃），用攻击实力使敌人确信我方为令子。其次，采取部分辅助手段强化假司令身份。包括实施"苦肉计"和"控势追逼走位"。"苦肉计"就是用工兵或小棋去撞或阻挡敌人装炸的子粒，特别是飞兵，即使明知敌人不是炸弹，也可以在关键时刻飞兵假装抢炸，来强化假司令的身份。用连排等小棋阻挡，亦可大量运用。通过小棋的损失，换取敌人的假情报。同时可以配合适当走位，即在九宫四个宫角间移动，貌似控势来强化身份。对于敌人没有根的非炸棋子，大胆追逼，造成敌人被动，缓解军旗压力，强化令子身份。特别是对于无令方，更可采取封关追逼等的手段，压制其攻击能力。这样既安全，又能起到装令的效果。一旦假令子被识破或被炸，可采用另一强子继续装令，保持主动性和威慑能力。若有令方采用子粒来追逼我方时，先期可用小棋撞吃，假装抢炸，若敌继续追逼，可根据情况，选择避让或不动。特别当确信我方已吃到较大棋时，更可不动。一般而言，敌方是不会用一个暗令来打兑我"明令"的。如果伪令不幸被敌方真令吃掉，也不必过于沮丧，知道了敌方令子，我方其它的子粒装令，也就更像了。我方仍可按上面的方法，在避开敌方令子的情况下，继续发挥作用。但在关键的时刻，仍然需要有假令子阻挡敌令子的勇气和手段。假令子的价植，不在于能够吃到棋子，而是在盘棋和控盘过程中，制造机会，积累优势，同时给予敌军以强大的心理压力。

2.5 心理战

敌人的逻辑，往往是建立在我方有司令的基础之上的。这种默认的潜意识，成为其推断错误的根源。对于无令方，心理上存在极大优势，假令子对其能起到巨大的威慑力量，完全可以大胆使用。当敌人费尽周折，终于炸到我方假令子，结果发现我方竟然不是司令时，巨大的心理落差，并非大部分棋手所能承受的。通过多次的反复使用假令，敌方一次次费尽心机，却一次次失望，以至于心理最后接尽崩溃的状态。在后面的进攻中，若能再给予一次重创或其友军配合不善，其心理防线必然崩溃，从而不战而屈人之兵。即使对于有令方，由于炸弹用尽，而我方40未明，也会承受巨大的心理压力。他必须时刻担心我方暗令的突然袭击，从而草木皆兵。而一旦旗线不慎被突破，即使有大棋防守，也极有可能推棋认输。随着我方棋子个数的减少，每个棋子成为司令的可能性大大增加，当我方仅有一两个活子时，主动出击的子粒会被直接推断为40，即使不吃一个棋子，通过控势和追逼，也同样能致敌于死地。如最后的工兵，在追逼过程中突然挂角、起飞，常可出奇制胜。具有极强心理素质的棋手，毕竟是少数，因此，心理战的运用，能够大大提高司令大本营的成功率。

2.6 配合

当你知道友军为司令大本营时（如双明），千万不要慌张，正所谓"没有金刚钻，不揽瓷器活"，友军自有司令大本营的道理。事实已无法改变，你唯一能做的，就是配合友军作战，而不是悲观失望或强退。一般不宜直接用40冲杀，以免40被炸。而最好能打兑一家40，使友军可以对其压制，以免因两方均无令子而导致被动。主动了解和掌握友军的意图，做好假令子的保护，做真假军旗，时刻准备奇袭和突击。当敌方均无司令时，司令大本营方往往能取得很好的效果。就笔者经验而言，司令大本营，四暗较易，双明稍难。其主要原因，就是友军心理存在障碍，在空城计、假令子的使用方面，受到友军很大干扰而暴露。即使是高分棋手，也经常会处理不好，而恰恰是那么低分选手，反倒会使双明的司令大本营成功率增高。个中缘由，值得大家深思。

3. 注意事项

（1）司令大本营，不见得就是龟守，敌当的进攻和占有主动权，可以避免被动挨打的局面，是十分重要的。

（2）假令子起到的是威慑作用，在控势过程中谋利。以战略战术为依托，不以吃子为目的。切记穷寇莫追，以免敌人狗急跳墙，暴露假令子身份。

（3）当敌令子已吃得大棋，想与我方假令子打兑时，假令子应适当避让；但若情况紧急时，仍需要勇敢阻挡。

（4）对于有令方，一方面以伪令控势，一方面以炸弹威吓敌令。

（5）提高推断敌方40的能力，避免38和39被芝麻开花。

（6）司令大本营一般可为练兵之用，慎作比赛之阵。

（7）通过司令大本营的训练可以为藏40战法等提供良好的经验。

4. 意义

司令大本营，作为一种布阵与其战略一起，成为四国军棋中的一朵奇葩，具有重要的实际意义。司令大本营并不把胜利作用第一位的目标。但却是通过司令大本营，能够让你更加明白40存在的意义，特别是暗40的意义和价值，包括对敌方子粒大小（特别是敌令子）的准确推断。同时，它需要你更加娴熟地运用镀金战术、空城计、地雷。最为重要的是，在这种极端的条件下，它对棋手的心理素质，是一个全面的锻炼和考验。许多处于瓶颈期的棋手，可以通过司令大本营的历练，成为一个真正的军棋高手，更加了解四国军棋的真谛。

配合是四国军棋的精髓。单个玩家只有敌人兵力的二分之一，居于绝对劣势。玩家必须结成联盟，团结作战，形成一加一大于二的优势，才可能最终战胜敌方的联盟。配合不仅增加了趣味性，而且增加了不确定性。四国军棋不崇尚个人英雄主义，弘扬的是团队合作精神。有时，它更呼唤棋手为了最后胜利做出无私的牺牲和奉献。正因为四国军棋可以培养这种高尚情操，使四国军棋拥有十分的魅力！

第一节　双急

1. 急所

急所，本是围棋术语，指棋形上紧要的争夺所在。四国军棋的急所，是指需要应对的位置或一步棋（需应步）。它是手筋中"步"造成的结果。

常见的急所可以分为三类：

（1）夺旗急所，若敌人不应，该敌会丢失性命。所以一般夺旗为最大急所（但不绝对）。

（2）威胁重要子粒安全，若敌不应，可能会丧失重要子粒。如令子、炸弹或工兵等。

（3）争夺有利位点，若敌不应，将占据重要位点。如旗底营等。

2. 双急

双急，即双急所，它是指某一步中，同时存在两个急所。由于一玩家只

能行走一步棋，因此，双急可能会使其应接不暇，从而产生损失。它是先后相对性在配合中的运用，是四国军旗的重要特色之一。本文着重讲解双人形成的双急。

3. 双急的形成与特点

双急的形成具有顺序性的特点。比如 A 方对 D 方行手筋步，B 方随便走一步，C 方又对 D 方行手筋步。此时轮到 D 方行棋，D 方面临两个手筋的威胁。即在紧邻的回合内，双敌对一敌先后制造出双先。双急的威胁程度和紧要性往往不一样，位置相关度也不一样。有的双急较近（如右前锋和中锋同时遭到令子攻击），有的双急较远（如两侧受到两令子攻击）。

4. 如何制造双急

先后相对性原理告诉我们。第一个急所宜针对上家。如 A 家若想制造双急，宜攻击 D 方。若攻击 B 方，则 B 方可以马上应对，C 方就难以制造另一急所了。

友军需要明辨是否已经形成了第一个急所。这在双明时比较容易判别，而在四暗时稍难。一般发生连吃、反吃、挂角、追逼等时，均可认为是形成了一急。一旦已制造一急之后，友军宜制造另一急，使敌人难以应对或帮助友军摆脱困境。

常见的双急有：

4. 1 主动的双急

主动进攻形成的双急，可以是任意急所的组合。如双令同时攻击一家；一家令子攻击，一家挂搏；一家令子攻击，一家出炸威胁其令子；一家攻击，一家抢占行营等。主动进攻时，可以选择相关程度较强的位置同时攻击。比如同时攻击左前营的周围，一个从左边攻击，一个从中路攻击。安全性会大大提高。

主动的双急，宜攻击敌人有空营的地方，以便逃脱。如开局立即发动的进攻，使敌人无法组织有效防御，很多行营较空，攻击后可挤占行营。

4. 2 被迫的双急

攻击失利后形成的急所。D 方布局左锋军右锋令。A 方 38 + 30 进攻 D

方，撞死；C方38 + 30进攻D方，亦撞死。此时，D方令军同时面对两枚炸弹。形成了双急。逃走司令，则军长会被炸。

4.3　混合型双急

两种急所的混合。如A方38 + 30进攻D方，撞死；此时，我方C立即采用大子进攻D方另一侧。若D方另一侧为38 + 30防守，则D方同样会形成双急：若D方大子逃走，则C方可选择撤回，成功赚回38；若D方炸C方，则A方炸D方。

5.　双急的应对

5.1　明辨急所的轻重

中国象棋中有"丢车保帅"之说，同理军棋中有"丢令保旗"。当司令和军旗同时受到威胁时，选择保护军旗而舍掉40。可见，双急的应对原则就是避重就轻，以减少损失。正所谓"留得青山在，不怕没柴烧"，现在丢了40，后面还可以挽回；但若丢了性命，一切都没有希望了。

双急轻重的差别，亦可从行使手筋的先后上加以推断。A方攻D方后，C方未明子粒突然灭D方炸弹旁38，常可推断A方为令子攻击。

5.2　计算急所的缓急

双急相比较有缓有急。双急的应对原则之二：先处理最紧急的急所，然后处理次紧急的急所。比如，左侧38 + 30，30在左前营；右肘38 + 腰位炸，右前营有子。受到双令攻击时，则先用左炸，右侧炸则在下一回合中再炸（缓炸）。

5.3　友军支援

由于一方一回合只能行一步棋，因此双急对于一方而言往往是难以应对的。常常需要友军的支援和协助。其核心就是争取时间，以便友军再处理。

（1）破除手筋

部分手筋是可以破解的。对于一方强攻，一方威胁军旗的双急，往往需要友军的配合。如一方攻击，一方飞兵威胁军旗。此时，需要友军飞兑工兵；又如一方强攻，一方出炸威胁友军令子，友军则可以飞兵挡炸。

（2）给敌人制造一急

友军可以给敌人制造一步手筋，而使敌人也需要应对，从而无法逃脱。

如双令子攻击后，炸掉一家 40，友军用令子攻击尚未炸的敌人，敌人若炸友军司令，而友军也成功炸其 40。

而比较技巧的方法，则是对敌人军旗的威胁，特别是工兵的挂角和飞旗台。这样可以减少制造手筋时的损失，但也存在被敌人友军化解的危险。

（3）延缓

在一方手筋已被化解（或解除）时，另一方往往需要考虑撤离。采用延缓手筋，拖延敌人脱离危险的时间，从而使友军成功处理。比如，A 方和 C 方双令子分别攻击 D 方双 38，D 方炸 A 方，C 方腰位令准备逃跑，B 方小子至肘位延缓，延长 C 方逃跑时间，C 方回吃，D 方出炸追赶，可成功炸掉 C 方。

6. 双急的避免

6.1　布局错位

若左右侧均为 38＋30，则左锋 38＋左肘 30，右侧宜肘位 38＋腰位 30。当一敌攻击左侧 38 时，另一敌想制造双急而攻击另一侧，我方可先炸掉左侧，而右侧未形成急所。错位也可设置在对局过程中。

6.2　保持一个焦点

不要同时让敌人制造出两个可能的焦点，让敌人只能观察到一个焦点。比如，尽量只有一个可能被追逼的子粒在外面。如令、军不同时在外面，避免敌人双炸分别威胁，或者炸追令，令追军。

6.3　避免多枝单根

多个重要子粒宜不要同时处于可被攻击的位置，适当进营，避免只以一个炸弹或令子为根保护多个重要子粒。如一炸守双师时，两敌同时对两个师长发动攻击；一大守双兵时，可能的虎口拔牙。

6.4　友军的协助

（1）避免形成第二急

当友军已被制造出一急时，我方宜采取延缓或拆挡的方法，避免敌人形成第二急，防患于未然。

（2）制造一急

当友军已被制造出一急时，我方也可以对下家制造手筋，使其不能向友军制造第二急。该手筋也可以是伪手筋，如出假炸威胁C方令子。

（3）减少损失

若友军双急必然形成，我方则抓紧时间，抢占有利地形，吃兵追炸的辅助手段，尽量减少损失。切忌隔山观虎斗，无动于衷。否则将对友军心理造成极大不利影响。

7. 小结

双人制造的双急是四国军棋特有的一种现象，它是先后相对性与手筋在配合中的集中体现。配合是四国军棋的精髓，而双急是配合的核心。掌握双急的形成、特点、运用、应对和预防，是掌握配合的关键。

第二节　双抢

1. 双抢

由棋盘位点可知，可从三条路径攻上军旗。①由立角下旗底夺旗；②由旗底营或角线经旗台夺旗；③由台中下中底夺旗。双抢就是两家通过配合，利用两步打一步的优势，在尽量短时间（步数）内，使其中一家顺利经由以上三条路径之一而到达军旗。抢，表明了夺旗时需要尽量快速，使敌人自救和友军救不及，从而减少搬旗的损失和代价。

2. 双抢的一般方法

双抢时，需要注意行棋顺序，根据相对性原理，需要双抢双方均相对先于被抢方先行棋，制造出双先。双抢时，需要争分夺秒，利用双步优势，通过制造必应步（特别是主动送死的夺旗必应步）、延缓和阻挡来拖延敌人救援的时间，达到"抢"的目的。

2.1　双空双下

旗台、中底和旗底三者之中有两处为空。则两敌同时行至该两处，被攻

击只能应对一处，从而另一敌可顺利夺旗。

2.2 非空双下

同理，若三者中两者可破，则两敌同时攻至该两处，同样可以顺利夺旗。由于工兵的飞行功能，特别适合于争取时间，常是双抢的有力工具。

双飞：为经典的三角雷的破解方法，A家飞D家旗台，C家飞至立角或台中，D吃旗台兵，C家挖旗底，然后夺旗。

一兵一大：一兵飞挂，一大下角线。

双大：当敌方有炸时，两大同时下底。

2.3 单位点双抢

利用"落步原理"，在同一位点进行的双抢。如敌人小棋守三角雷，敌大外出，一家飞兵，另一家下角线，敌吃兵，另一家吃小棋，然后夺旗。

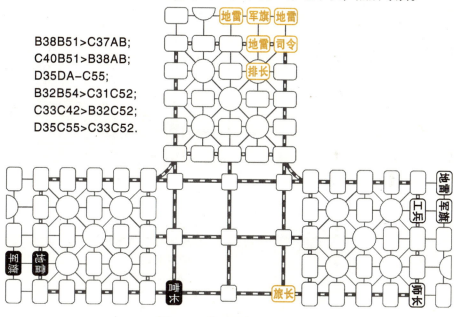

B38B51>C37AB;
C40B51>B38AB;
D35DA-C55;
B32B54>C31C52;
C33C42>B32C52;
D35C55>C33C52.

图8-1　中大下底飞旗台雷

利用不间断进攻，使敌人应接不暇，而双抢。常见于兑子战中，不断出炸或同级子粒，使敌人旗旁救援子粒全部耗用，救援不及，从而取胜。

3. 双抢的一般技巧

以上基本的双抢方法，一般棋手均会掌握，因而有所预防。因此，要实现双抢，必需要通过一系列方法，制造上述双抢的机会。

3.1 延缓

通过延缓和制造夺旗必应步来争取时间，使敌人大棋不及回防。如图8－2、8－3所示。

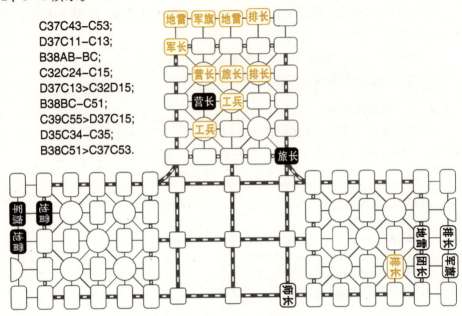

C37C43-C53;
D37C11-C13;
B38AB-BC;
C32C24-C15;
D37C13>C32D15;
B38BC-C51;
C39C55>D37C15;
D35C34-C35;
B38C51>C37C53.

图8－2　延缓敌人回救

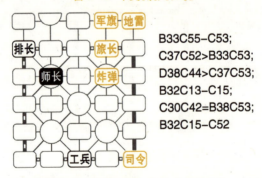

B33C55-C53;

C37C52>B33C53;

D38C44>C37C53;

B32C13-C15;

C30C42=B38C53;

B32C15-C52

图8－3　制造必应步争取时间和位点

3.2 先灭掉敌人需应步的子粒

推断出敌人自救的方法，使敌人自救方法失效，从而实现双抢。

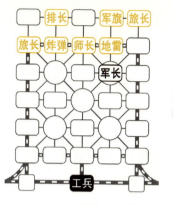

D32OC>C31C52;
B39C42>C38C53.

图8-4 底营杀台中双抢

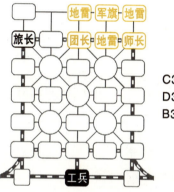

C38C51-BC;
D32OC>C31C52;
B37C55>C36C53.

图8-5 副线杀台中双抢

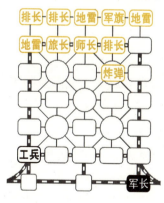

D39BC-C51;
B32C15-C11;
C33C52<D39C51;
D39C51>C38C53;
B32C11-C52.

图8-6 暗大下底杀台中

3.3 空炸

利用空炸制造出空位，从而有利于实现双抢。

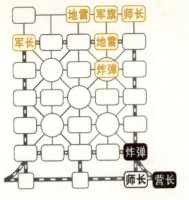

D30C11-C51;
B38BC-C31;
C3955-C53;
D30C51=C38C61;
B38C31-C51;
C30C42=B38C51;
D35B15-C51.

图8-7 空炸旗底

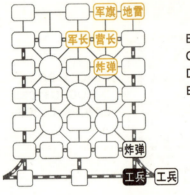

B30C11-C51;
C35C52=B30C51;
D32BC-C52;
B32B15-C51.

图8-8 自空炸双飞

4. 特殊情形

特别是一方仅有一子或马上即将被夺旗时，更需要制造机会，迅速实现双抢。

4.1 错手双抢

双抢时的先后顺序至关重要。必须两人均先于被攻击方，双抢方能成功。但是有时候，由于地雷阻隔、步数或子粒个数等原因，当欲对D进行双抢时，A方虽可顺利制造出双抢第一步，但C方无法制造出双抢第二步，从而使双抢难以顺利完成。此时，往往需要子粒较多的一方，采用苦肉计，主动去夺旗送死，从而使"错手"变成"顺手"，使敌人没有调整防守的时间，从而最终达成双抢。

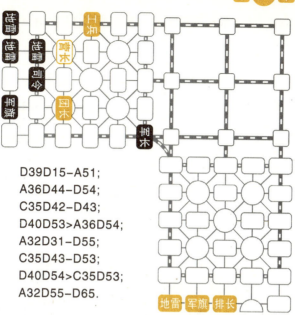

D39D15-A51;
A36D44-D54;
C35D42-D43;
D40D53>A36D54;
A32D31-D55;
C35D43-D53;
D40D54>C35D53;
A32D55-D65.

图 8-9 错手双抢

4.2 临死前的双抢

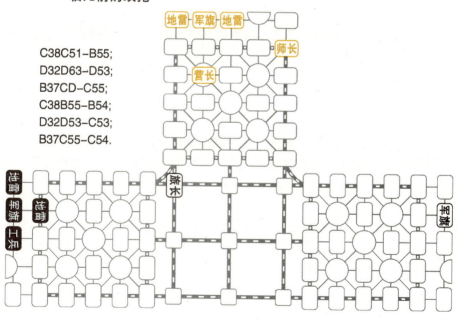

C38C51-B55;
D32D63-D53;
B37CD-C55;
C38B55-B54;
D32D53-C53;
B37C55-C54.

图 8-10 临死双抢 A

双方兵力劣于一方,眼看敌人一敌二即将成功,临死方先一步制造夺旗必应步，从而顺利双抢。如图 8 - 11 中，蓝方旗底 37 未明，黑方 39 无奈，只好搏旗，结果成功。

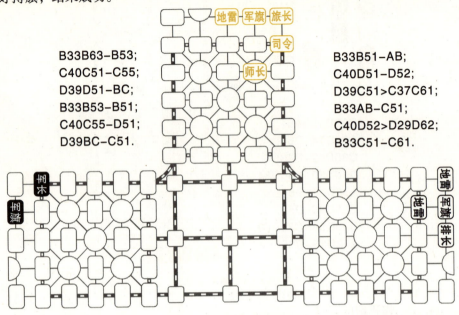

B33B63-B53;
C40C51-C55;
D39D51-BC;
B33B53-B51;
C40C55-D51;
D39BC-C51.

B33B51-AB;
C40D51-D52;
D39C51>C37C61;
B33AB-C51;
C40D52>D29D62;
B33C51-C61.

图 8 - 11　临死双抢 B

类似的方法还有较多，总之，需要通过各种方法，将其转化成简单的双抢基本形式加以运用。

5. 小结

双抢是四国军棋的一朵奇葩，它的存在证明了配合的价值，使四国军棋变得充满趣味和智慧。双抢证明了成功不仅仅只依靠个人的智慧和力量，有了别人的帮助，在相对劣势的情况下，你也能取得很大的成功。

第三节　协同防守

1. 定义

尽管开局时，所有玩家的子粒是一样的。随着棋局的进行，在子粒构成、

攻守态势等方面会发生较大的变化，往往需要协同防守。协同防守是指两家友军之间，通过将子粒行至友军家中，相互帮助防守。它是配合在防守中的运用，在四国军棋中应用广泛。

协同防守的主要优点：（1）在一定程度上克服二打一造成的防守缺陷，特别是克服双急、双抢等不利影响，将局部的一敌二变成二打二，甚至局部的二打一，从而在防守中获利。（2）子粒优势互补，兵力重新优化分配。

2. 两种方式

我们根据子粒到达友军家中的时机，可以分成两类：

（1）必需时才进行的及时增援配合；

（2）预先渡至友军家中，伺机配合。

2.1　及时增援

当友军出现危险时，及时增援。优点是动态分配兵力，机动性强。特别是一些重要的子粒，往往需要采取运动战。缺点是有可能会被敌军事先阻挡而无法及时到达，延误战机，造成重大损失。

2.2　未雨绸缪

采用"渡"的手筋，预先将子粒运送到友军家中，成为友军防守阵营中的一员。在需要的时候，再配合友军防守。优点是及时性有很大提高，化解敌人可能的封锁式攻击，敌人难以阻隔。缺点是可能对已方子粒的构成产生重大影响，机动性降低。在配合不当时，对友军造成负担和障碍，有时甚至帮倒忙，产生致命缺陷，四暗尤甚。

3. 常见方法

3.1　拆挡、延缓、封关、过滤

当友军需要帮挡时，可以为友军护炸（防飞）、防炸。当进攻方撞死、被反吃、炸弹前面的子粒打兑时，可使用拆挡手筋。如果未派遣子粒先到友军家中，则可能被敌军阻挡，情况紧急时，往往需要采取工兵飞挡。在模棱两可的情况下，飞兵不仅会损失工兵，而且可能暴露目标，得不偿失。其实，这种拆挡使用较小子粒即可达到目的，所以可以预先将较小子粒渡至友军家中，必要时拆挡。拆挡子粒基本不影响我方主力的构成，又能帮助友军防守。特别是当敌军令子或炸弹控势时，既可以有效消灭敌人，又可以保障友军安全。

A40B11>B34B12;
B38B13<A40B12;
C37C13-OO;
D32D13-B13.

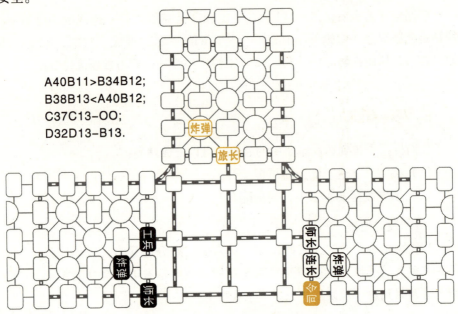

图 8-12　中锋撞死后的封关配合

B38B45<C39C31;
C39C31-C32;
A34AB-C31.

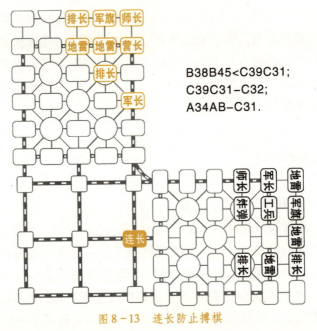

图 8-13　连长防止搏棋

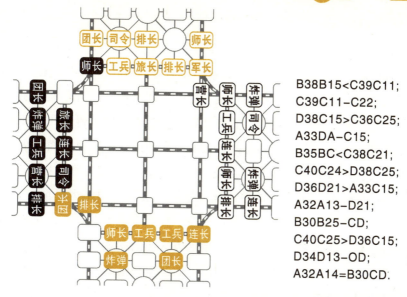

B38B15<C39C11;
C39C11−C22;
D38C15>C36C25;
A33DA−C15;
B35BC<C38C21;
C40C24>D38C25;
D36D21>A33C15;
A32A13−D21;
B30B25−CD;
C40C25>D36C15;
D34D13−OD;
A32A14=B30CD.

图 8−14 封关拆挡与破炸

另外，在友军可能受到连续强力打击时，我方不明子力的阻隔可以有效遏制敌人的进攻。如强攻方40阵亡，我方有令，采用不明子粒拆挡（特别是多次），常会使强攻方感到进攻压力。即使敌人顺利吃掉我方（延缓），也为友军提供了重新组织防守的宝贵时间。同时，友军也可以根据敌我双方的损失情况（过滤），选择合适的子粒进行反击。

特别是残局阶段，将排长放至友军立角或主线，防止可能的暗兵或暗炸挂角，是十分有益的。将小子放至友军肘位和膝位，延误敌军行进的时间，也是常用的手法。

3.2 克服"双急"

根据行棋顺序，避免形成双急。可在已形成第一"急所"时，防止第二急所的产生。也可以在已形成双急时，化解其中一"急"。

3.3 克服"双抢"

双抢的种类较多，当军旗危急时，即使子粒较强，单靠一个人的力量，也极难避免。双抢的时间要求又相当严格，激烈交战中，常常会命悬一线，防守方难免"百密而一疏"，导致失败。从外线去救援或者"围魏救赵"，往往是"远水解不了近渴"，效果不佳。而直接到友军家中协防，常常事半功倍。

3.4 优势互补

当友军被攻击后，可能导致部分种类兵力缺失，比如炸弹耗尽、多炸而中级子粒缺失、中级过多小子过少、缺少工兵等，将相应子粒渡至友军家中，可以帮助友军很好地防守。如果可能，尽量供即所需，但若不能如愿，可将不明子粒渡至友军家中，装作所需要子粒，对敌人起到威慑作用。如将假炸运至友军家中，常可在一定回合内，遏制敌人的强攻。有双炸而中级子粒缺失，也是一种比较常见的现象。当吃一小子后，无法较准确地推断其大小，炸之又亏，不炸又守不住，这种情况，常需要友军将师旅运送至友军家中，形成师炸或旅炸防守堡垒。大子多小子少，如只有令军师，而无法将炸弹和敌大子区分开，也是常见的现象。如果己方大子直接阻挡，又恐敌人令子来吃，损失太大；不阻挡，又恐敌人空炸。而友军只需要小连小排，即可区分是否炸弹，自己就可以有效组织反击。

3.5 交叉防守

由于渡子粒到友军家中，在防守上的优点，演变出相互派遣子粒到友军家中的防守形式，我们称之为"交叉防守"。它是我方与友军互派个别主力子粒相互进行防守的方法。如令子相互交换的防守，常见于敌方强攻失败的情况。如果各方自己采用令子防守，由于敌人中大和炸弹较多，极易形成混合型中大加炸组合，一方面是对小子的追吃，一方面是对军旗的威胁，往往难以兼顾。而双抢的危险随时存在，独立防守极易形成必炸局势。敌人将会各个击破，双方都无法较好完成防守。而采用大子交叉的方法，则可以有效避免这种情况，一方掩护，一方撞吃，有条不紊，是令子防守的标准形式之一。

(1)
B38C55>C37C54;
C35C52<B38C54;
D38C15>C34C14;
A40A51>B38C54;
B37B22-B13;
C32C13<B37B13;
D35A11-C55;

(2)
A38A44-A45;
B35B41<A38A45;
C34C44<D35C55;
D35C55-C44;
A40C54-C52;
B37B13-OB;
C32C43-C53.

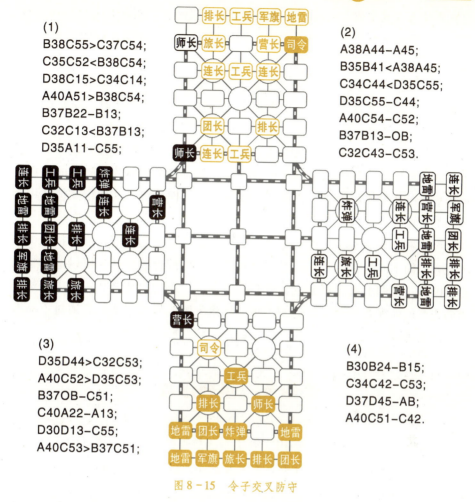

(3)
D35D44>C32C53;
A40C52>D35C53;
B37OB-C51;
C40A22-A13;
D30D13-C55;
A40C53>B37C51;

(4)
B30B24-B15;
C34C42-C53;
D37D45-AB;
A40C51-C42.

图 8-15　令子交叉防守

4. 注意事项

（1）四暗中一般偏重于及时增援，特别是残局以前。为了能及时将增援子粒顺利运送到目的位点，需要努力保持九宫的通畅，突破敌人可能的控势和封锁。双明时，由于进攻的严密性，及时增援往往会显得困难。

（2）双明中可以将子粒派遣到友军家中，常可以制造有效的配合。可以根据子粒的实际大小，安排相应的位置。四暗中则需要慎重，不要完全将希望寄托在友军身上。信息的不通畅，常有可能导致巨大损失。如非必需，一般只占侧营。如果是真正的重要子粒，才占据交通要道和行营。尽量不要占据旗底营等敏感位点。占据的位置，应预留出空间，以便友军进行部队调整，千万不要堵得太死。四暗中不宜将未明中级子粒运至要道，否则即使被吃，友军也无法确定是否投炸，从而导致不必要的损失。

（3）棋局的动态变化，往往会使当初合理的协同防守可能变得不再适应需要。双方应注意这种变化，并作相应的调整。在防守交接时，需要选择合适的时机，以免敌人有机可乘。

（4）当友军将防守的生死大任委托于你时，你一定需要努力做好这个角色，既勇敢智慧，随机应变。在关键时候，面对友军生命的威胁，即使自己可能遭受巨大的子粒损失，仍需要勇敢直面，死而后已。这种相互信任将会是你与友军战胜敌人的唯一武器。

（5）由于各人经验和经历不同，不熟悉友军之间的协同防守，招式级别的配合，而不能强求更高。当希望友军能更好的配合时，己方可以适当延长行棋时间，以期引起友军重视并延长思考时间。事关生死之际，己方仍然必需防止可能的配合失调，以免因误会而导致失败。搭档之间只有通过不断磨合，才能做到"双剑合一"，走出"双控配合"的完美境界。

第四节　组合进攻

将两家兵力重新整合，将招式等运用于局部战斗中，形成兵力互补优势和步数优势，从而发挥一家同样兵力无法发挥的作用，称为组合进攻。

1. 师炸组合

单人的师炸组合很适合防守，但进攻时，后面的炸弹容易被抢，即使采用铁三角进攻，有时也难免存在这个缺陷。如果两家形成师长组合或组成铁三角，常能克服弹炸被抢的缺陷，进攻有力而安全。如甲方出师，丙方出炸，对丁方发动进攻。由于甲丙都先于丁方，因此，丙方可以根据甲方师长攻击的情况选择保护炸弹或投掷炸弹，常形成必炸棋（如图 8-16 所示）。丁方将面临既不敢吃师长，也不敢让敌人师长撞死的两难境地。该法特别适合于二抢一或者局部区域形成二打一的局面。在联手阵中，甲方双师，丙方双炸组合进攻丁方，然后转换角色，同样双炸双师进攻另一家。

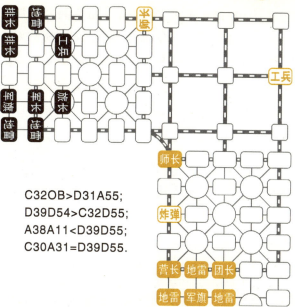

C32OB>D31A55;
D39D54>C32D55;
A38A11<D39D55;
C30A31=D39D55.

图 8－16　双方师炸组合

2. 强强联攻

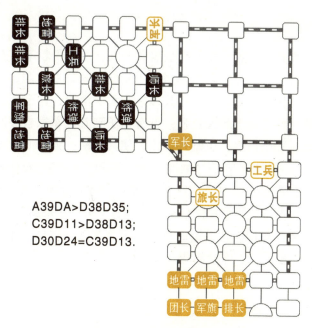

A39DA>D38D35;
C39D11>D38D13;
D30D24=C39D13.

图 8－17　双军破双师双炸

223

强强联攻常见于闪电战，进攻方利用单方敌人兵力（强子和炸弹）有限的缺点，连续强子攻击，使敌人双拳难敌四手。如利用敌人一炸守双师或不同位置双炸守双师，同时双军吃师长，敌人只能炸一军（如图 8 - 17 所示）。又或令军分别同时攻击军师。

3. 兑子战

特别是二抢一攻坚阶段，攻击两方将子粒都摆于主攻线上，不断地进攻，使敌人底线子粒耗尽，其它子粒无法及时驰援，导致防守失败。

4. 令子控势

在有一定兵力优势时，一方令子控制，一方进行追剿。在此过程中，消灭敌人游兵散勇，找出敌人主要兵力部署。当敌人雷型不明时，强方往往不敢搏旗，可让较弱的友军去挂角，迫敌应对，暴露雷型。通过敌人的防守，确定炸弹和敌方次令子，为最后杀大舍令创造条件。

5. 压制攻击

一方令子控势，将敌人双方完全隔离开来，使之子粒不能互救，然后采取优势兵力攻击一方。可以采用类拟推土机的方式，双方调运子粒，一级一级，次第出子，从次令子开始，将其炸弹和大子消灭，直至其缺少某一级子粒而防守失败。特别是当敌人较强一方有强子到其友军家救援时，用令子阻止其回救，然后采用该法，压制式攻击，使其因缺少强子而防守失败，弱敌不战而降。这种方式特别适合于双明（如图 8 - 18 所示）。该法也适合在敌令子外出救援时，用炸弹逼其令子不让归家，同时向他家中发动总攻的情况。此时，炸弹一方面可以用于控制敌令子，同时又可用于威胁敌人家中的大棋，发挥着两个炸弹的作用。在关键时刻，可投掷其家中大棋，并用小棋延缓敌令子的回救，一鼓而下，夺敌军旗。

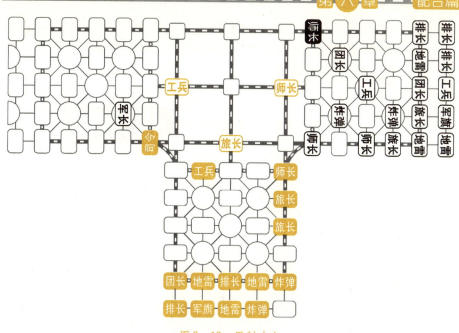

图 8-18　压制攻击

6. 注意事项

（1）组合进攻要求熟悉常见的进攻招式等（研究联手阵是很好的学习方法），且双方都比较清楚目的和意图，从而较好地配合。

（2）要求各方保留合适的子粒，需要注意双方子粒的构成，从而形成子粒互补。如一方有师，一方有炸。切忌一方过强，一方过弱，兵力严重不平衡，将难以发挥组合进攻优势。

（3）需要注意先后次序与进攻方向，不当的顺序将导致机会的浪费甚至是碍手碍脚。此时要注意选择进攻方向，如甲师丙炸进攻乙方，效果明显不如进攻丁方。

（4）双明对组合进攻的要求较高，而四暗中容易出现误判和配合失当。

（5）在二打一时，优势尤为明显。二打二时，需要形成相对密闭的区域，防止另一敌的干扰，特别要谨防关键时刻另一敌飞兵等。

（6）偶尔可以出现一些虚招，如假令或假炸掩护、假兵挂角等。

（7）常见的还有兵炸组合、令炸组合、双兵组合、中大令子组合等。

第九章

棋理篇

　　所谓棋理，就是关于四国军棋规律的理论。有人说："四国无高手，军棋无理论。"弹子对此观点持否定态度。俗话说："世事洞明皆学问。"四国军棋是模拟陆战的游戏，其中肯定蕴含着一些普遍的规律。前面主要从技术的角度展示了一些棋理方面的内容，本章将从更加基础的角度，进一步阐述四国军棋的一般规律。

第一节　　大小相对性

　　围棋的子粒，粒粒相同，游戏的核心是处理每粒棋子投放的位置；象棋的子力虽然没有大小，但是活动范围和行动方式有优劣之分；军棋等级相对较为严格，"官大一级压死人"，上一级对下一级具有绝对的生杀大权。一般而言，子粒个数越多、活动范围越广、子粒之间差别越小，则难度越大、对技巧性的要求越高。

　　为了平衡军棋的等级，军棋中规定，地雷大于司令＞……＞工兵＞地雷。由于地雷不能行动，因此，呈现出非等价的平衡。炸弹为军棋等级的平衡作出了很大的贡献。此外，工兵的飞行功能，也是这种平衡的体现方式之一。这种平衡，增加了军棋的趣味性，促进了军棋的发展。

　　正是由于军棋这种相对森严的等级制度，决定了优势子力在决定胜负时，起着至关重要的作用。这就可以理解为什么初学者视40如命根的原因。

1. 大小的相对性

　　试问大家，军棋中什么棋子最小？可能有的人会说，工兵！但是工兵可以吃雷。地雷也不是最小，因为地雷大于司令。那炸弹呢？当然也不能算最

小。什么子都可以干掉军棋！所以军棋最小。但是你会发现，你所有的棋子其实都是为了保护军棋这个"阿斗"。所以从这个角度看起来，军棋不比任何棋子小。其实，从相对性和平衡的角度理解，没有最小的棋，这是理所当然的事情。因此，工兵相对于排长来就是小子，司令相对于地雷来说是小子，地雷相对于工兵来说是小子。这就是棋子大小的相对性。

2. 等级分类

尽管从全部棋子的角度来讲，并不存在最小的棋，但是从实战的角度讲，大家仍习惯上将子粒分成四类。40、39、38 为大棋，37、36、35 为中大，34、33、32 为小子，31（地雷）、30（炸弹）、29（军棋）为特殊子粒（当然，因为 32 能飞行，也常划分为特殊子粒）。尽管 40 有死后明军棋的特点，但一般不划为特殊棋子。

3. 大小的绝对性

大小的绝对性是指在某一范围内，棋子的大小是绝对的。比方说，40 绝对大于 39 和 38。32 绝对大于 31。

"高一级吃子原理"是指在战斗时，尽管不止一个棋子能吃掉敌方棋子，但是却采用刚好高于敌方棋子一级的棋子消灭敌人的方法。它是棋子的绝对大小的运用，是最经济的战斗方案。

高一级吃子有如下优点：

（1）消灭敌人：由于大子有限，采用该法是以最经济手段消灭了敌人。

（2）最小程度暴露自己：消灭敌人的同时，必然会暴露自己棋子的大小，该法最小程度地暴露自己的棋子。比如说：我方 38 吃掉敌方 37。敌方认为我棋子为 37＋，却没想到正好是 38。这样虽然暴露了一个子，也是暴露了一个理当会暴露的"最小"的子。

（3）最小损耗消灭敌人：如果吃子后被炸，该法付出的代价最小。比如说，我方 38 吃掉敌方 37 后，被炸。敌方损耗相对较大。这比 39 吃 37 后被炸，经济实惠。

（4）很好的迷惑敌人，较好地隐藏我方其它大子：如我方 38 成为 37＋后，敌人无法确定我方棋子的真正大小，很可能以为我方甚至可能是 40 或39。因此，我方 39 和 40 就相对变得安全，能有效发挥战斗力，出奇制胜。

它是把棋子"走大"的重要方法。

因此，高一级吃子原理，是高手常用的技法之一。如"芝麻开花"战术中，先通过判断定出敌方棋子的大小，高一级子粒然后突然出击，让敌人产生迷惑，然后真大出阵，给敌人强力打击。特别是对付敌人37、36之流装成40在外活动时，我38或37杀之，敌人以为我方为40，我方真40便可大有作为，运用得当，往往能取得特效，决定胜负。

与此相对的方法，就是"杀鸡用牛刀"。用令子专门去追击敌人的小子或炸弹，或者直接攻击敌人中大边上的小子，"大棋小走"，诱惑敌人大子反吃撞死，然后令子逃走。如令子吃小诱死军长，是常见的方法。

4. 现实相对大小

现实相对大小：是指在战斗中，我方棋子相对于敌方棋子的大小。除为绝对大小之外，相当于其它某些棋子。

实际战斗中，随着时间的延长，子力大小构成会发生明显变化。特别是残局阶段，这种情况尤其突出。比方说，敌有40，其余均小于36。我方有1个38，1个39。此时，我方38和39对敌方来讲，完全可以视为同样大小。如果在战斗中必须舍弃38或39之一，而舍弃39能降低损失，我方不应该认为39比38大，而保39，舍38，造成损失。这种方法在使用时，一定要准确推测敌方大小，以免对敌方次大棋子判断失误，导致失败。在现实相对大小时，需要注意，若敌方38最大，考虑到40明军棋的性质，40和39是有不同的。但若敌方已知我方军棋位置，则40与39同。又比方说双方战至最后，我方仅有一兵，敌方仅有40。此时，敌方40只不过相当于排长而已。所以，为避免我方有大子，因子力不够而和棋的可能性，我方在适当时候，应采用40直接击杀敌方主力，舍掉40。切莫采用中大不断攻击，不断对掉或碰死。导致最后光杆40，敌方一炸可胜或一子（兵或排）可和。

现实的大小，还表现在对某一方为令子，而对另一方却只是次令子。因此，我们正确选择攻击对象，一般选择弱小的一方进行攻击。而无令方对有令方作战时，就要十分小心，防止次令子被敌人白吃。

5. 炸弹大小相对性

炸弹的大小是相对的，关键是它炸的是什么棋子。炸弹相当于×，炸什

么它就等于什么。因此，炸弹其实可以相当于任何大小的棋子（工兵有点特殊）。因此，炸得越大，相当于自己多一个大子，越划算。炸弹成为实战中影响子力平衡的砝码，运用得当，可使胜利的可能性向己方倾斜。它的运用方法，是高手必备的技巧之一。

6. 其它

军旗的大小，相当于搬旗棋子的大小。由于搬棋后不能行动，成为"死子"，所以搬军旗时，一般都会尽量采用较小的棋子，以减小搬旗代价。因此，弱方应充分利用敌方的这种心理，作好防御工作，当我方无炸，敌方一大守住我家，想用小子来搬我家时。我方应不惜子力杀死敌方想来搬旗的小子，杜绝敌方小子搬棋的可能性，最大限度地减轻我友军的负担。

7. 小结

在子粒篇中，重点只讲到 40 为止，也正是由于棋子大小的相对性。其实，从 39 到排长，只需要根据战斗中实际相对大小加以运用，方法基本一致。

掌握军棋棋子大小的相对性原理，关键就是不要拘泥于棋子的绝对大小，而应该灵活运用棋子现实大小的相对性，有效地攻击和战胜敌人。

第二节　明暗相对性

对于四暗来说，一个棋子的明与暗，特别是关键子粒的明与暗，往往关系着成败。

1. 明暗的绝对性

一个棋子，如果有人知道了它的大小，我们称为明；若没有人知道它的大小（如翻棋），我们称为暗。对于攻棋（如四暗）来说，一个棋子的大小，对于自己来说，是明的；而在未行动之前，对于别人来讲（排除作弊），却是暗的。这就是明暗的绝对性。

2. 全明与全暗

一个棋子，如果所有玩家都知道是什么棋了，这叫全明。一个子从没有动过，这叫全暗（从本处起，以下均从四暗的角度讲明与暗，忽略本家已知自己的棋子）。比方说，由于某种原因，我家工兵从 A 处飞到 B 处，于是，大家都知道它是工兵了，这就是全明。又或，我家的排长，摆在第二排，没有人攻击过，就我一个人知道是排长，其他的人都不知道，这就是全暗。

3. 半明与半暗

一个棋子，虽然不能精确知道它的大小，但是通过某种方式，推测出了它大概的大小，就叫半明。比方说，敌方某个棋子吃掉了我方 37，这个棋子，对于我来讲，虽然不知道它到底是 38、39 还是 40，但是我知道它一定比 37 大（37＋），那么这个棋对于我来讲，就处于半明状态了。半明与半暗其实是同一个概念。它们之间有一个暴露程度的问题，如果一个棋子的大小，已经知道得七八分了（如 38＋），或者说，明的程度比较大，我们称之为半明。如果一个棋子的大小，只能有二三分的确定性（如 34＋），或者说，暗的程度比较大，我们称之为半暗。半明与半暗，就是明或暗的概率多少。

4. 从暗到明的途径

一个棋子，往往都有一个从暗到明的过程。一般而言，一个全明棋子的利用价值，较之全暗，就要大打折扣。那么，我们究竟该如何让一个棋子以怎样的方式由暗到明呢？或者说，如何在这个过程之中，最大限度地实现该棋子的价值呢？因此，这个由暗到明的过程，是如何实现的，是我们研究的关键之一。在一般情况下，一个棋子，从全暗到全明，所经历的过程越长，那么，这个棋子所能发挥的作用越大。换句话说，一个全暗棋，如果可能，应先变成半暗，然后变成半明，最后变成全明。那么，这个棋子，就能发挥最大的作用。

其实，当布好阵的时候，很多棋都处于半暗状态了。第一排？一定不是炸！前面四行？肯定不是雷！大本营里？50% 是军旗！这其实在告诉我们，哪个位置，棋子大小的可能性最多，那么，这个棋就最暗！结果我们很快发现，最后两排，除大本营外，可能性最多，它可以是除军旗外的任何棋子，因此摆在这些位置的棋子最暗！这就是为什么将40、39大棋等摆在最后两排的理论依据。

假如摆放在最后二排的某个棋子，突然动了一下，那这个子就开始有一点明了。因为我们已经可以肯定，它必然不是雷了。所以，要想做到最暗，最好纹丝不动！摆个40在敌人搬旗的必经之路，一动不动，让你飞，让你碰！飞一次，半暗了，只是知道不是雷了；小子试试？还是半暗，知道是34＋了；可能是37？37杀，嗯？真大37＋，半明了；39砍一下？哦，全明了，该出炸了。当然，实战中未必都会如此，但是我们可以看出，从全暗到全明，经历的过程越长，收益越大。这种就是明暗程度的利用。

但是，每一个棋子，从全暗到全明，所经历的路径是有差别的。比方说排长，能吃个兵就不错了，其它的，都啃不动（抢炸也不是啃炸）。所以，越大的棋，就越有潜力延长这个过程，不断地从半明状态34＋、36＋、38＋，甚至变成39＋，最后变成全明40。我们要发挥大子的威力，就是要充分发挥这种潜力，让它一点一点，慢慢地明起来。这就提示我们，我们的大子，应该从基层抓起，完全可以从追赶小工兵开始它的明棋过程，以求最大收益。

撞死原理：主动吃子比让敌撞死更易明棋。因为主动吃子时，主动方一般会有比较大的把握吃掉对方，这说明主动方自认为至少比被吃方要高一个等级甚至更高。而敌在我眼前，虽然吃得过却不吃，敌以为我并不大。即使撞死，敌方仍会认为，我方可能只是碰巧比他大一点，不然怎么不主动攻击我呢？可见，让敌人撞死，而不是主动去吃，可以更好地使棋处于半暗状态。

有些玩家，40大张旗鼓地跑出来，追赶别人大子，结果，子还没吃一个，就让人家知道是40了。这种"走明"的方式，在初级玩家中，较为常见，是最为低劣的"全明"过程。而高级玩家则利用这种"走明"，用中大来装40，迷惑敌人，掩护真正的大棋行动。

5. 明暗的相对性

一个棋子，对某些人来说，是明的，对于另一些人来说，是暗的。这就是明暗的相对性。比方说，双明棋，友军互相知道棋子，相对而言是明棋；而对于敌方来说，却是暗棋。特别是，对甲敌已明的子，对乙敌却可能是半暗的，这种明暗相对于不同玩家的不对称性，为我们最大限度地延长从明到暗的过程，提供了更加广阔的空间！

我们可以利用我方棋子对于敌人双方的明暗不对称性，用对甲敌的明棋或半明棋作为对乙敌全暗或半暗棋来攻击乙方，以取得最大利益。战术东成西就，就是明暗相对性的一种运用。比方说，我40主动出击，不顾被炸之危险，深入甲敌腹地，干掉我方认为很小的甲敌34，被甲方认为的34＋，甲敌大子（高手甚至会用38）追我，我假装逃窜；混乱中，攻敌方小子35，被乙方认为是35＋；甲敌大子追至，乙敌大子夹击，我无路可逃，假装出炸。甲敌先攻，撞死，我再主动吃乙大。这样吃到两大而被炸或兑掉，有时甚至可以吃到两个39。

6. 全明的利用

　　而对于一个明棋，如何有效地利用它"明"的特性，使它最大限度地发挥作用，又是我们研究的另一个关键问题。全明棋子较之暗棋隐蔽性比较差，有时难以发动有效攻击（因为敌方大子纷纷避让）。一个暗40，至少可以相当于2个38，1个30；但一个明的40，尽管已经吃掉一个大子，但是这以后，它也许就只相当于一个30，甚至连30都得不到。有的玩家，一个明40，被敌方伪炸追得团团转，最后直接被空炸。全明大子（如40），在实战中，比敌方同等子粒看起来更"大"。一是敌方见我已吃大子，暗大不想和我兑掉，因此，经常可以看到明40追暗40的情况。二是敌人不愿冒险去把这个子下成全明，对于一个38＋，何必去搞清它到底是39还是40呢？我总不可能用40再试一下吧。我们可以利用明棋的全明特性，在关键隘口，对敌方虎视眈眈，起到强捍的威慑作用，辅助其它棋子发动进攻。当发现敌方主力时，该出手时就出手，不惜被炸，灭掉敌人最大（如40吃掉39），为后续部队扫平道路。全明大棋，在创造先手方面（如杀大舍令），作用独特，它为双抢等创造了有利条件。另外，也可以从敌方对我全明小棋的追杀中，摸清敌方的子力部署，为下一步进攻打下基础。

7. 其它

　　下棋的过程中，往往会有一些试探性的进攻。有很多棋子，是处于半暗状态下而死亡的，它们为促进敌方棋子的明棋状态作出了贡献。有些初级玩家，喜欢乱飞乱碰，不管什么棋子，不探明了是什么棋就是不敢进攻。结果过多的牺牲"探子"，导致最后己方兵力不足，即使有大棋（甚至光杆40），

也因棋子太少，而和棋或失败（被独炸光杆，双抢等）。须知，一个全暗排长，在残局阶段也能承担保家卫国的重任。在实战中，大可以试而不攻，摆出要攻的架势，对敌方产生威胁，而不真正进攻，通过这种试探来了解敌方虚实。提高判断能力，惜子如金，应是一个高手必须具备的素养。

总之，掌握明暗相对性，其核心就是利用棋子对不同玩家的明暗相对性原理，将我方大棋的全明过程延长，从而获取最大收益。

第三节　先后相对性

俗话说"先下手为强，后下手遭殃"，在军棋界，这句话还适用吗？

1. 先后的绝对性

这里的先后，是指行棋的顺序，即先行和后行。棋局开始，A（红）方先行，然后 B（橙或绿）、C（绿或兰）、D（兰或灰）顺次行棋。我们可以说，A 先行，D 后行。将每家都行棋（机会）一次看作一轮（回合），则在此轮中，先行后行是绝对的，这就是先后的绝对性。

先攻先胜原理：这和现行军棋规则密切相关。若我方能先上敌方军旗，则我方胜。又若我方主动碰撞敌子，使敌方无子可走（主动兑掉或炸掉对家最后一个子），则我方为胜。该原理虽然简单，却奥妙无穷。具体应用可参考先攻先胜战术。

2. 先后的相对性

由于每行一轮后，会依次继续行棋。因此，除棋局第一步开始和最后一步结束的绝对先后之外，其它的行棋先后都是相对性的。比如行棋次序：$A_{n-4}B_{n-3}C_{n-2}D_{n-1}A_nB_{n+1}C_{n+2}D_{n+3}$（下标表示第 X 步）。从 $A_{n-4}B_{n-3}C_{n-2}D_{n-1}$ 来看，A 先于 B。但若从 $B_{n-3}C_{n-2}D_{n-1}A_n$ 来看，就是 B 先于 A。这就是先后的相对性。在这个意义上，任何玩家都可先于另一玩家行棋。

3. 先手的条件性

先后相对性似乎模糊了先后的概念。那在实战中，到底谁先谁后呢？这

取决于谁先发动了有效的进攻，或者说，从这时起，行棋先后顺序才有研究的价值。某一方的进攻，导致敌方必须应答（否则就产生重大损失），我们称进攻方为先手，应方为后手。先攻先胜决定了先手的重要性。先手不一定需要吃子，如飞兵至敌旗下送死，使强敌必须应对，为友军赢得宝贵时间。先手往往能够掌握战场主动权，逼迫敌方按自己的计划行棋，从而实现己方战略目标。特别在残局阶段，可以为双抢（如40杀底线，敌炸，我双飞）、炸大（友军40杀底，我出炸炸该敌40）等创造有利条件。但是并不是一方一旦进攻（或先行），就能产生有效的结果——敌方必应。比方说，我先行了一步闲棋，或者我38杀上，结果撞死了，这就不能称为先手。所以，先行是先手的必要条件，但先行（包括先攻击）并不一定就是先手。这就是先手的条件性。

绝对先手和相对先手。开局时，绝对先行玩家直接用大子进攻，使被攻击方被迫应答，称为绝对先手。该法常见于闪电战。相对先手是指在开局后，某一方主动发动进攻，制造出先手。正是由于先后的相对性，决定了绝对和相对先手的存在。相对而言，相对先手应用更为广泛，由此而引发的局部战斗，是玩家需要研究的重点之一。

先手需要用在关键时刻，给予敌人以重创（或重大威胁），并有后续手段，从而为胜利奠定基础。否则为先手而先手，就可能造成不必要的损失。

4. 常见用法

落（là）步原理：四国中，若有一家战败（如D方），变成二打一，则前面的先后顺序就遭到一定程度的破坏。此时，行棋次序变成：$A_{n-3}B_{n-2}C_{n-1}A_nB_{n+1}C_{n+2}$，可相当于 $A_{n-3}B_{n-2}A_{n-1}A_nB_{n+1}A_{n+2}$，其中 $A_{n-1}A_nB_{n+1}$，相当于敌行二步，我行一步，感觉落下了一步，故称"落步"。或者另一家虽存，但是被封堵，无法及时发挥作用，也会形成落步。落步原理可形成二打一局面，不仅是两家兵力打击一家兵力，更是两步走一步，使先行和先手的可能性绝对地增加，兵力和步数优势十分明显。它是配合的理论基础和核心。

（1）双先行

即两家均较另一家先行。如敌38+30铁轨上守，我38杀之，对掉，友军再先行抢炸。又如我直接往敌方家中行进，友军挡敌40，避免我行至敌方的棋子被吃。

（2）先手+先行

一家主动制造先手，另一家以先行给予配合。我方40杀底，友军行至敌方棋下底营旁。敌炸我40，我友军占底营。

（3）连环先手

两家（或一家）在若干回合内，每一回合都制造出先手（但不同时），使敌人最终无法应对。如我大棋杀角线，敌炸，我友军再上底线，我再行棋准备跟上，敌又杀……如此反复，敌方若有一着不慎，便会失败。

（4）双先手

比较典型的就是双抢和双吃，是杀伤力极大的强攻型战法。

双抢原理：双敌同时要上我方军旗，即使我方有大棋能吃过两敌棋子，但因我方只能行走一步，只能吃掉一敌，另一敌则搬掉我军旗，从而导致我方战败，称为"双抢"。

变相双抢。敌倚仗不怕双飞，仅一中大守棋，40杀出吃我大子，吾友军飞敌旗下，我大子另一侧跟进，敌杀兵，我杀敌（若对掉，可再飞）。敌虽有40，不及防，败。亦可不是飞兵，而是挡住敌40归路，不让其回援。这是杀有大棋（40）一家的典型方案之一。

双吃原理：我与友军同时攻击敌方，使敌方只能应对一方，从而在战斗中获利。

如敌一炸守双师，我与友军一起用40或39杀敌双师，敌只能炸一40，另一40逃走。从而用一40换双师一炸，是二打一之典型战法。又或敌一40守两小，我双中大杀两小，敌40只能吃我一中大，另一中大逃走。该法是两弱战一强的方案之一，直到将其吃成光杆40，然后只需一炸胜之。

四国中，对敌我双方来讲，敌我各行棋一次，其先后同样也是相对的。但这种相对性却因玩家不同，而不平衡。若甲丙两敌攻我，友军不帮，就变成二打一，我军就可能吃亏。这种方式为闪电战创造了有利条件，先期二攻一，灭一家，而后，两弱敌，抢一强。友军完全不帮，在实战中并不多见。但是，敌军通过拆挡等手段，使友军心有余而力不足，在局部战斗中，形成二打一的局面，从而渔利，却是常见的手法。四国中的讲究配合，就是利用这种先后不平衡性，使配合得当者获利，不配合或配合不当者受害。故弹子认为："四国之强者，非善独战者，乃善配合者也。"协同作战乃四国之精髓所在。

3. 攻击的敌方

在战斗中，若我方主动攻击，该攻击谁呢？我们再看行棋次序：A_{n-4}

$B_{n-3}C_{n-2}D_{n-1}A_nB_{n+1}C_{n+2}D_{n+3}$（下标表示第 X 步）。若我方（假设为 A 方）为小棋，先攻击 D 方（我的上家），则 B 方可能会挡关，将我小子锁于 D 方家中，即使我后方有炸，亦运用不上。又若我方为大棋，攻击上家（D 方），已吃一子，则 B 方可能亦用大棋攻击我方进攻 D 方之棋子，让 B 方撞死或兑掉。又或 D 方想炸我，需要行一步棋，我有时间退回，友军再挡，便可安全返回。故大子应攻击上家。若我方大棋攻击下家（B 方），吃敌中大后，B 方就可能直接炸掉。而若我方为中大棋子，吃 B 方小棋，B 方会疑虑我后面的炸弹，有大亦不敢轻易杀之。我友军（C）再帮挡一次，则 C 敌亦无法飞我之炸。由于有机会得到友军的帮助，故小子宜攻击下家。

若为闪电战或强攻型，情况又有不同。我若大棋攻击上家（D 方），B 方可能会挡，前面破炸后，后续不能再直接攻击 D 方。而若攻击下家（B 家），则敌炸我，友军挡之，我军再攻击 B 方。故闪电战，则先攻击下家。

由于实战中，情况千变成化，此乃一般之规律，切忌生搬硬套。

4. 先后的转化性

正是由于先后的相对性和先手的条件性，使先后关系的转化成为可能。直接让先行之敌撞死、对掉或被炸掉（碰我 30），是先后转化的最常见的方法。

如敌有一大一排，我有一炸一连。若敌攻我连，我炸之，则我败。我可连长作伪炸于后，真炸于前，敌攻被炸，我杀敌小，胜。此例将后手转化了先手。又或敌要挂我角（自认为非兵，角上有雷），若敌之大小与我守棋大小相当。若我主动攻之，兑掉后，恐敌有兵飞我。若底线再出小助守，恐敌先杀我小，然后与我兑掉，亦败。我应不主动攻兑，行至旗下，敌攻我，兑掉，我再上子守旗。此例将可能产生的后手转化成了先行。

5. 综合应用——一敌二的战法

一敌二，是指一个玩家对抗两个玩家的棋局。常发生在残局阶段。如前所述，一敌二，易被双抢，双吃，岂不必败？非也！灵活运用先后相对性原理和转化原理，如何在敌我兵力相当（或略弱）的条件下，在一敌二中取胜，是先后技巧要求最高的情形，是高级玩家的必修课。我们再仔细分析行棋次序：$A_{n-3}B_{n-2}C_{n-1}A_nB_{n+1}C_{n+2}$，敌方若想形成强大攻击力，其顺序应为：

$C_{n-1}A_nB_{n+1}$。在一般情况下，敌人双方兵力强弱是不一样的。先假设 C 敌较强，A 敌较弱。C 敌先行，A 敌乘隙助之。若 C 为先手，B 须先应 C；若 A 又得先手（不需要强大兵力之先手），B 又需应，C 再出先手，如此反复，B 行底线旁之棋有限，一着不慎，满盘皆输。故一敌二，首先须防双先手，多子密集防守。再假设 C 弱 A 强。C 敌先行，A 强后盯。B 杀 A，此时该 C 行棋，由于 C 弱，C 难行有效之棋，可能闲走。待 A 强跟进，B 再杀强 A，C 弱又无法应对。此时形成的次序，如 $A_nB_{n+1}C_{n+2}$。由于 C 棋小，常不能发动有效进攻，较前者而言，B 方压力大减。若两敌均强，则在残局初期，就要注意消灭先行之敌的大棋，以使弱敌先行。但若万一遇 C 强时，就要注意阻止 A 的先手。尽量控制敌方只能从一个方向进攻，此时 C 的行进，阻挡了 A（假设同一方向进攻）的来路；A 若再进，又会挡住 C 之退路。B 方可利用此特点，各个击破。

精通先后的相对性原理和先后转化的基本规律，在关键时刻，保持先手，先发制人，给予敌人以致命打击。

第四节　强弱相对性

1. 强弱绝对性

两人国军棋时代，一个人棋术水平的高低是很好衡量的，可以简单地用胜利的机率（胜率）来表示。胜率高，水平就高，能力就强；反之亦然。对于某一个局部或某一盘棋来讲，占优势或胜利的一方就是强方，另一方就是弱方。这就是强弱的绝对性。

2. 强弱相对性

两人国军棋时代，面对不同的对手，也会有胜有败。有时能够打败一代名将，偶尔也会兵败菜鸟手下。但四国军棋时代，由于另一半人马的控制权在对家，使用胜率来表示的水平高低，具有相对意义。往往与某位对家能够遇强更强，如有神助，百战百胜。感觉自己水平日增，大有"棋在手，问天下谁是英雄"的味道。而与另一些对家却是逢弱更弱，衰神附体，屡战屡败。

偶尔也有屡换对家却打不过老对手的情况发生。这个时候，甚至自己都要怀疑水平是不是降低了，或者是一个劲地责怪对家。除了偶尔因为发挥失常之外，我们仍然感觉其中隐含着一些客观规律。这种面对不同对家、对手所表现出来的强弱迥异，充分证明了强弱相对性的存在。

由于军棋（特别是四暗）随机性的存在，决定了强弱相对性的客观存在。而另一个方面，对友军和对手的了解、棋局的判断、配合是否具有互补性，仍然是强弱相对性存在的主要原因。如 A＋B 战胜了 C＋D，C＋D 战胜了 E＋F，但 E＋F 却战胜了 A＋B。有人看到这种相对性，就认为"四国无高手"。其实这是一种错误的看法，这种强弱的相对性，本身就是存在高手的证据。只不过，不存在绝对的高手，没有永远的第一。整个世界都是相对的，何来绝对之说呢。

3. 布阵强弱

棋盘虽然对称性很强，然而每方只有一个军旗，就决定了布阵的非均衡性。这就必然导致某一侧军力较强，而另一侧军力较弱。所以经常看到某一侧已是凯歌高奏，而另一边却是一败再败。普通玩家的这种对比十分明显。强侧全是 37＋和 30，而弱侧却用 36 就可以扫到底。强侧多半为旗侧，攻方视情况可空炸狂轰加强强连手。弱侧底线往往地雷较多，中大"小扫"之后，小子探雷后，亦可大子曲线搬旗。若友军弱侧与己方弱侧同路，则失去该侧的主动权，难以产生有效之进攻。当然也有自己的弱侧正好与友军的强侧同路。但是我们总是不能把希望寄托在友军的身上，而永远要坚持"自力更生、感谢外援"的态度。故布阵时，一般两侧虽强弱不同，但差别避免过大。弱侧进攻可以掌握主动权，风险小，成功率大。攻击时，应避实就虚，及时发现敌方强弱分布，集中优势兵力，攻击敌方弱侧，迫使敌方应对，仔细观察敌方棋子运动情况，了解敌方兵力，为进一步的进攻打下基础。须知弱侧死子虽小，但也有自身的应用价值，且小子在后期也有变成大子的时候。所以弱侧进攻，将会有利于提高最后残局阶段的成功率。

4. 玩家强弱判别

不同玩家，水平有高低，在思维方式、行棋方式方面有很大不同。初级玩家初生牛犊不怕虎，行棋比较草率，逻辑性不是特别强。看你像 40，就会出真炸；他自己的40一出来便一副不可一世的样子，吃个36也会洋洋得意，视40为至宝，甚至宁愿冒军旗被夺的危险也要保住这个"宝贝疙瘩"。整体感觉比较"率直"。对他的行棋，按初级思维方式推断，应对时，略施小计即可。即使在初期失利的条件下，也可在后期挽回。低分玩家已经有了一定经验，掌握了基本的行棋技巧。见你像40，会装炸试探；已经会用38＋32＋30的方式。但整体感觉属"小聪明"型，对大局的把握方面有一定局限性。对付这样的玩家，需要将计就计，以其人之道还治其人之身。在全局方面，掌握好分寸，后期做好控盘。若遇不利，可制造混乱，乱中取胜。高分玩家久经沙场，掌握了大量战略战术技巧，38装40运用得比较成熟，算得上有勇有谋。因此，应对时需要虚虚实实，掌握其守旗特点，在战斗中逐渐将其大子锁定后狙杀。特别是加强全局控制，对敌方的子力，做到心中有数。自身防守也需要加强，要防止意外的发生。总之，要想胜利，还是需要一定的智慧。对于华山论剑的玩家，可谓"老谋深算"。属于不见兔子不撒鹰的主。在未掌握你的棋局之前，一般不会出手。但若一旦对你的棋局掌握了，便杀招频至，令你疲于奔命。行棋中，空炸、叠炸、角炸、角40，比较常见。有些乌龟阵，前期空炸若干，38及38＋最后才发现全部在军旗周围。行棋中，"挡"比碰更多；让你碰死，比直接吃你更多。甚至为了达到目的，能吃不吃，能炸不炸。对付这样的"老狐狸"，首先，必须要有足够的耐心，特别是在中局阶段，要注意保护好每一个子。由于他们行棋逻辑性比较强，因此，遇棋多思而后行。其次，集中精力，全神贯注，记子记棋，与之周旋，一点一点积累优势。特别强调：千万不要抱有侥幸心理，不到最后一刻，不可轻言胜利在握。在行棋过程中，稳扎稳打，除非万不得已，不要行险棋。

　　一般而言，高级玩家能战胜低级玩家，但也不尽然。有时候，一个高手，也会被一个全无战术的蛮干之徒夭折。因为你摆得越是高深，装得越是像，也许对其它高手来说很有用，但是对他来说，全是对牛谈琴。与智者才能斗智，空城计只能对司马懿使用才有效，否则就没有共同语言，秀才遇到兵，有理"走"不清。这也算是相生相克的道理。

　　如果对敌方强弱判断失误，将会造成重大损失或甚至失败。比如你将一个低分玩家定位为初级玩家，那么，你飞完炸后会直接吃棋。而他也许正好是32＋30，你的大子就会被炸。又或你将老狐狸作为中级玩家，就会发现自己40吃到小棋后就会被炸。甚至40会直接去吃炸弹。而对那些乌龟阵，以为他只有一个光杆40时，却发现最后几个棋竟然全是37＋。

　　先期数步之内，初步了解友军及对手类型，然后发动试探性攻击，以求

证判断，此后根据实际情况加以修正。得到玩家水平的基本定位后，然后"对症下药"，就可以玩转敌方。而自己则要通过各种方式迷惑敌人，假戏真做，使敌人判断失误，最后歼灭之。

5. 强弱互补

敌我双方的棋子相同，因此，此处我弱一级，它处我必强一筹。正所谓东方不亮西方亮，此方失利，另一方来补；彼处受挫，另一处获利。若友军一侧进攻，友军应一方面担任起助攻的任务，同时也应注重友军另一侧的安全警戒。一旦局部战斗中一侧受阻，则立即攻击另一侧。如敌方真40暴露后，应相机灭掉假40。特别是在一片混战之中，互相竞吃几乎到了白热化的程度。往往是你吃我39，我就吃你38。这时一定要抓住时机，当机立断，投入大量兵力，放手一搏。这样即使有些损失，亦可将损失降至最低。往往一场混战之后，成败已初现端倪。

四人对局，如果你和对手了解沟涌不够，互相判断失误，那么，对家很可能经常给你帮倒忙。该挡不挡，不该攻却去攻。你认定敌方38 + 32 + 30，用40去杀38，对家偏帮你飞一下，结果，让你40活活挨炸。让你自杀的心都有。四个高手，也许乌龟了老半天，也看不出一点眉目，显得十分的乏味。相反，各种不同类型的组合，却使整个棋势活泼有趣。两个高手，也许玩不过一高一低的组合敌方。两个智慧型的对家也许玩不过一智一勇的组合敌方。这就涉及到互补性的问题。防守和攻击一个高手和低手，防守和攻击勇敢型和智慧型的敌方，其进攻策略和防守方法上，往往会有很大的不同。敌方如果需要防守这两类的夹击，防守上就很难完善，必然存在一些漏洞。因此，利用得当，往往会事半功倍。在行棋中，对善于防守的敌人，攻击他的友军，迫使他出击；对善于进攻的敌人，要消耗他的兵力，坚持防守；对一低一高的组合，要消耗高手的兵力，哪怕只是打兑。善于将自己与对家融合在一起，主动磨合，产生互补性，攻防有度，进退有序，将必然无往而不利。

很多玩家为了提高胜率，往往会选择对家，不和分低的做对家。其实，大可不必如此。如果你和一个低手一起战两高手。你可以保存实力，主动"引导"他去进攻。对于假40，你可以先期对掉或干掉。在关键时候，可以通过拦、顶、先杀等手段，辅助他去进攻。让他明白敌方的虚实。你也会在他的进攻下，了解到许多敌方的信息，消耗敌人的实力为胜利奠定基础。也许，只有这样，才能证明你是真正的高手。这样下棋，也十分有趣。

俗话说：一物降一物，一阵降一阵。没有绝对的高低之分，胜利者永远属于那些互补性强、善于配合的一对。

第五节　胜负相对性

1. 胜负绝对性

一盘棋最后的结局可能是胜、负或和，它是绝对的。我们常常以成败论英雄，重视游戏的结果。因此，在对局中战胜对手而取胜，提高胜率，这是大部分游戏玩家追求的目标。对胜负绝对性的重视，使军棋竞技成为了可能。现在各种军棋赛事风起云涌，在客观上促进了军棋科学的发展和进步。很难想象，如果大多数人不把胜负绝对性作为衡量的重要标准，下棋随心所欲，那将让我们失去多少乐趣？那时，军棋游戏本身存在的基础也必将遭到破坏。

2. 胜负相对性

有的时候，由于某种原因，我们追求的目标并不是胜利，或者说不仅仅是胜利。比如说，作为军棋理论研究者，如果你为了验证某种棋局必然会失败，或者你本身就是想为某人输一盘等。这个时候游戏本身的胜负已经不再是衡量自己成败的主要或唯一标准。那么，从普通意义上，这盘棋是败了，但是用你衡量的标准看来，你可能却是一个胜者。又或者，使用的非法或不道德的手段，取得了游戏的胜利。从表面看来，你的确是赢了这盘棋。然而，你其实完全输掉了：因为你失去了一个棋手（人）最重要的东西——品格。这就是胜负的相对性。

3. 军棋的目的

由于胜负的相对性，胜负本身必然不是军棋本身的目的，那么就产生一个问题：军棋游戏的目的是什么？我觉得大抵有两条：一曰益智；二曰怡情。当然也许你的目的还有交朋友、谋取名利或者仅仅只是打发无聊时间。每个人的情况不同，追求的目标亦不同。总之，只要不是损人利已，便无可厚非；

能达到你自己的目的，都很不错。如今，军棋的下法种类、游戏规则不断更新，理论水平和实践水平都有很大提高，正在向专业化、职业化方向迈进。如果有朝一日，军棋职业化得以实现，那也许会出现职业棋手。届时，它就成为一种谋生的手段了。

4. 益智与怡情

与其它棋类相比，军棋难度适中。它比井字棋、成三棋等要难；比象棋、围棋等要简单。由于下棋需要较强的逻辑思维能力，因此下棋有利于促进大脑发育，有利于智力的培养和锻炼。因此特别适合青少年早期智力培养。下军棋不仅仅需要智力，还且还需要有很好心理素质，甚至良好的体力。通过下棋，可以陶冶情操，养成优良的品格。如临危不乱、镇静睿智、宽宏大量、团结协作、无私奉献。在这一点上，估计大多数棋手都需要检讨和反省，包括本人自己在内。有时候也会禁不住要骂对家猪，这些都是坏习惯。军棋毕竟只是一种游戏，胜了固然可喜，败了也无需烦恼。如果过分在意胜负，那输的就不仅是一盘棋，而是一种品格。胜了一盘棋，却丧失了一次品格，就违背了游戏的初衷，这将得不偿失。四国军棋要想健康发展，不仅要提高理论水平，也要优化网络环境，把下四国军棋变成一种高级享受。

5. 其它

部分人也许会因为无聊而下棋，有时候就是为了"爽一把"，或者下的棋盘数成千上万，根本就不在乎这一盘。导致胜负观比较淡薄，下棋随心所欲，以这样的心态下棋，难以取胜。久而久之，也会兴趣索然，退出军棋玩家行列。部分玩家在下棋过程中结识了很多网友，并逐步形成团体——家族和协会。在集体中互相学习，互相帮助。有的甚至演化到现实生活之中，成为了志同道合、志趣相投的朋友。有的玩家惺惺相惜，男女棋友成为恋人，演绎许多动人爱情传说。当然也有的因为意见不合，相互攻讦、责骂，以至水火不容。有的玩家非法将下棋作为赌博的手段，博彩投机。凡此种种，不一而足。

我们应该自觉地树立正确的胜负观，才能使军棋真正成为我们生命中的一道风景。

第六节 矛盾论

马克思主义哲学认为，矛盾是事物发展的根本动力，矛盾的双方具有对立统一性。军棋矛盾通过棋盘、棋子、游戏规则体现，它是军棋的内部矛盾，是军棋矛盾发展的内因。玩家通过行棋，使这种内部矛盾体现出来，是军棋矛盾的外因。外因通过内因而起作用，两者共同促进军棋的发展。

1. 棋盘位点矛盾

棋盘中的位点，可分为行营、大本营、铁道兵站、公路兵站四类。它们之间存在一些相对的性质，是位点矛盾的表现。行营和非行营之间的矛盾表现在行营中的子粒不能被攻击，而非行营则可以被攻击。铁道兵站与公路兵站之间的矛盾表现为移动（统一性）步数在数量上的相对，公路上只能移动一步，而铁道上则可以移动多步（矛盾性）。大本营中必须摆放军旗，且位于该位点的棋子不能移动；而非大本营中不能摆军旗，且能移动。大本营将军旗禁锢，使军棋夺旗的目标变得过于明确，为了平衡，设立两个大本营（统一性），变相使军旗具有移动（矛盾性）的功能，增加了扑朔迷离的神秘感。除位点本身具有的性质外，某位点与周围位点之间的关系，在行棋中显得格外重要，进而使同类位点产生区别。同是行营（统一性），中营、前营和底营之间也是对立矛盾的。前营和底营靠近铁轨，进出方便，进可攻，退可守，而中营相对远离铁轨，行动迟缓。即使同为底营，旗下底营的重要性，远大于非旗下底营。位点之间的矛盾，进一步体现了兵法"天时、地利、人和"中的"地利"的特点。《孙子兵法》中提出了九种特征地形的观点。军棋中位点也有类似一些特性。自己的小棋盘可称为散地；九宫之地，为四国交界，首先占领者，容易控势，有时成为某些子粒"游山玩水"、"观敌瞭阵"的处所，称为衢地；铁轨相当于交地，我可以往，敌可以来，四通八达，成为军队行进的主要通道和战场。敌方一线，涉战不深，离本家很近，难进易退，可谓轻地。与腰位相近位点，可以叫做争地，是交通的要塞，是敌军攻击的要点。敌方若夺得此地，己方将行动受阻。像膝位这样的位点，可以叫做重地，攻入此处的子粒，容易受到关门打狗战术的封堵，难以返回。如底位、中底这样的位点，称得上是死地，背山隔水，狭窄险峻，只有迅速决战，奋力一搏，或可获利。腹位大概可以算作围地吧，配合雷区和行营，可以关死敌军。当然，军棋中的位点比这九种要多，在下面的"势论"与"气论"中从"势"与"气"的角度阐述了各位点之间的差别。一个位点的理论势数越大，能攻击的地方越多，同时被挡的可能性越大，被攻击的可能性也越大；一个位点的理论气数越大，能逃走的可能性越多，生还能力越强，但由于只考虑着逃跑，其攻击能力却发挥不出来。此外，第一排不能排炸弹，地雷只能摆在了后两排，也是位点与其它位点矛盾的体现。军棋的行动，使棋子从一个位点移动到另一个位点，在这个过程中实现位点的更换，使棋子所处的地形发生变化，其攻击和防守的地理优劣发生改变和转化。位点的固有属性和行棋转化使位点的矛盾统一体现得更加淋漓尽致。

2. 子粒矛盾与五行学说

军棋子粒之间的矛盾，是军棋内部又一重要矛盾。人们很早就发现两对子粒之间的矛盾，如工兵与地雷、40与炸弹。但这仅仅是子粒矛盾的一部分。为了更好的探讨子粒之间的矛盾，我们不妨把性质相似的40至33间棋子，以40代替，加上其它特殊子力军旗、地雷、工兵、炸弹，共5个元素。子粒主要矛盾中，军棋克炸弹（在早先的军棋规则中，炸弹不能搬军旗）、炸弹克司令、司令克工兵、工兵克地雷。这似乎与我国传统的五行学说十分类似。五行学说是我国古代哲学理论中以木、火、土、金、水五类物质的特性及其相生相克规律来认识、解释自然的系统结构和方法论。五行相克的次序是：木克土，土克水，水克火，火克金，金克木。将两者类比，忽略掉部分细节，附会出军棋的五行图。

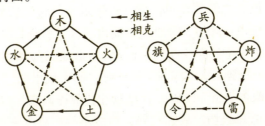

图9-1　五行学说与军棋子粒

我们发现，由于军棋的特殊性，与传统的五行相比，军棋子粒之间的实际矛盾与五行学说并不十分相符。实际上，军棋有自己的独特的矛盾关系，它的生克关系不是一一对应的，而是一对多的。但仍可用相生相克的观点来阐述子粒间的矛盾。

将夺旗作为胜利的标志后，首先考虑到的便是对这个不能移动最小子粒的保护，于是发明了不能移动的堡垒——地雷。紧接着发明了地雷的克星——工兵，40克制工兵是地雷的保护层。炸弹克制40疯狂的攻击能力。炸弹能够攻击的单位最多，为了抑制其能力，规则中规定它与相撞子粒同去。工兵是地雷的天敌，但很容易受伤。当赋予飞行功能后，在搬旗与抢战中，战功赫赫。司令攻击能力超群，为进一步抑制其能力，规定地雷大于40。这个规定，抑制了40的攻击，保护了军旗的安全。早先规则中炸弹不能搬军旗，随着军旗的发展，这个规则已被废除，如今的军旗，变得更加脆弱，但同时也节省了四国游戏的时间。40到33，可以看作是40这类元素中的自身矛盾，体现为严格的等级制度。此外，子粒的个数与威力之间对立统一，威力大者个数少，威力小者个数多，从而形成平衡。

子粒之间的对立，统一于整体的相互克生。正是这种矛盾统一关系：绝对的等级制度与个数、相对的生克关系，使军棋成为大家喜爱的体育运动项目。

3. 吃子与搬旗的矛盾

吃子与搬旗之间存在对立统一的关系。吃子可以有效消灭敌方的有生力量，将敌方子粒全部消灭（不搬军旗）同样也可以取胜。而同时，吃子也可以破除敌方对军旗的保护，从而打通搬旗道路，夺旗取胜。因此，吃子越多，越有利于搬旗。从这一点来讲，吃子是集取胜手段与目的于一身的方法，故而受到玩家的普遍重视。但是，由于棋盘广阔，要真正吃光，需要有绝对兵力优势。经典的五子追兵，就证明了吃光的困难。相对而言，搬旗可以一子夺命，避免吃光敌子的麻烦，更显经济实惠。因此，并不是吃子越多，就一定能胜利。如果我方主力远征它乡，就可能导致家中防守空虚，遭到敌方突然袭击，回救不及而命丧黄泉。因为贪吃而导致老窝被端的例子不胜枚举。把握好吃子与搬旗的矛盾，在吃子与搬旗之间，保持统一，两者兼顾，相互促进和补充，才能保证最后的胜利。

4. 下法矛盾

目前四国军棋的主要下法有：四暗、双明、全明、双控。四暗中四人不能相互看见别家子粒，而全明则对所有子粒一览无余，两者对立关系尤为突出。四暗连友军的子粒也看不见，对攻入友军家的敌子，只能猜度其大小，对友军的战术战略，也不能完全明确。这种全暗导致配合困难，经常发生判断失误的情况。下四暗常有一种在黑暗中摸索、等待黎明的味道。而全明又过于明了，从一开局便忙于算计，许多战略战术使不上，乐趣锐减。但全明作为研究比较好，复盘就是最好的军棋教师。双明是四暗和全明矛盾的产物，它既有暗（对敌人）、又有明（对友军）。40在四暗中可以骗吃东家39，还可再骗吃西家39。但在双明中，吃一家39后，便两敌都知道是40了。双明由于友军相互可见，使招式配合趋于完美，观赏性更强，经常见到绝妙组合杀着。但在战术战略的配合上，要求与友军的"心有灵犀一点通"，否则，"对牛弹琴"的悲剧就在所难免。双明还可以防止四暗作弊。现在的比赛，以双明最多，大概就是考虑到观赏性和防止作弊。双控则是一人下两人的棋，避免了"对家是猪"的可能性，使战术战略级配合更加天衣无缝。只可惜将名义上的四国变成了两国，多少有些遗憾。以上下法的矛盾，本质上是明暗矛盾的体现。

5. "二打一"与"一打二"

两两相较，既要保护好自己的军旗，又要防止友军的军旗被搬。"二打一"具有兵力和步数两大优势，容易在战斗中获利，是大家经常采取的战法。先期利用二打一的兵力优势攻灭一家，然后再利用二打一的步数优势取得胜利。其杰出代表就是"闪电战"。在实战中，既要利用二打一的优势，攻击敌人，同时也要防止我方被双敌同时攻击。四国军棋往往就是在二打一与一打二、包围与反包围中交替。而将二打一变成一个棋种，便成为三国军棋；将二打一变成三打一，就变成边锋的三英战吕布下法了。"二打一"与"一打二"是玩家相互之间矛盾的体现，统一于军棋的游戏规则。

6. 进攻与防守

进攻就是主动出击，求得胜利；防守就是深沟高垒，阻敌来犯。出击的兵力强，防守的兵力则弱，反之亦然。两者是相互对立的。但进攻的过程中，由于敌军需要防守，往往无暇反击，因此就有"进攻是最好的防守"之说。特别是"闪电战"中，面对两敌强大军事压力，被攻击方往往只有招架之功，

而无还手之力。但是四国军棋是两两相较的游戏，攻击其中一敌，往往会引起另一敌的援助甚至反攻击。因此，攻击中同时也要做好防守的准备。否则因攻击而导致家中空虚，就可能被奇胜。当受到敌人攻击时，不应消极防守。而要将后手变成先手，如让敌棋撞死，看似是在防守，其实所获利益甚至大于进攻。要想将"进攻变成最好的防守"，必须攻敌之必救；要想将"防守变成进攻"，就要让敌人屡战屡败。因此攻中有守，守中有攻，攻守有时，就是进攻与防守的辩证法。

7. 准确性与代价

要做到有的放矢，总是希望能确切知道敌方子粒大小。然而，要确切知道子粒的大小，往往是需要付出代价的。比如要想知道一个子粒是否确实是40，有三个途径：（1）打兑了我的40；（2）吃掉你的军长；（3）炸掉后，他亮军旗。用40打兑的方法，在获得准确信息的同时，其信息的价值也正在消失。因为我们不可能再空炸他的40了，自己的40也损失了，没有明显地赚到。如果敌40已经吃过子，而我为全暗，就反而亏了。吃掉军长后再炸掉，损失太大，炸掉也没占便宜。直接空炸，乱投一气，没个准头，实在浪费。在实际行棋中，一般不可取。如果某敌棋子吃掉你的37后，敌棋子只有几种可能性：40、39、38。如果光从几率来讲，你一定会犹豫一下，到底炸不炸呢。相反，如果已经吃掉你的38了，估计你的炸已经迫不急待地听响了。因为这个棋子不是39就是40了。但如果只是吃掉你的36，也许你直接炸掉的勇力就不存在了。可见，你被吃的棋子越大，40的几率就越高，准确度也就越高。如果仅仅考虑几率来下棋，在获得高准确性的同时，付出的代价也高，赚棋也不大。可见准确性与代价两者是相互矛盾的。在实战中，我们往往会结合吃子情况和行棋方式来判别令子。即使只是吃我一个连长，观其气势，如果有令相，则炸之。甚至通过行棋，直接推断40，从而空炸。或者让敌人主动来吃我游离于外的空炸。此时，单纯从几率来讲，炸到40的几率极低，但是，由于是通过行棋推断而来，因此实际上准确度比较高。这样就可以获得越级差额优势，有时甚至可能补偿前局不利差额，使优势明显增大。在准确性与代价之间，找到平衡点，在保证准确性的同时，使付出的代价尽量小，赚取更多的优势。

8. 小结

军棋相对论中，对明暗、胜负、大小、强弱的矛盾性也有一些论述。矛盾是无处不在，无处不有的。在军棋中还广泛存在其它众多矛盾，如快与慢的矛盾、奇胜与冒险、格与调等。由于篇幅所限，无法一一列举。本文仅就以上方面作简要介绍，抛砖引玉。希望大家熟悉军棋矛盾的变化规律，用统一辩证的观点来分析问题，在实战中使矛盾转化朝着有利于我军的方向发展，齐心协力，战胜对手。

第七节 "势"论

"控势"是四国军棋专业术语。什么是"势"？很多人认为"势"是"不可度量"、"只可意会，不可言传"，因而无法去定义它。由于四国军棋中"势"的概念很重要，因而，准确定义"势"对棋理的发展，具有十分重要的积极意义。

1. 什么是"势"

"势"是指位于棋盘上的某个棋子已经占据和可以直接攻击、威胁的范围。"势"包括以下几个方面的内容："势向"是指棋子可以攻击的方向数；"势量"是某一攻击方向上可以攻击的最大位点数；"势数"，也可以称为"势数范围"，是势量化的结果，它是棋子已占据位点和各个方向能够攻击的位点的总和。

我们可以假设某个棋子特别强大，可以吃掉一切子粒（包括地雷、司令和炸弹），当它处于棋盘上的某个位点时，可以直接攻击的兵站数量。"势向"中的方向包括上、下、左、右、左上、右上、左下、右下和中（自身占据的位点），它是这9个方向中的全部或一部分。由定义可见，"势向"的最大值不超过9，实际最大值为8（行营不能攻击）。"势向"越大，表示该棋子威力的辐射能力强，移动的方向更多，因而更加有利于调动。"势量"表明了在某个方向上威慑能力的大小，由于棋盘的特殊性，各个方面上的"势"是不一样的。"势数"在数值上等于各方向势量的总和。它是某个棋子具有的威慑能力的量度，某子的势数越大，说明该子所能威胁的范围越大，威慑力越强。

"势数"表明了棋子与环境（包括周边是否有棋子）的相互关系，表示某棋位于某种环境之中，产生威胁能力的大小。

2. 势的度量

通过前面的定义，我们发现，"势"是完全可以用"势数"来精确度量的。

由图9-2可见，棋子 A 能够攻击的"势向"包括上、下、左、右、中，共5个。各"势向"的"势量"包括：上方12个位点（圆形），左方5个位点（倒三角），右方4个位点（正三角），下方1个位点（方形），和自身1个位点。棋 A 的"势数"为各势量的总和为23。

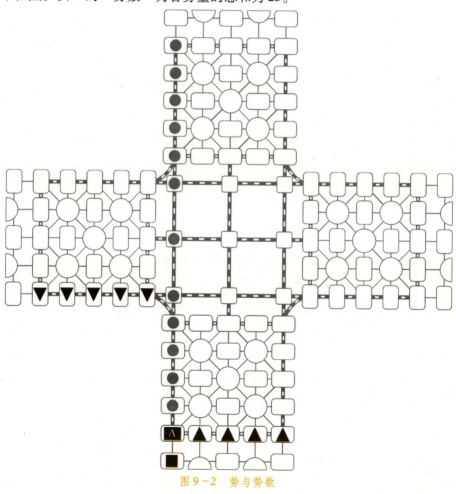

图9-2 势与势数

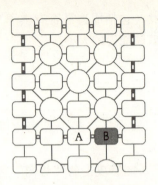

图9-3 势的计算

在势的定义中，包括了自身占据的位点。因此，在进行势向计算时，别忘了"中"，以及其势量1。

2. 势与位点

"势"是棋子的一种属性，它不能脱离棋子而独立存在，一个已经死亡的棋子，是无"势"可言的，而活棋必位于棋盘某位点上。四国棋手们都知道，同一个棋子，处于不同位点时，其"势"是不同的。为了表达各位点势的不同，我们假设某个非兵可移动子粒位于空棋盘上某个位点时具有的理论上的势，称为该位点的"势"。某一位点具有的理论上的势数，称为该位点的"理论势数"。

由棋盘的对称性可知，棋盘对称的位置往往具有相同或相近的势。如左锋和右锋具有相同的势，左角和左角具有相近的势。棋盘各位点"理论势数"的差异，表明了各种位点特点。比如：处于铁轨上的位点，往往具有较高的势数，具有较强的准攻击性，而宫角具有最大的势数，因而是兵家必争之地，是掌握进攻主动权的关键位点（如控势），具有强大的威慑能力。行营具有较高的势向，可以照应四面八方，自身又不会被攻击，因而是炸弹的理想住所，是防守的重要保垒。处于该大本营中的子粒，它占据着一个位点，故其势数为1。该棋子不具有攻击能力，因为处于该位点的棋子不能移动。

表9-1 棋盘上各位点的"理论势数"

位点	势向	势量									势数
---	---	上	下	左	右	左上	左下	右上	右下	中	
左锋	5＊	8	4	0	4	5	0	0	0	1	22
左肘	4	9	3	0	0	5	0	0	0	1	18
左腰	5	10	2	0	1	5	0	0	0	1	19
左膝	4	11	1	0	0	5	0	0	0	1	18
左角	5	12	1	0	4	5	0	0	0	1	23
左底	3	1	0	0	1	0	0	0	0	1	3
左眉	3	0	0	1	3	0	0	0	0	1	5
左前营	8	1	1	1	1	1	1	1	0	1	8
左肋	2	0	0	1	0	0	0	0	0	1	2
左后营	8	1	1	1	1	1	1	0	1	1	8
旗台	4	0	1	1	3	0	0	0	0	1	6
大本营	1	0	0	0	0	0	0	0	0	1	1
中锋	5	4	1	2	2	0	0	0	0	1	10
喉位	2	1	0	0	0	0	0	0	0	1	2
中营	5	1	1	1	1	0	0	0	0	1	5
腹位	2	0	1	0	0	0	0	0	0	1	2
台中	5	1	1	2	2	0	0	0	0	1	7
中底	4	1	0	1	1	0	0	0	0	1	4
宫心	5	2	2	2	2	0	0	0	0	1	9
中宫OA	5	3	1	6	6	0	0	0	0	1	17
宫角DA	5	7	5	5	7	0	0	0	0	1	25

＊包括势向"中"。

3. 棋子的势数

行棋规则中已规定的不能行动的棋子不能攻击，他只具有所占位点的势，如地雷（31）、军旗（29），其势数为1。虽然它们没有攻击能力，但是他们仍然存在。工兵的势数比较特殊：工兵的势向与其它的棋子相同，当它在铁轨上时，它的理论势数等于铁轨兵站总数73；当它处于其它位置时，与普通棋子的势数相同。当一个棋子死亡了，则这个棋子的势就消失了，其势数就变成了0。

棋子的"势数"和攻击能力不是一个概念。棋子的攻击能力与棋子的大小（种类）有关；而棋子的"势"不注重棋子的大小，它只是说该棋子占据和可以攻击的范围。至于是否攻击、是否能够战胜被攻击的棋子等，超出了势的范畴，我们另行讨论。实际上，"势"的这种不与特定棋子相关的特性，与军棋中"暗"的性质是很相通的，它方便了我们的研究。当某个大棋（如40）的势数大的时候，其攻击能力也就强；而当它势数小的时候，实际攻击能力就要大打折扣了。

4. 理论势数和实际势数

理论势数是从位点的角度阐述的，具体内容如前所述。理论势数是位点的函数，是势在棋盘位点的量化，是该位点攻击、威慑能力大小的量度。实际势数是指在特定情况下，某个棋子实际具有的势数，即实际能攻击、威慑的位点数。由于其它棋子的阻碍，位于某个位点的棋子，其实际势数往往会低于理论势数。如图9-3中，A的理论势数是6（右向势量为3），而实际上，由于B点的阻隔，它实际能够攻击的位点数为5（右向势量为2），即其实际势数为5。这种势的差别成为军棋实战研究的重要内容。

区别理论势数和实际势数，要求我们能够在千变万化的行棋中，不能唯位点论，避免只看到位点的理论势数大，但却发挥不了实际作用。而应该根据当时当地的情况，抢占实际势数大的位点。而在残局阶段，棋子大量减少，实际势数会逐渐接近理论势数。所以理论势数和实际势数，是相互依存，相互促进的。

5. 势的运用

大家常说的控势，就是要将自己的大棋，放在实际势数大的位点，从而产生最大的攻击能力和威慑效果。在进攻的过程中，行进中注意踩点，每步都行走到势数大的位点，步步紧逼，就可以有效地攻击和威慑敌人。将棋子的势数范围延伸到敌方军旗附近，就可以威胁敌方的生命安全。而防守方，则可以将炸弹放在势向大、又安全的营中，加上四周的棋子，形成一个个堡垒，隔断、减少敌方的势数，抵抗敌方的进攻。四暗的角40、角炸，是布局中应用势的例子。通过实际势数的研究，我们也知道，通过拆、挡、吃、兑、炸等方式，可以使敌方棋子的势数减少甚至消失，从而减轻或解除敌方对自己的威胁和可能存在的攻击。在捉子中，将自己的大棋放到势向和势量大的位置，就形成了一子抓双（多）的技法。而用己方棋子的势数完全覆盖敌方棋子的气数，就可以困住或吃掉敌方的棋子。旧的势数消失了，新的势数又产生了，下军棋就是势的更叠和交替，从形成了热火朝天的战斗场面。势的运用还有很多，此处不一一赘述。

可能有读者会奇怪：那么处于同样位置的排长和司令的"势"是一样的了？的确如此！从势的角度讲，两者是一样的，因为势数的计算，并不考虑这个。当一个未明子粒处于同一位点，其威慑效果有相似之处，这也说明了势的本质。但在实战中处于同样位点的排长和司令威慑力的确不同，那怎么解释呢？我们可以用"势力"来解释，他不仅与其所处的位置有关，还和这个子粒的吃子能力有关，势力是"吃子能力"和"势数"的函数，相关内容有待进一步深入研究。

6. 小结

从进攻的角度出发，将"势"引入到军棋中。通过对军棋中的"势"、"势向"、"势量"、"势数"的定义，说明了势的可度量性。阐述了棋盘位点势的差异性，区分了理论势数和实际势数，并介绍了势的简单应用，说明了"势"的重要性。灵活掌握"势"，对于捉子、控势、防守、搬旗等具有重要意义。"势"的引入，丰富了军棋的理论，相信随着研究不断深入，它必将发挥更大的作用。

第八节　气　论

在围棋中，"气"是一个很基本的概念，它是指在棋盘上与棋子紧紧相邻的空交叉点。当一个棋子没有"气"的时候，该棋子就被吃掉了。军棋与围棋在棋盘图形上有一些类似的地方（如横竖交叉的位点），也存在围困和吃子，从这个意义上讲，实际上也存在"气"。但由于围棋与军棋在棋盘和行棋规则上有很大差别，因此，军棋的"气"有它自身的特点，与围棋的"气"有很大的差别。本文引入围棋中"气"的概念，并将它应用于军棋中，研究军棋中"气"的基本规律。

1. 什么是"气"

假设某个棋子受到来自垂直于棋盘面的致命威胁且必须逃走时，它可以逃走的区域，称为该棋子的"气"。"气向"是指可以逃走的方向，方向包括上、下、左、右、左上、右上、左下、右下（不包括自身位点"中"），它是这八个方向中的全部或一部分。棋子的气向越大，说明该棋受到致命攻击时，逃走的方向越多，生还的可能性越大。反之，气向越小，越易受到攻击，越易死亡。"气量"指在某一个方向上，该棋可以行走的最大兵站数。"气量"是相对于"气"的某一个方向而言的，不同的"气向"有不同的"气量"。气量是该棋子在特定方向上脱离危险能力或生存能力的量度。

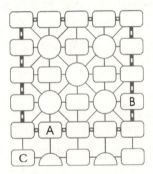

图9-4　军棋的"气"

如图9-4所示。当某个可移动棋子位于A点时，假设从垂直于棋面的方向威胁A时，A可以向上、下、左、右4个方向逃走，因此，它的气向为4。同理，位于B点时，气数为3；C点气为2。相比而言，A位最安全，而C位最危险。A点向右的气量为3，向左、上、下的气量为1。说明A向右方可以逃跑的步数更多，可以逃离危险更远。

"气数"为各方向气量的和，它代表该棋受到威胁时，可能逃走的可能性，其数值表示可以逃到的位点总数，是规避危险能力的总的量度，是气的数学表达。不妨用希腊字母 Ω 表示。如图9-4中，ΩA（A的气数）=1（向左方向的气量）+1（向上方向的气量）+1（向下方向的气量）+3（向右方向的气量）=6，表示可以逃到6个位置。当一个棋子的气数为0的棋子受

到威胁时，该棋子"气数已尽"，无法逃走，若无法解除威胁，将受到威胁的直接打击。

我们用数学表达式来表示，就有：

$$\Omega = \sum_{i=1}^{7} \omega_i$$

其中：Ω——气数。

ω——各气向上的气量

i——气向，其值为 $0 - 7$。

"气"是棋子的一种属性，它不能脱离棋子而独立存在。当我们讨论"气"的时候，一定是相对于某一个棋子而论的。不存在有气但是没有棋子的情况。"气"表示了棋子与环境（包括地形和周边是否有棋子）的相互关系，表示了某棋位于某种环境之中，受到威胁时，生存能力的大小。气数越大，生存能力越强，棋子越安全。

需要注意的是，为了较好地阐述"气"，在定义时，进行了抽象。"假设某个棋子受到来自垂直于棋盘面的致命威胁"——而这种攻击在规则中不存在。因为一旦遭到实际（符合游戏规则）威胁时，实际的气会减少，不利于讨论。又比如说行营中的棋实际上是不能受到攻击，这样定义可以说明行营的气。"且必须逃走"——至于是否需要逃走、为什么要逃走，则超出了气的范畴。

2. 特殊子粒的气

军棋中的棋子，并非都可以移动。如地雷（31）、军旗（29）或者处于大本营中的棋子，都是不可以移动的。这些棋子的气向，按照"气"的定义当然应该是0。因为它们受到威胁时，无法向某一个方向逃走。也可以说31和29这两个特殊的子粒，先天就"无气"。但是"无气"与"死"是有区别的。围棋中，一个棋子没有"气"了，这个棋子就被吃掉了（从棋盘上取走）。但是军棋中，一个棋没有"气"了，并不表示这个棋"死"了，而是表示这个棋一旦受到威胁，是无法逃走的。由于工兵可以在铁轨上飞行，所以工兵（32）的气，处于铁轨时，可能比处于相同条件下的其它棋子的气数要长一些。这也正是工兵为什么很难被追死的原因。军旗（29）的气，最为特殊，因为它天生"没气"，十分脆弱；而军旗就是命，可以被任何可移动子力吃掉，一旦受到威胁，军旗本身不能逃命，只能通过其它方法解除威胁本身，所以它需要玩家的精心呵护。

3. 气与位点

由于在盘棋子（即除去已死亡取走的棋子）必位于某个位点，我们假设某个非兵可移动子粒位于空棋盘上某个位点时具有的气，称为该位点的"理论气"。简洁地说成"位点的气"。

表9-3　棋盘上各位点的"气"

位点	气向	气量								气数
		上	下	左	右	左上	左下	右上	中	
左锋	5	8	4	5	4	5	0	0	1	22
左肘	4	9	3	5	1	5	0	0	0	18
左腰	6	10	2	5	1	5	0	1	1	20
左膝	4	11	1	5	1	5	0	0	0	18
左角	5	12	1	5	4	5	0	1	0	23
左底	2	1	0	0	1	0	0	0	0	2
左眉	3	0	1	1	3	0	0	0	0	5
左前营	8	1	1	1	1	1	1	1	1	8
左肋	4	1	1	1	1	0	0	0	0	4
左后营	8	1	1	1	1	1	1	1	1	8
旗台	4	1	1	1	3	0	0	0	0	6
大本营	0	0	0	0	0	0	0	0	0	0
中锋	6	4	1	2	2	0	1	0	1	11
喉位	4	1	1	1	1	0	0	0	0	4
中营	8	1	1	1	1	1	1	1	1	8
腹位	4	1	1	1	1	0	0	0	0	4
台中	6	1	1	2	2	1	0	1	0	8
中底	3	1	0	1	1	0	0	0	0	3

续表

位点	气向	气量								气数
		上	下	左	右	左上	左下	右上	中	
宫心	4	2	2	2	2	0	0	0	0	8
中宫 OA	5	3	1	6	6	0	0	0	0	16
宫角 DA	4	7	5	5	7	0	0	0	0	24

可见，每一个位点的理论气是不同的。其中大本营的气数最低，为 0；行营的气向最高，为 8；而宫角的气数最大。对称位点的气相向或相似。这种理论气的差异，是棋盘地形差异在"气"上的反映，是处于该位点棋子受到外来威胁时，逃跑可能性的差异。读者也可参照势论中的方法，讨论理论气数和实际气势、特殊子粒和特殊位点的气数。

4. 气的种类

棋子受到威胁时，向各个方向逃走的安全性是不同的。根据这种安全性的差别，我们把"气"分为以下几种：

（1）真气和假气

当某棋子受到另一棋子威胁时，能够安全逃跑的方向数，称为"真气"。如 A45（如图 9 - 4 中的 B）位点的棋子，受到 A35 位点的棋子的威胁时，它可以逃走的方向数为 2（即气向为 2），但是两个方向的安全性是不同的：逃进 A44 时，安全进入行营。故向左方向的气就是真气。因为行营不能被攻击，所以将行营方向的气，称为理论真气。中营的理论真气最多，为 4，是最安全的岛屿。而若逃至 A55 位点，则仍可能会被攻击。故向下方向的气为假气。

假气不是绝对的，在一定的条件下，假气也可以变成真气。如若追击方由于某种原因（如敌方受到我方友军的其它更大威胁、我方棋子走到假气处能受到友军的保护），并没有攻击我方向假气方向逃跑的棋，因而我方棋子得以存活，这就使假气变成了真气。

（2）虚气和元气

某棋子虽然可以向某个方向逃跑，但朝该方向逃跑后，不能再行动或直接死亡。称之为"虚气"。如 A61 位点的棋，受到 A51 位棋的威胁，被迫进入 A62 位（假设能够进入），从而导致不能移动。此时 A62 向右的气即为虚气。虚气并非无意义，向虚气方向行走，可以节省"元气"。元气是游戏规则规定的可以延时的次数，目前元气数一般为 5。它为己方所有棋子所共用。

"元气"其实是十分重要的，运用得当，受益无穷。比如我方无炸无大，被敌方控角线，底线有子，不敢出来。此时，元气可以让我们等待友军援军的到来，从而反戈一击。它在残局阶段十分重要，甚至是胜负和的决定因素。因此玩家在前期，不要无端浪费元气。虚气和元气是两种特殊形式的气，在描述、计算气时，若无特殊说明，一般不计算在内。

5. 气的运用

了解"气"的基本规律，对捉子、安全渗透、残局、搬旗等的研究，具有十分重要的理论价值和现实意义。

捉子时，首先需要考虑棋子的基本特点。棋子的种类，如是否为可移动子粒，是否是工兵；棋子所处的位置，该位点的气向是多少；每个气向的气量是多少；总的气数是多少（多少种逃跑可能性）。

捉子方法：（1）首先特别需要考虑地形的影响，防止敌方进入气向大或气数大的位置。如预先占营；（2）将该棋子的气数降为0，围而歼之；（3）使该棋子真气数为0，用最少的子粒将棋困死；（4）使敌棋只有虚气，逼敌自杀。

而受攻击方，则应该首先想办法直接解除威胁（兑掉、炸掉威胁的子粒），若无法直接解除，则可根据气量的大小，选择最有利的地形，逃到真气多的位点。或逃到连续气向大的位点间游走。在没有真气时，友军可协助被攻击方，将假气变成真气，帮助逃脱。若实在无法逃脱时，也可以使用虚气，死得其所。

掌握"气"，可以将我方的棋安全渗透到敌军中，发挥战略作用。军棋中的"挡"，可以使我们直接受到威胁的棋子的"假气"变成"真气"，从而起到掩护作用。军棋中的"延缓"，使敌方不能逃走，就是减少了敌方棋子"气数"。气的运用还有很多，此处不一一赘述。

6. 小结

防守和进攻，是军棋永远的主题。"气"是从防守的角度出发，从围棋中引入到军棋中的概念。通过对军棋中的"气"的定义、分类、基本规律的研究，阐述了军棋中"气"的特点。并给出了简单应用，说明了"气"的重要性。灵活掌握"气"，对于捉子逃脱、安全渗透、残局、搬旗等具有重要意义。"气"的引入，丰富了军棋的理论，相信随着研究不断深入，它必将发挥更大的作用。